Wilde · Das Bildnis des Dorian Gray

Oscar Wilde

Das Bildnis des Dorian Gray

Übersetzung und Anmerkungen
von Ingrid Rein

Nachwort von Ulrich Horstmann

Philipp Reclam jun. Stuttgart

Englischer Originaltitel:
The Picture of Dorian Gray

Universal-Bibliothek Nr. 5008

Umschlaggestaltung: Wilhelm Föckersperger, Landshut
Satz: Wilhelm Röck, Weinsberg
Druck und Bindung: Reclam, Ditzingen
Printed in Germany 1992

ISBN 3-15-005008-1 (kart.) ISBN 3-15-025008-0 (geb.)

Das Vorwort

Der Künstler ist der Schöpfer schöner Dinge.

Kunst zu offenbaren und den Künstler zu verbergen ist Ziel der Kunst.

Kritiker ist, wer seinen Eindruck von schönen Dingen in einen anderen Stil oder ein neues Material zu übertragen vermag.

Die höchste wie die niedrigste Form von Kritik ist eine Art Autobiographie.

Wer in schönen Dingen Häßliches entdeckt, ist verdorben, ohne charmant zu sein. Das ist ein Fehler.

Wer in schönen Dingen Schönes entdeckt, ist kultiviert. Für ihn besteht Hoffnung.

Auserwählt sind die, denen schöne Dinge nichts als Schönheit bedeuten.

So etwas wie ein moralisches oder ein unmoralisches Buch gibt es nicht. Bücher sind entweder gut oder schlecht geschrieben. Das ist alles.

Die Abneigung des neunzehnten Jahrhunderts gegen den Realismus ist die Wut Calibans, der sein eigenes Gesicht im Spiegel sieht.

Die Abneigung des neunzehnten Jahrhunderts gegen die Romantik ist die Wut Calibans, der sein eigenes Gesicht nicht im Spiegel sieht.

Das moralische Leben des Menschen gehört zum Gegenstand des Künstlers, doch die Moralität der Kunst besteht im vollkommenen Gebrauch eines unvollkommenen Mediums.

Kein Künstler will etwas beweisen. Selbst Dinge, die wahr sind, können bewiesen werden.

Kein Künstler nährt moralische Sympathien. Moralische

Sympathie bei einem Künstler ist eine unverzeihliche Manieriertheit des Stils.

Kein Künstler ist jemals morbid. Der Künstler kann alles ausdrücken.

Denken und Sprache sind für den Künstler Werkzeuge einer Kunst.

Laster und Tugend sind für den Künstler Materialien einer Kunst.

Unter dem Gesichtspunkt der Form ist die Kunst des Musikers die Urform aller Künste. Unter dem Gesichtspunkt des Gefühls ist die Schauspielkunst die Urform.

Alle Kunst ist Oberfläche und Symbol zugleich.

Wer unter die Oberfläche dringt, tut dies auf eigene Gefahr.

Wer das Symbol entschlüsselt, tut dies auf eigene Gefahr.

Den Zuschauer und nicht das Leben spiegelt die Kunst in Wirklichkeit wider.

Unterschiedliche Ansichten über ein Kunstwerk zeigen, daß das Werk neu, vielschichtig und lebendig ist.

Wenn Kritiker unterschiedlicher Meinung sind, steht der Künstler in Einklang mit sich selbst.

Wir können einem Menschen verzeihen, daß er etwas Nützliches schafft, solange er es nicht bewundert. Die einzige Entschuldigung für die Schaffung von etwas Nutzlosem besteht darin, daß man es zutiefst bewundert.

Alle Kunst ist völlig nutzlos.

Oscar Wilde

Kapitel 1

Das Atelier war von intensivem Rosenduft erfüllt, und wenn der sanfte Sommerwind durch die Bäume des Gartens strich, strömte das schwere Aroma des Flieders oder der zartere Hauch des blühenden Rotdorns zur offenen Tür herein.

Von der Ecke des Diwans aus persischen Satteltaschen, auf dem er es sich bequem gemacht hatte und, seiner Gewohnheit frönend, unzählige Zigaretten rauchte, konnte Lord Henry Wotton gerade noch den Schimmer der honigsüßen und honigfarbenen Blüten eines Goldregens sehen, dessen zitternde Zweige kaum imstande schienen, die Last ihrer flammengleichen Schönheit zu tragen; dann und wann huschten die phantastischen Schatten vorbeifliegender Vögel über die langen Vorhänge aus Tussahseide, die vor das riesige Fenster gezogen waren, ließen dabei für einen Augenblick eine Art japanischen Effekt entstehen und erinnerten ihn an die blassen, jadegesichtigen Maler Tokios, die mit den Mitteln einer zwangsläufig bewegungslosen Kunst den Eindruck von Schnelligkeit und Bewegung zu erwecken trachten. Das träge Summen der Bienen, die sich ihren Weg durch das hohe, ungemähte Gras suchten oder mit monotoner Beharrlichkeit um die mit Blütenstaub gefüllten goldgelben Kelche des wuchernden Geißblatts kreisten, ließen die Stille noch bedrückender erscheinen. Das dumpfe Dröhnen Londons glich dem ständig mitklingenden Baßton einer fernen Orgel.

In der Mitte des Raumes stand, an einer hohen Staffelei befestigt, das lebensgroße Porträt eines jungen Mannes von außergewöhnlicher Schönheit, und davor saß, in geringer Entfernung, der Künstler selbst, Basil Hallward, dessen plötzliches Verschwinden vor einigen Jahren seinerzeit so großes Aufsehen in der Öffentlichkeit erregt und Anlaß zu so vielen seltsamen Vermutungen gegeben hatte.

Als der Maler die schöne, anmutige Gestalt betrachtete, die er so meisterlich in seiner Kunst wiedergegeben hatte, glitt ein zufriedenes Lächeln über sein Gesicht und schien dort verweilen zu wollen. Doch plötzlich zuckte er zusammen, schloß die Augen und preßte die Finger auf die Lider, als wolle er einen wundersamen Traum in seinem Hirn einsperren, aus dem zu erwachen er Angst hatte.

»Es ist deine beste Arbeit, Basil, das Beste, was du je gemalt hast«, sagte Lord Henry in schleppendem Tonfall. »Du mußt sie nächstes Jahr unbedingt an die Grosvenor-Galerie[1] schicken. Die Akademie ist zu groß und zu vulgär. Jedesmal, wenn ich hinging, waren entweder so viele Menschen dort, daß es mir unmöglich war, die Bilder zu sehen, was gräßlich war, oder so viele Bilder, daß ich die Menschen nicht sehen konnte, und das war noch schlimmer. Die Grosvenor ist wirklich der einzige Ort, der in Frage kommt.«

»Ich glaube nicht, daß ich es überhaupt irgendwohin schicken werde«, antwortete er. Dabei warf er den Kopf auf jene komische Art zurück, die schon seine Freunde in Oxford zum Lachen gebracht hatte. »Nein, ich werde es nirgendwo hinschicken.«

Lord Henry zog die Augenbrauen hoch und sah ihn durch die dünnen blauen Rauchwölkchen hindurch erstaunt an, die in bizarr geformten Kringeln von seiner starken, opiumhaltigen Zigarette[2] aufstiegen. »Es nirgendwo hinschicken? Aber warum denn nicht, mein Lieber? Hast du dafür irgendeinen Grund? Was für sonderbare Käuze ihr Maler doch seid! Ihr tut alles nur Erdenkliche, um berühmt zu werden. Und sobald ihr euch einen Namen gemacht habt, scheint ihr ihn wieder loswerden zu wollen. Das ist dumm von euch, denn es gibt nur eines auf der Welt, das schlimmer ist, als in aller Munde zu sein, und das ist, nicht in aller Munde zu sein. Ein Porträt wie dieses stellte dich weit über alle jungen Männer in England und machte die alten eifersüchtig, sofern alte Männer überhaupt noch irgendeines Gefühls fähig sind.«

»Ich weiß, du wirst mich auslachen«, erwiderte er, »aber ich kann es wirklich nicht ausstellen. Ich habe zu viel von mir selbst hineingelegt.«

Lord Henry streckte sich auf dem Diwan aus und lachte.

»Ich wußte ja, du würdest lachen; aber es ist dennoch wahr.«

»Zu viel von dir selbst hineingelegt! Auf mein Wort, Basil, ich wußte gar nicht, daß du so eitel bist; ich vermag beim besten Willen keinerlei Ähnlichkeit zwischen dir mit deinem mürrischen, markanten Gesicht und deinem kohlschwarzen Haar und diesem Adonis[3] zu entdecken, der aussieht, als sei er aus Elfenbein und Rosenblättern geschaffen. Er, mein lieber Basil, ist ein Narziß[4], und du – nun ja, natürlich wirkst du intellektuell und all das. Aber Schönheit, wahre Schönheit, endet dort, wo ein intellektueller Gesichtsausdruck beginnt. Der Intellekt an sich ist eine Form der Übersteigerung und zerstört die Ebenmäßigkeit jedes Gesichts. In dem Augenblick, da man sich hinsetzt, um zu denken, wird man ganz Nase oder Stirn oder sonst etwas Scheußliches. Sieh dir die erfolgreichen Männer in irgendeinem der akademischen Berufe an. Wie unglaublich häßlich sind sie doch allesamt! Ausgenommen natürlich die Männer der Kirche. Aber die denken ja auch nicht. Ein Bischof sagt mit achtzig noch genau dasselbe, was man ihm als Achtzehnjährigem eingetrichtert hat, und die natürliche Folge davon ist, daß er immer ganz entzückend aussieht. Dein geheimnisvoller junger Freund, dessen Namen du mir noch nicht verraten hast, dessen Bildnis mich aber wirklich fasziniert, denkt nie. Dessen bin ich mir ganz sicher. Er ist ein gedankenloses, schönes Geschöpf, das im Winter, wenn wir keine Blumen zum Ansehen haben, wie auch im Sommer, wenn wir etwas brauchen, um unseren Geist ein wenig abzukühlen, stets um uns sein sollte. Gib dich keiner Selbsttäuschung hin, Basil: Du bist nicht im geringsten wie er.«

»Du verstehst mich nicht, Harry[5]«, entgegnete der Künstler. »Natürlich bin ich nicht wie er. Das weiß ich sehr wohl. Ja, ich möchte gar nicht so aussehen wie er. Du zuckst mit den Schultern? Ich sage die Wahrheit. Über allen körperlichen und geistigen Vorzügen liegt ein Verhängnis – jene Art von Verhängnis, das den schwankenden Schritten von Königen durch die Geschichte anzuhaften scheint. Es ist besser, man unterscheidet sich nicht von seinen Mitmenschen. Die Häßlichen und die Dummen haben es am besten auf dieser Welt. Sie können behaglich dasitzen und mit offenem Mund das Schauspiel begaffen. Wissen sie auch nicht, wie es ist, zu siegen, so bleibt ihnen doch wenigstens die Erfahrung der Niederlage erspart. Sie leben, wie wir alle leben sollten, unbehelligt, gleichmütig und ohne Ängste und Sorgen. Sie bringen weder Verderben über andere, noch wird es ihnen von fremder Hand zuteil. Dein gesellschaftlicher Rang und dein Reichtum, Harry; meine geistigen Fähigkeiten, wie sie nun einmal sind – meine Kunst, was immer sie wert sein mag; Dorian Grays gutes Aussehen – wir alle werden für das, was die Götter uns mitgegeben haben, bezahlen müssen, teuer bezahlen.«

»Dorian Gray? Ist das sein Name?« fragte Lord Henry, während er durch das Atelier auf Basil Hallward zuging.

»Ja, das ist sein Name. Ich hatte ihn dir eigentlich nicht sagen wollen.«

»Aber weshalb denn nicht?«

»Ach, das kann ich nicht erklären. Wenn ich jemanden wirklich gern habe, verrate ich seinen Namen nie. Es ist, als gäbe ich damit einen Teil von ihm preis. Ich habe Heimlichkeiten schätzen gelernt. Sie scheinen das einzige zu sein, was dem Leben heutzutage noch etwas Geheimnisvolles oder Wunderbares zu verleihen vermag. Das Alltäglichste wird reizvoll, wenn man es nur vor den anderen geheimhält. Wenn ich nun die Stadt verlasse, sage ich meinen Leuten nie, wohin ich gehe. Täte ich es, wäre mir jegliches Vergnügen genommen. Ich gebe zu, es ist eine törichte Angewohnheit, doch irgendwie scheint sie eine ganze Menge Romantik ins Leben zu bringen. Du findest mein Verhalten wohl schrecklich albern?«

»Keineswegs«, antwortete Lord Henry, »keineswegs, mein lieber Basil. Du scheinst zu vergessen, daß ich verheiratet bin, und der einzige Reiz der Ehe besteht darin, daß sie beide Parteien unweigerlich zu einem Leben der Verstellung und Heimlichkeiten zwingt. Ich weiß nie, wo meine Frau ist, und meine Frau weiß nie, was ich gerade tue. Begegnen wir uns – und wir begegnen uns gelegentlich, wenn wir beide irgendwo gemeinsam zum Essen eingeladen sind oder auf den Landsitz des Herzogs hinausfahren –, dann erzählen wir uns mit todernster Miene die haarsträubendsten Geschichten. Meine Frau versteht sich ausgezeichnet darauf – im Grunde genommen viel besser als ich. Sie bringt ihre Verabredungen und Termine nie durcheinander, während mir das ständig passiert. Ertappt sie mich dabei, macht sie mir allerdings nie eine Szene. Manchmal wünschte ich, sie täte es; aber sie lacht mich bloß aus.«

»Es gefällt mir nicht, wie du über dein Eheleben sprichst, Harry«, sagte Basil Hallward. Er schlenderte langsam zur Tür, die in den Garten hinaus führte. »Ich bin überzeugt, du bist in Wirklichkeit ein sehr guter Ehemann, schämst dich aber deiner Tugenden zutiefst. Du bist ein sonderbarer Mensch. Du sagst nie etwas Moralisches und tust nie etwas Unrechtes. Dein Zynismus ist einfach Pose.«

»Natürlich zu sein, ist einfach Pose, und zwar die aufreizendste, die ich kenne«, rief Lord Henry lachend. Damit gingen die beiden jungen Männer zusammen in den Garten hinaus und setzten sich auf eine Bambusbank im Schatten eines hohen Lorbeerstrauchs. Das Sonnenlicht glitt über die glänzenden Blätter. Auf dem Rasen zitterten weiße Gänseblümchen.

Nach einer Weile zog Lord Henry seine Uhr hervor. »Ich fürchte, ich muß gehen, Basil«, sagte er leise, »und bevor ich gehe, bestehe ich darauf, daß du die Frage beantwortest, die ich dir vorhin gestellt habe.«

»Was für eine Frage?« sagte der Maler, den Blick fest auf den Boden geheftet.

»Das weißt du ganz genau.«

»Ich weiß es nicht, Harry.«

»Nun, dann will ich es dir sagen. Ich möchte, daß du mir erklärst, warum du Dorian Grays Bildnis nicht ausstellen willst. Ich möchte den wahren Grund hören.«

»Ich habe dir den wahren Grund genannt.«

»Nein, das hast du nicht. Du hast es damit begründet, daß du zu viel von dir selbst in das Bild hineingelegt hättest. Das ist doch kindisch.«

»Harry«, sagte Basil Hallward und sah ihm offen ins Gesicht, »jedes Porträt, das mit Gefühl gemalt wird, ist ein Porträt des Künstlers und nicht des Modells. Derjenige, der Modell sitzt, ist lediglich der zufällige Anlaß, die Gelegenheit. Nicht ihn offenbart der Maler; der Maler offenbart vielmehr sich selbst auf der farbigen Leinwand. Der Grund, weshalb ich dieses Bild nicht ausstellen werde, ist, daß ich fürchte, darin das Geheimnis meiner eigenen Seele preisgegeben zu haben.«

Lord Henry lachte. »Und was ist das?« fragte er.

»Ich will es dir verraten«, begann Hallward, doch dann nahm sein Gesicht einen Ausdruck der Bestürzung an.

»Ich warte, Basil«, erinnerte sein Gefährte ihn und blickte ihn unverwandt an.

»Ach, eigentlich gibt es da nur sehr wenig zu sagen, Harry«, antwortete der Maler, »und ich fürchte, du wirst es wohl kaum verstehen. Wahrscheinlich wirst du es gar nicht glauben.«

Lord Henry lächelte, beugte sich vor, pflückte ein Gänseblümchen mit rosafarbenen Blütenblättern und betrachtete es prüfend. »Ich bin ganz sicher, daß ich es verstehen werde«, erwiderte er, den Blick aufmerksam auf die kleine, von weißen Federn umrahmte goldene Scheibe gerichtet. »Und was das Glauben von irgendwelchen Dingen angeht, so vermag ich alles zu glauben, vorausgesetzt, es ist ganz und gar unglaublich.«

Der Wind schüttelte ein paar Blüten von den Bäumen, und die schweren Fliederrispen mit ihren unzähligen, dichtgedrängten Blütensternen bewegten sich in der sanften Brise hin und her. Ein Grashüpfer begann in der Nähe der Mauer zu zirpen, und einem blauen Faden gleich schwebte eine lange schlanke Libelle auf ihren braunen Gazeflügeln vorbei. Lord Henry hatte das Gefühl, er könne Basil Hallwards Herz schlagen hören, und fragte sich, was nun kommen mochte.

»Die Geschichte ist ganz einfach die«, sagte der Maler nach einer Weile. »Vor zwei Monaten ging ich auf einen der großen Empfänge bei Lady Brandon. Du weißt, wir armen Künstler müssen uns von Zeit zu Zeit in der feinen Gesellschaft sehen lassen, um die Leute daran zu erinnern, daß wir keine Wilden sind. Im Abendanzug und mit einer weißen Krawatte kann, wie du mir einmal sagtest, jeder, selbst ein Börsenmakler, in den Ruf gelangen, ein kultivierter Mensch zu sein. Nun, als ich mich etwa zehn Minuten in dem Raum aufgehalten und mit üppigen, übertrieben herausgeputzten Witwen und langweiligen Akademiemitgliedern gesprochen hatte, wurde mir auf einmal bewußt, daß jemand mich ansah. Ich drehte mich halb um und sah Dorian Gray zum erstenmal. Als sich unsere Blicke trafen, spürte ich, daß ich blaß wurde. Ein seltsames Gefühl der Beklemmung überkam mich. Ich wußte, ich stand jemandem von Angesicht zu Angesicht gegenüber, dessen bloße Persönlichkeit so faszinierend war, daß sie, wenn ich es zuließe, mein ganzes Wesen, meine ganze Seele, ja selbst meine Kunst vollkommen in ihren Bann ziehen würde. Ich wünschte keinerlei äußeren Einfluß auf mein Leben. Du weißt selbst, Harry, wie unabhängig ich von Natur aus bin. Ich bin immer mein eigener Herr gewesen; war es zumindest immer gewesen, bis ich Dorian Gray begegnete. Dann – aber ich weiß nicht, wie ich es dir erklären soll. Etwas schien mir zu sagen, daß ich am Rande einer schrecklichen Lebenskrise stand. Ich hatte das eigenartige Gefühl, das Schicksal halte unvergleichliche Freuden und unvergleichlichen Kummer für mich bereit. Ich bekam Angst, drehte mich um und wollte den Raum verlassen. Es war nicht das Gewissen, das mich dazu veranlaßte; es war eine Art

Feigheit. Ich rechne mir den Versuch zu fliehen nicht als Ehre an.«

»Gewissen und Feigheit sind in Wirklichkeit ein und dasselbe, Basil. Gewissen ist lediglich der Name der Firma. Das ist alles.«

»Das glaube ich nicht, Harry, und du glaubst es vermutlich ebensowenig. Was immer indes mein Beweggrund war – und es kann auch Stolz gewesen sein, denn ich pflegte sehr stolz zu sein –, jedenfalls kämpfte ich mich zur Tür durch. Dort lief ich natürlich Lady Brandon in die Arme. ›Sie werden doch nicht schon so früh davonlaufen, Mr. Hallward?‹ kreischte sie. Du kennst doch ihre eigenartig schrille Stimme?«

»Ja, Schönheit ausgenommen, ist sie in jeder Hinsicht ein Pfau«, sagte Lord Henry, der mit seinen langen, nervösen Fingern das Gänseblümchen zerpflückte.

»Es gelang mir nicht, sie loszuwerden. Sie stellte mich königlichen Hoheiten und Leuten mit Ordenssternen und Hosenbandorden vor und ältlichen Damen mit riesigen Diademen und Papageiennasen. Sie nannte mich ihren teuersten Freund. Ich war ihr bis dahin erst ein einziges Mal begegnet, aber sie hatte es sich in den Kopf gesetzt, mich zum Helden des Abends zu machen. Ich glaube, eines meiner Bilder war damals gerade ein großer Erfolg, zumindest wurde in der Boulevardpresse darüber geschrieben, was ja im neunzehnten Jahrhundert das maßgebliche Kriterium für Unsterblichkeit ist. Plötzlich sah ich mich dem jungen Mann gegenüber, dessen Erscheinung mich so sonderbar aufgewühlt hatte. Wir waren uns ganz nah, berührten uns fast. Wieder trafen sich unsere Blicke. Es war unbesonnen von mir, doch ich bat Lady Brandon, mich ihm vorzustellen. Aber vielleicht war es gar nicht so unbesonnen. Es war einfach unumgänglich. Wir hätten auch ohne förmliche Vorstellung miteinander gesprochen, dessen bin ich mir sicher. Dorian sagte das später ebenfalls. Auch er hatte gespürt, daß es unsere Bestimmung war, einander kennenzulernen.«

»Und wie beschrieb Lady Brandon diesen wunderbaren jungen Mann?« fragte sein Gefährte. »Ich weiß, sie gibt mit Vorliebe ein rasch hervorgesprudeltes *précis*[6] von jedem ihrer Gäste. Ich erinnere mich, wie sie mich einmal zu einem grimmig dreinblickenden, rotgesichtigen alten Herrn führte, der über und über mit Orden und Bändern behängt war, und mir dabei mit tragischem Getuschel, das für jedermann im Raum deutlich verständlich gewesen sein mußte, die erstaunlichsten Einzelheiten ins Ohr zischte. Ich bin einfach geflohen. Ich mache mir gern selbst ein Bild von den Menschen. Aber Lady Brandon behandelt ihre Gäste geradeso wie ein Auktionator die ihm überlassenen Gegenstände. Entweder erklärt sie sie vollständig hinweg, oder sie erzählt einem alles über sie, nur nicht das, was man wirklich wissen möchte.«

»Arme Lady Brandon! Du gehst hart mit ihr ins Gericht, Harry«, bemerkte Hallward teilnahmslos.

»Mein lieber Freund, sie wollte einen Salon gründen und schaffte es nur, ein Restaurant zu eröffnen. Wie könnte ich sie bewundern? Aber erzähl doch: Was hat sie über Mr. Dorian Gray gesagt?«

»Ach, so etwas wie: ›Reizender Junge – arme, liebe Mutter und ich völlig unzertrennlich. Habe ganz vergessen, was er tut – fürchte, er – tut gar nichts – o doch, spielt Klavier – oder ist es Geige, lieber Mr. Gray?‹ Wir mußten beide lachen und wurden sofort Freunde.«

»Lachen ist durchaus kein schlechter Anfang und bei weitem das beste Ende für eine Freundschaft«, erklärte der junge Lord, während er noch ein Gänseblümchen pflückte.

Hallward schüttelte den Kopf. »Du weißt nicht, was Freundschaft ist, Harry«, murmelte er – »und ebensowenig weißt du, was Feindschaft ist. Du magst alle, oder besser: Dir sind alle gleichgültig.«

»Wie schrecklich ungerecht von dir!« rief Lord Henry, schob seinen Hut in den Nacken und blickte zu den Wölkchen hinauf, die wie verworrene glänzendweiße Seidensträhnen über das gewölbte Türkisblau des Sommerhimmels dahintrieben. »Ja, schrecklich ungerecht von dir. Ich mache große Unterschiede zwischen den Menschen. Meine Freunde wähle ich nach ihrem guten Aussehen, meine Bekannten nach ihrem guten Charakter und meine Feinde nach ihrem scharfen Verstand. Ein Mann kann bei der Wahl seiner Feinde gar nicht sorgfältig genug sein. Ich habe nicht einen, der ein Dummkopf wäre. Sie sind ausnahmslos kluge Köpfe, und daher schätzen sie mich allesamt. Ist das sehr eitel von mir? Es ist wohl recht eitel.«

»Der Meinung bin ich allerdings auch, Harry. Aber nach deiner Einteilung kann ich lediglich ein Bekannter sein.«

»Mein lieber alter Basil, du bist viel mehr als ein Bekannter.«

»Und viel weniger als ein Freund. Vermutlich eine Art Bruder?«

»Ach, Brüder! Ich mache mir nichts aus Brüdern. Mein älterer Bruder will einfach nicht sterben, und meine jüngeren Brüder scheinen nichts anderes zu tun.«

»Harry!« rief Hallward mißbilligend.

»Mein Lieber, ich meine es nicht ganz ernst. Aber ich kann nicht umhin, meine Verwandten zu verabscheuen. Wahrscheinlich liegt dies daran, daß keiner von uns es mag, wenn andere dieselben Fehler haben wie wir selbst. Ich habe durchaus Verständnis für den Zorn der englischen Demokratie auf das, was die Leute die Laster der Oberschicht nennen. Die Massen sind der Ansicht, Trunksucht, Dummheit und Unmoral sollten ihre alleinige Domäne sein, und wenn sich unsereins zum Narren mache, wildere er in ihrem Revier. Als der arme Southwark vor dem Scheidungsrichter stand, war ihre Empörung wirklich beeindruckend. Und doch führen vermutlich noch nicht einmal zehn Prozent des Proletariats ein anständiges Leben.«

»Ich stimme nicht mit einem einzigen Wort überein, das du eben gesagt hast, und, was noch wichtiger ist, Harry, ich bin überzeugt, du tust es ebensowenig.«

Lord Henry strich über seinen braunen Spitzbart und schlug mit seinem quastenverzierten Ebenholzstock gegen die Spitze seines Lackstiefels. »Wie englisch du doch bist, Basil! Diese Bemerkung hast du jetzt schon zum zweitenmal gemacht. Wenn man einem echten Engländer eine Idee darlegt – was immer ein tollkühnes Unterfangen ist –, denkt er nicht im Traum daran, zu erwägen, ob die Idee richtig oder falsch ist. Das einzige, was ihm von Belang scheint, ist, ob man selbst daran glaubt. Nun hat aber der Wert einer Idee nicht das geringste mit der Aufrichtigkeit desjenigen zu tun, der sie vorbringt. Ja, es ist vielmehr zu erwarten, daß die Idee um so mehr rein geistiger Natur sein wird, je unaufrichtiger der Betreffende ist, da sie in diesem Fall nicht von seinen Bedürfnissen, seinen Wünschen oder seinen Vorurteilen gefärbt wird. Ich habe indes nicht vor, mit dir über Politik, Soziologie oder Metaphysik zu diskutieren. Mir sind Menschen lieber als Grundsätze, und Menschen ohne Grundsätze schätze ich höher als alles andere auf der Welt. Erzähl mir mehr über Mr. Dorian Gray. Wie oft siehst du ihn?«

»Jeden Tag. Ich könnte nicht glücklich sein, sähe ich ihn nicht täglich. Er ist mir einfach unentbehrlich.«

»Wie sonderbar! Ich dachte immer, außer deiner Kunst könnte dich nie etwas wirklich interessieren.«

»Er ist jetzt für mich meine ganze Kunst«, erklärte der Maler ernst. »Zuweilen denke ich, Harry, es gibt in der Weltgeschichte nur zwei epochemachende Ereignisse. Das erste ist das Auftreten eines neuen künstlerischen Ausdrucksmittels, und das zweite ist das Auftreten einer neuen Persönlichkeit, ebenfalls in der Kunst. Was die Erfindung der Ölmalerei für die Venezianer war, das war das Antlitz des Antinoos[7] für die spätgriechische Bildhauerei und wird das Gesicht Dorian Grays eines Tages für mich sein. Ich male, zeichne, skizziere ihn nicht nur. Natürlich habe ich all das getan. Aber er ist für mich viel mehr als jemand, der mir nur Modell sitzt. Ich will dir nicht erzählen, ich sei unzufrieden mit dem, wie ich ihn gezeichnet oder gemalt habe, oder seine Schönheit sei von solcher Art, daß die Kunst sie nicht auszudrücken vermöge. Es gibt nichts, was die Kunst nicht auszudrükken vermag, und ich weiß, daß das, was ich geschaffen habe, seit ich Dorian Gray kenne, gute Arbeit ist, die beste meines Lebens. Doch auf eigenartige Weise – ich frage mich, ob du mich verstehen wirst – regte mich seine Persönlichkeit zu einer gänzlich neuen Kunstform, einem vollkommen neuen Stil an. Ich sehe die Dinge anders, ich denke anders über sie. Ich vermag mit einemmal, das Leben auf eine Art und Weise neu erstehen zu lassen, die mir bisher verschlossen war. ›Ein Traum der Form in Tagen des Denkens‹ – wer sagte das doch? Ich habe es vergessen; aber genau das ist Dorian Gray für mich. Die bloße Gegenwart dieses Jungen – denn für mich ist er kaum mehr als ein Junge, obgleich er tatsächlich schon über zwanzig ist –, seine bloße Gegenwart – ach, ich frage mich, ob du wirklich zu begreifen vermagst, was das bedeutet. Ohne sich dessen bewußt zu sein, gibt er mir die Grundsätze einer neuen Kunstrichtung ein, einer Kunstrichtung, die alle Leidenschaft des romantischen, alle Vollkommenheit des griechischen Geistes in sich einschließen soll. Die Harmonie von Seele und Körper – wieviel ist das doch! In unserem Wahn haben wir sie getrennt und einen Realismus erfunden, der vulgär, eine Idealität, die hohl und leer ist. Harry! Wenn du nur wüßtest, was Dorian Gray für mich bedeutet! Du erinnerst dich an das Landschaftsbild, für das Agnew[8] mir eine so horrende Summe bot, von dem ich mich aber nicht trennen wollte? Es gehört zum Besten, was ich je geschaffen habe. Und warum? Weil Dorian Gray neben mir saß, während ich es malte. Irgendein unterschwelliger Einfluß ging von ihm auf mich aus, und zum erstenmal in meinem Leben gewahrte ich in der schlichten Waldlandschaft das Wunder, nach dem ich stets gesucht und das ich nie entdeckt hatte.«

»Basil, das ist außergewöhnlich! Ich muß Dorian Gray unbedingt kennenlernen.«

Hallward erhob sich von der Bank und ging im Garten auf und ab. Nach einer Weile kam er zurück. »Harry«, sagte er, »Dorian Gray ist für mich einfach ein künstlerisches Motiv. Du findest vielleicht gar nichts an ihm. Ich finde alles in ihm. Er ist in meinem Schaffen nie gegenwärtiger, als wenn sein Abbild gar nicht erscheint. Er ist, wie ich schon sagte, die Anregung zu einem neuen Stil. Ich finde ihn im Schwung bestimmter Linien, in der Schönheit und Zartheit bestimmter Farbtöne. Das ist alles.«

»Warum willst du dann sein Bild nicht ausstellen?« fragte Lord Henry.

»Weil ich darin, ohne es zu wollen, etwas von dieser ganzen sonderbaren künstlerischen Vergötterung zum Ausdruck gebracht habe, die ich ihm gegenüber natürlich mit keinem Wort erwähnte. Er hat nicht die geringste Ahnung davon, und er soll auch nie etwas davon erfahren. Die Welt könnte es indes erraten; und ich will mein Innerstes nicht vor ihren oberflächlichen, neugierigen Blicken entblößen. Nie soll mein Herz unter ihr Mikroskop kommen. Es ist einfach zu viel von mir selbst in diesem Ding, Harry – zu viel von mir selbst!«

»Dichter sind da weniger zimperlich als du. Sie wissen, wie dienlich Leidenschaft einer Veröffentlichung ist. Ein gebrochenes Herz sichert heutzutage zahlreiche Auflagen.«

»Dafür verabscheue ich sie ja auch«, rief Hallward. »Ein Künstler sollte schöne Dinge schaffen, aber nichts von seinem eigenen Leben in sie hineinlegen. Wir leben in einer Zeit, in der die Menschen die Kunst behandeln, als sei sie dazu ausersehen, eine Art Autobiographie zu sein. Wir haben den Sinn für abstrakte Schönheit verloren. Eines Tages werde ich der Welt zeigen, was das ist; und deshalb soll sie auch mein Porträt von Dorian Gray niemals zu Gesicht bekommen.«

»Meiner Meinung nach hast du unrecht, Basil, aber ich will mich nicht mit dir streiten. Nur die intellektuell Unterlegenen streiten. Sag mir, mag Dorian Gray dich sehr?«

Der Maler überlegte einige Augenblicke. »Er hat mich gern«, antwortete er nach einer Weile. »Ich weiß, daß er mich gern hat. Natürlich schmeichle ich ihm entsetzlich. Ich empfinde ein seltsames Vergnügen dabei, ihm Dinge zu sagen, von denen ich weiß, daß es mir später leid tun wird, sie gesagt zu haben. In der Regel ist er reizend zu mir, und wir sitzen im Atelier und unterhalten uns über tausend Dinge. Mitunter ist er allerdings schrecklich gedankenlos, und es scheint ihm geradezu Freude zu bereiten, mir weh zu tun. Dann habe ich das Gefühl,

Harry, meine ganze Seele einem Menschen überlassen zu haben, der damit umgeht, als sei sie eine Blume, die man sich ins Knopfloch steckt, ein Stück Dekoration, um der Eitelkeit zu schmeicheln, schmückendes Beiwerk für einen Sommertag.«

»Im Sommer neigen die Tage dazu, recht lang zu sein, Basil«, bemerkte Lord Henry leise. »Vielleicht wirst du seiner schneller überdrüssig als er deiner. Es ist zwar ein betrüblicher Gedanke, doch besteht kein Zweifel daran, daß Genie länger währt als Schönheit. Das erklärt auch, warum wir alle derartige Anstrengungen unternehmen, uns übermäßig zu bilden. Im stürmischen Kampf ums Dasein verlangt es uns nach etwas Dauerhaftem, und deshalb stopfen wir unsere Hirne mit Unsinn und Fakten voll, in der törichten Hoffnung, unseren Platz behaupten zu können. Der durch und durch wohlinformierte Mensch – das ist das Ideal unserer modernen Zeit. Das Hirn dieses durch und durch wohlinformierten Menschen ist etwas Grauenvolles. Es gleicht einem Trödelladen voller Ungeheuerlichkeiten und Staub, in dem alles über seinem eigentlichen Wert ausgezeichnet ist. Trotzdem glaube ich, daß du seiner zuerst überdrüssig werden wirst. Eines Tages wirst du deinen Freund ansehen, und er wird dir ein wenig verzeichnet vorkommen, oder dir mißfällt sein Farbton oder sonst etwas. Du wirst ihm im Innersten deines Herzens bittere Vorwürfe machen und ernsthaft überzeugt sein, er habe sich dir gegenüber äußerst schlecht benommen. Bei seinem nächsten Besuch wirst du ihm vollkommen kühl und gleichgültig begegnen. Das wird jammerschade sein, denn es wird dich verändern. Was du mir erzählt hast, ist eine richtige Romanze, eine Romanze der Kunst könnte man es nennen, und das Schlimmste an jeder Romanze ist, daß man am Ende aller Romantik beraubt ist.«

»Harry, sprich nicht so. Solange ich lebe, wird Dorian Grays Persönlichkeit mich beherrschen. Du bist nicht imstande zu fühlen, was ich fühle. Du bist zu unbeständig.«

»Ah, mein lieber Basil, gerade darum kann ich es nachempfinden. Treue Menschen lernen nur die triviale Seite der Liebe kennen: allein die Treulosen wissen auch um die Tragödien der Liebe.« Und Lord Henry entflammte ein elegantes silbernes Feuerzeug und begann mit selbstbewußter, zufriedener Miene eine Zigarette zu rauchen, als hätte er die Welt in einem einzigen Satz zusammengefaßt. In den glänzendgrünen Efeublättern raschelten aufgeregt zwitschernde Spatzen, und die blauen Wolkenschatten jagten einander wie Schwalben über den Rasen. Wie angenehm war es doch im Garten! Und wie ergötzlich waren die Gefühlsregungen anderer Leute! Viel ergötzlicher als ihre Ansichten, so schien es ihm. Die eigene Seele und die Leidenschaften der Freunde – das waren die faszinierenden Dinge im Leben. Mit heimlichem Vergnügen malte er sich in Gedanken das langweilige Gabelfrühstück aus, das er versäumt hatte, weil er so lange bei Basil Hallward geblieben war. Wäre er zu seiner Tante gegangen, hätte er dort mit Sicherheit Lord Goodbody getroffen, und die ganze Unterhaltung hätte sich um die Armenspeisung und die Notwendigkeit von vorbildlichen Mietshäusern gedreht. Alle hätten die Bedeutung jener Tugenden gepriesen, für deren Ausübung sie im eigenen Leben keine Veranlassung sahen. Die Reichen hätten sich über den Wert der Sparsamkeit geäußert, und die Müßiggänger sich beredt über die Würde der Arbeit ausgelassen. Es war erfreulich, all dem entgangen zu sein! Bei dem Gedanken an seine Tante schien ihm etwas in den Sinn zu kommen. Er wandte sich Hallward zu und sagte: »Mein Lieber, eben fiel es mir wieder ein.«

»Was fiel dir ein, Harry?«

»Wo ich den Namen Dorian Gray schon gehört habe.«

»Und wo war das?« fragte Hallward mit leichtem Stirnrunzeln.

»Mach nicht so ein grimmiges Gesicht, Basil. Es war bei meiner Tante, Lady Agatha. Sie erzählte mir, sie habe einen wundervollen jungen Mann entdeckt, der ihr im East End[9] helfen wolle, und sein Name sei Dorian Gray. Allerdings erwähnte sie mit keinem Wort, daß er gut aussieht. Frauen vermögen gutes Aussehen nicht zu würdigen, zumindest anständige Frauen nicht. Sie sagte, er sei sehr ernst und habe ein einnehmendes Wesen. Ich sah sofort ein Geschöpf mit Brille, glattem Haar und schrecklich vielen Sommersprossen vor mir, das auf riesigen Füßen einhertrampelt. Ich wünschte, ich hätte gewußt, daß es sich um deinen Freund handelt.«

»Ich bin froh, daß du es nicht wußtest, Harry.«

»Warum?«

»Ich möchte nicht, daß du ihn kennenlernst.«

»Du möchtest nicht, daß ich ihn kennenlerne?«

»Nein.«

In diesem Augenblick kam der Butler in den Garten und meldete: »Mr. Dorian Gray ist im Atelier, Sir.«

»Jetzt mußt du mich vorstellen«, rief Lord Henry lachend.

Der Maler wandte sich an seinen Diener, der blinzelnd im Sonnenlicht stand. »Bitten Sie Mr. Gray zu warten, Parker; ich werde gleich hineinkommen.« Der Mann verbeugte sich und ging den Weg hinauf.

Dann sah Basil Hallward Lord Henry an. »Dorian Gray ist mir der teuerste Freund«, sagte er. »Er hat ein unkompliziertes, einnehmendes Wesen. Deine Tante hatte völlig recht mit dem, was sie über ihn sagte. Verdirb ihn nicht. Versuche nicht, ihn zu beeinflussen. Dein

Einfluß wäre schädlich. Die Welt ist groß, und es gibt viele wundervolle Menschen in ihr. Nimm mir nicht den einen, der meiner Kunst allen Zauber verleiht, den sie besitzt; mein Leben als Künstler hängt von ihm ab. Vergiß nicht, Harry, ich vertraue dir.« Er sprach sehr langsam, und die Worte schienen sich ihm fast gegen seinen Willen zu entringen.

»Was für einen Unsinn du daherredest!« erklärte Lord Henry lächelnd, nahm Hallward beim Arm und führte ihn beinahe ins Haus.

Kapitel 2

Als sie eintraten, sahen sie Dorian Gray. Er saß mit dem Rücken zu ihnen am Klavier und blätterte in einem Band mit Schumanns »Waldszenen«. »Die mußt du mir unbedingt leihen, Basil«, rief er. »Ich möchte sie lernen. Sie sind einfach bezaubernd.«

»Das hängt ganz davon ab, wie du mir heute Modell sitzt, Dorian.«

»Ach, ich habe keine Lust mehr, dir zu sitzen, und ich will gar kein lebensgroßes Porträt von mir«, erwiderte der junge Mann, während er trotzig und schmollend auf dem Klavierhocker hin und her schwang. Als er Lord Henry erblickte, färbte eine leichte Röte einen Moment lang seine Wangen, und er sprang auf. »Entschuldige, Basil, aber ich wußte nicht, daß du Besuch hast.«

»Das ist Lord Henry Wotton, Dorian, ein alter Freund aus Oxforder Tagen. Ich habe ihm eben erzählt, was für ein großartiges Modell du bist, und nun hast du alles verdorben.«

»Mein Vergnügen, Sie kennenzulernen, haben Sie nicht verdorben, Mr. Gray«, erklärte Lord Henry, trat zu ihm und reichte ihm die Hand. »Meine Tante hat mir schon oft von Ihnen erzählt. Sie sind einer ihrer Lieblinge und, wie ich fürchte, auch eines ihrer Opfer.«

»Augenblicklich stehe ich bei Lady Agatha auf der schwarzen Liste«, antwortete Dorian mit drollig zerknirschtem Blick. »Ich hatte ihr versprochen, sie am letzten Dienstag in einen Klub in Whitechapel[1] zu begleiten, und habe es tatsächlich völlig vergessen. Wir hätten zusammen vierhändig spielen sollen – drei Stücke, glaube ich. Ich weiß nicht, was sie sagen wird. Ich habe viel zu große Angst, um sie aufzusuchen.«

»Oh, ich werde Sie mit meiner Tante wieder aussöhnen. Sie schwärmt ja geradezu von Ihnen. Außerdem glaube ich, es macht wirklich nichts, daß Sie nicht dort waren. Das Publikum dachte wahrscheinlich, es werde vierhändig gespielt. Wenn Tante Agatha sich ans Klavier setzt, macht sie Lärm genug für zwei.«

»Das ist ganz abscheulich ihr gegenüber, und nicht sehr schmeichelhaft für mich«, antwortete Dorian lachend.

Lord Henry sah ihn an. Ja, er war zweifellos außerordentlich hübsch mit seinen feingeschwungenen scharlachroten Lippen, seinen aufrichtigen blauen Augen, seinem gelockten goldblonden Haar. In seinem Gesicht war etwas, das sofort Vertrauen erweckte. Alle Offenheit der Jugend lag darin, und auch all ihre leidenschaftliche Reinheit. Man spürte, daß er sich noch nicht von der Welt hatte beflecken lassen. Kein Wunder, daß Basil Hallward ihn anbetete.

»Sie sind zu charmant, um sich mit Philanthropie abzugeben, Mr. Gray – viel zu charmant.« Lord Henry ließ sich auf den Diwan fallen und öffnete sein Zigarettenetui.

Der Maler war damit beschäftigt gewesen, seine Farben zu mischen und seine Pinsel bereitzulegen. Er wirkte beunruhigt, und als er Lord Henrys letzte Bemerkung hörte, sah er ihn an, zögerte einen Augenblick und sagte dann: »Harry, ich möchte dieses Bild heute fertigmalen. Fändest du es sehr unhöflich von mir, wenn ich dich bäte zu gehen?«

Lord Henry lächelte und blickte zu Dorian Gray. »Soll ich gehen, Mr. Gray?« fragte er.

»Oh, bitte nicht, Lord Henry. Ich sehe, Basil hat heute offenbar wieder einmal schlechte Laune, und ich kann ihn nicht ausstehen, wenn er so mürrisch ist. Außerdem möchte ich, daß Sie mir erklären, warum ich mich nicht mit Philanthropie abgeben sollte.«

»Das werde ich wohl nicht, Mr. Gray. Es ist ein so langweiliges Thema, daß man ernsthaft darüber sprechen müßte. Aber gewiß werde ich nicht davonlaufen, nun, da Sie mich gebeten haben zu bleiben. Es macht dir doch nichts aus, Basil, nicht wahr? Du hast mir oft gesagt, es gefalle dir, wenn die Leute, die dir Modell sitzen, jemanden zum Plaudern haben.«

Hallward biß sich auf die Lippen. »Wenn Dorian es wünscht, mußt du natürlich bleiben. Dorians Launen sind Gesetz für jedermann, außer für ihn selbst.«

Lord Henry griff nach Hut und Handschuhen. »Auch wenn du mich so eindringlich bittest, Basil, ich fürchte, ich muß gehen. Ich habe eine Verabredung im ›Orleans‹. Auf Wiedersehen, Mr. Gray. Besuchen Sie mich doch gelegentlich nachmittags in der Curzon Street. Um fünf Uhr bin ich fast immer zu Hause. Schreiben Sie mir, wann Sie kommen. Es täte mir leid, Sie zu verfehlen.«

»Basil«, rief Dorian Gray, »wenn Lord Henry Wotton geht, gehe ich auch. Du machst nie den Mund auf, während du malst, und es ist entsetzlich langweilig, auf einem Podest zu stehen und zu versuchen, ein freundliches Gesicht zu machen. Bitte ihn zu bleiben. Ich bestehe darauf.«

»Bleib, Harry, Dorian zuliebe und mir zuliebe«, sagte Hallward, den Blick aufmerksam auf das Bild gerichtet. »Es stimmt, ich spreche nie, wenn ich arbeite, und ich höre auch nicht zu, und es muß schrecklich langweilig für meine bedauernswerten Modelle sein. Ich bitte dich zu bleiben.«

»Aber was ist mit meiner Verabredung im ›Orleans‹?«

Der Maler lachte. »Ich glaube nicht, daß das ein Problem ist. Setz dich wieder, Harry. Und nun, Dorian, stell dich auf das Podest und bewege dich nicht allzusehr und achte nicht auf das, was Lord Henry sagt. Er übt einen sehr schlechten Einfluß auf alle seine Freunde aus, ich bin die einzige Ausnahme.«

Mit der Miene eines jungen griechischen Märtyrers bestieg Dorian Gray das Podest und schnitt eine mißvergnügte Grimasse in Richtung Lord Henry, den er recht sympathisch fand. Er war so ganz anders als Basil. Sie bildeten einen reizvollen Kontrast. Und er hatte eine so schöne Stimme. Wenig später fragte er ihn: »Üben Sie wirklich einen sehr schlechten Einfluß aus, Lord Henry? Einen so schlechten, wie Basil behauptet?«

»So etwas wie einen guten Einfluß gibt es nicht, Mr. Gray. Jeder Einfluß ist unmoralisch – unmoralisch vom wissenschaftlichen Standpunkt aus.«

»Warum?«

»Weil Beeinflussung eines Menschen bedeutet, daß man die eigene Seele auf ihn überträgt. Er denkt nicht mehr seine eigenen Gedanken, brennt nicht vor eigener Leidenschaft. Seine Tugenden sind nicht wirklich die seinen. Seine Sünden, wenn es denn so etwas wie Sünden gibt, sind geborgt. Er wird zum Echo der Musik eines anderen, zum Schauspieler, der eine Rolle spielt, die nicht für ihn geschrieben wurde. Das Ziel des Lebens ist Selbstentfaltung. Das eigene Wesen vollkommen zu verwirklichen – das ist es, wozu jeder von uns hier ist. Heutzutage haben die Menschen Angst vor sich selbst. Sie haben die vornehmste aller Pflichten vergessen, die Pflicht nämlich, die man dem eigenen Ich gegenüber hat. Natürlich sind sie mildtätig. Sie speisen den Hungernden und kleiden den Bettler. Ihre eigenen Seelen aber darben und sind nackt. Der Mut hat unsere Rasse verlassen. Vielleicht haben wir nie wirklich welchen besessen. Die Furcht vor der Gesellschaft, die die Grundlage der Moral, die Furcht vor Gott, die das Geheimnis der Religion ist – das sind die beiden Dinge, die uns beherrschen. Und doch –«

»Dreh bitte den Kopf ein wenig weiter nach rechts, Dorian, sei so lieb«, sagte der Maler, in seine Arbeit vertieft und sich nur der Tatsache bewußt, daß in das Gesicht des jungen Mannes ein Ausdruck getreten war, den er bisher noch nie darin wahrgenommen hatte.

»Und doch«, fuhr Lord Henry mit seiner leisen, wohlklingenden Stimme und jener anmutigen Handbewegung fort, die für ihn seit jeher so charakteristisch war und die er schon während seiner Schulzeit in Eton an sich hatte, »glaube ich, wenn nur ein einziger Mensch sein Leben voll und ganz auslebte, jedem Gefühl Gestalt, jedem Gedanken Ausdruck, jedem Traum Wirklichkeit verliehe – ich glaube, dann erhielte die Welt einen derartig neuen, freudigen Auftrieb, daß wir all die mittelalterlichen Übel und Krankheiten vergäßen und zum hellenischen Ideal zurückkehrten – vielleicht sogar zu etwas noch Edlerem, Köstlicherem als dem hellenischen Ideal. Doch der Tapferste unter uns hat Angst vor sich selbst. Die Selbstverstümmelung des Wilden findet ihre tragische Fortsetzung in der Selbstverleugnung, die unser Leben zerstört. Wir werden für unsere Verweigerung bestraft. Jeder Trieb, den wir zu unterdrücken suchen, lebt in unserem Innern unterschwellig weiter und vergiftet uns. Der Körper sündigt einmal, und damit ist die Sünde für ihn erledigt, denn Handeln ist eine Form der Läuterung. Nichts bleibt zurück als die Erinnerung an einen Genuß oder die Wollust der Reue. Der einzige Weg, sich einer Versuchung zu entledigen, ist, ihr nachzugeben. Widerstehe, und deine Seele wird krank vor Sehnsucht nach den Dingen, die sie sich selbst verboten hat, vor Verlangen nach dem, was ihre widernatürlichen Gesetze für widernatürlich und ungesetzlich erklärt haben. Es heißt, die großen Weltereignisse fänden im Gehirn statt. Im Gehirn, und im Gehirn allein, geschehen auch die großen Sünden der Welt. Sie, Mr. Gray, Sie mit Ihrer rosenroten Jugend und Ihrer rosenweißen Unschuld, wurden selbst schon von Leidenschaften ergriffen, die Ihnen angst machten, hatten Gedanken, die Sie mit Entsetzen erfüllten, Wachträume und Träume im Schlaf, die, wenn Sie nur daran denken, Ihre Wangen vor Scham erröten lassen könnten –«

»Halten Sie ein«, stammelte Dorian Gray, »halten Sie ein! Sie verwirren mich. Ich weiß nicht, was ich sagen soll. Es gibt eine Entgegnung auf Ihre Worte, aber ich kann sie nicht finden. Sagen Sie nichts. Lassen Sie mich nachdenken. Oder vielmehr, lassen Sie mich versuchen, nicht nachzudenken.«

Nahezu zehn Minuten lang stand er da, reglos, mit geöffneten Lippen und eigenartig glänzenden Augen. Er war sich dunkel bewußt, daß völlig neue Einflüsse in seinem Innern am Werke waren. Doch ihm war, als wären sie tatsächlich von ihm selbst ausgegangen. Die wenigen Worte, die Basils Freund zu ihm gesagt hatte – zufällig gesprochene Worte zweifellos und voller willkürlicher Widersprüche –, hatten eine geheime Saite in ihm berührt, die bis dahin noch nie berührt worden war, die er nun jedoch in sonderbaren Schwingungen vibrieren und erbeben fühlte.

Musik hatte ihn ähnlich erregt. Musik hatte ihn schon so manches Mal aufgewühlt. Aber Musik war nicht so bestimmt. Sie erschuf keine neue Welt in uns, sondern eher ein neues Chaos. Worte! Bloße Worte! Wie schrecklich sie waren! Wie klar, wie lebendig, wie grausam! Man vermochte sich ihnen nicht zu entziehen. Und doch, welch heimtückischer Zauber lag in ihnen! Sie schienen imstande, formlosen Dingen plastische Gestalt zu verleihen, und eine eigene Musik zu besitzen, so süß wie die einer Viola oder Laute. Bloße Worte! Gab es etwas, das so wirklich war wie Worte?

Ja, in seiner Knabenzeit hatte es Dinge gegeben, die er nicht verstanden hatte. Jetzt verstand er sie. Mit einemmal schien ihm das Leben glutrot gefärbt. Ihm war, als sei er durch Feuer gegangen. Warum hatte er es nicht gewußt?

Lord Henry beobachtete ihn mit seinem hintergründigen Lächeln. Er wußte genau, wann es psychologisch geboten war, nichts zu sagen. Er empfand größtes Interesse. Er war erstaunt über die unmittelbare Wirkung, die seine Worte gezeitigt hatten. Er mußte an ein Buch denken, das er mit sechzehn gelesen hatte, ein Buch, das ihm viel enthüllte, was er vorher nicht gewußt hatte, und er fragte sich, ob Dorian Gray gerade eine ähnliche Erfahrung durchmachte. Er hatte lediglich einen Pfeil in die Luft geschossen. Hatte er ins Schwarze getroffen? Wie faszinierend der junge Mann war!

Hallward malte, ganz in seine Arbeit versunken, mit jenem ihm eigenen wunderbar kühnen Pinselstrich, der die wahre Feinheit und vollendete Zartheit besaß, welche, jedenfalls in der Kunst, nur aus Stärke erwachsen. Er hatte das Schweigen gar nicht wahrgenommen.

»Basil, ich habe keine Lust mehr, noch länger zu stehen«, rief Dorian Gray plötzlich. »Ich muß hinausgehen und mich in den Garten setzen. Die Luft hier drinnen ist zum Ersticken.«

»Mein lieber Junge, entschuldige bitte. Wenn ich male, kann ich an nichts anderes denken. Aber du bist noch nie besser gewesen. Du standest vollkommen still. Und ich habe den Effekt eingefangen, den ich wollte – die halbgeöffneten Lippen und den Glanz in deinen Augen. Ich weiß nicht, was Harry dir gesagt hat, aber er hat zweifellos bewirkt, daß dein Gesicht den wundervollsten Ausdruck annahm. Vermutlich hat er dir Komplimente gemacht. Du darfst nicht ein Wort von dem glauben, was er sagt.«

»Er hat mir keineswegs Komplimente gemacht. Vielleicht ist das der Grund, weshalb ich nichts von dem glaube, was er mir erzählt hat.«

»Sie wissen, daß Sie alles glauben«, widersprach Lord Henry und sah ihn dabei mit seinen träumerischen, müde blickenden Augen an. »Ich gehe mit Ihnen in den Garten hinaus. Es ist grauenvoll heiß hier im Atelier. Basil, laß uns doch etwas Eisgekühltes zum Trinken bringen, etwas mit Erdbeeren drin.«

»Aber gewiß, Harry. Läute doch bitte, und wenn Parker kommt, sage ich ihm, was ihr haben wollt. Ich muß den Hintergrund noch ausarbeiten, deshalb werde ich erst später zu euch stoßen. Halte Dorian nicht zu lange auf. Ich war noch nie in besserer Form zum Malen als heute. Dies wird mein Meisterwerk werden. Es ist schon jetzt mein Meisterwerk.«

Lord Henry ging in den Garten hinaus und sah, wie Dorian Gray sein Gesicht in den großen kühlen Fliederblüten vergrub und begierig ihren Duft trank, als wäre es Wein. Er trat zu ihm und legte ihm die Hand auf die Schulter. »Sie tun vollkommen recht«, sagte er leise. »Nichts vermag die Seele zu heilen außer den Sinnen, wie auch nichts die Sinne zu heilen vermag außer der Seele.«

Der junge Mann zuckte zusammen und hob den Kopf. Er war barhäuptig, und die Blätter hatten seine widerspenstigen Locken in Unordnung gebracht und all ihre goldnen Fäden verwirrt. In seinen Augen lag ein verängstigter Blick wie bei jemandem, der plötzlich aus dem Schlaf schreckt. Seine feingeformten Nasenflügel bebten, und irgendein verborgener Nerv durchzuckte das Scharlachrot seiner Lippen und ließ sie erzittern.

»Ja«, fuhr Lord Henry fort, »das ist eines der großen Geheimnisse des Lebens – die Seele mit Hilfe der Sinne zu heilen und die Sinne mit Hilfe der Seele. Sie sind ein wundervolles Geschöpf. Sie wissen mehr, als Sie zu wissen glauben, geradeso wie Sie weniger wissen, als Sie wissen möchten.«

Dorian Gray runzelte die Stirn und wandte den Kopf ab. Er konnte nicht umhin, den großgewachsenen, eleganten jungen Mann, der neben ihm stand, zu mögen. Sein romantisches olivfarbenes Gesicht und der müde Ausdruck darin erregten sein Interesse. In dieser leisen, schleppenden Stimme lag etwas absolut Betörendes. Selbst seine kühlen, weißen, blumengleichen Hände hatten einen sonderbaren Reiz. Wenn er sprach, begleiteten sie seine Worte wie Musik und schienen eine eigene Sprache zu besitzen. Aber er empfand auch Angst vor ihm und schämte sich doch gleichzeitig seiner Angst. Warum blieb es einem Fremden vorbehalten, ihm sein Innerstes zu offenbaren? Er kannte Basil Hallward seit Monaten, aber ihre Freundschaft hatte ihn nicht im geringsten verändert. Plötzlich war jemand in sein Leben getreten, der ihm das Geheimnis des Lebens geoffenbart zu haben schien. Und doch, wovor sollte er Angst haben? Er war kein Schuljunge und auch kein kleines Mädchen. Es war lächerlich, sich zu fürchten.

»Kommen Sie, wir wollen uns in den Schatten setzen«, sagte Lord Henry. »Parker hat die Getränke herausgebracht, und wenn Sie sich noch länger diesem grellen Sonnenlicht aussetzen, werden Sie sich den Teint verderben, und Basil wird Sie nie mehr malen. Sie dürfen sich wirklich nicht von der Sonne bräunen lassen. Es stünde Ihnen nicht.«

»Was macht das schon?« rief Dorian Gray lachend, während er sich auf der Bank am Ende des Gartens niederließ.

»Es sollte Ihnen sehr viel ausmachen, Mr. Gray.«

»Warum?«

»Weil Sie die wunderbarste Jugend besitzen, und Jugend ist das einzige, das zu besitzen sich lohnt.«

»Das empfinde ich nicht so, Lord Henry.«

»Nein, jetzt empfinden Sie es noch nicht. Eines Tages aber, wenn Sie alt und runzelig und häßlich sind, wenn das Denken Ihre Stirn mit seinen Furchen gezeichnet und die Leidenschaft sich mit ihrer furchtbaren Glut in Ihre Lippen eingebrannt hat, werden Sie es empfinden, werden Sie es auf schreckliche Weise empfinden. Heute bezaubern Sie alle Welt, wo Sie auch hingehen. Wird es immer so sein? ... Sie haben ein außergewöhnlich schönes Gesicht, Mr. Gray. Runzeln Sie nicht die Stirn. Es ist so. Und Schönheit ist eine Form von Genie – ja, steht noch höher als Genie, da sie keiner Erklärung bedarf. Sie gehört zu den großen Wahrheiten der Welt wie das Sonnenlicht oder der Frühling oder die Spiegelung jener Silbermuschel, die wir Mond nennen, in dunklen Wassern. Sie kann nicht in Frage gestellt werden. Sie hat das göttliche Recht auf unumschränkte Herrschaft. Sie macht jene zu Prinzen, die sie besitzen. Sie lächeln? Ach! Wenn Sie sie einmal verloren haben, werden Sie nicht mehr lächeln ... Man hört zuweilen, Schönheit sei nur etwas Oberflächliches. Das mag sein. Aber wenigstens ist sie nicht so oberflächlich wie das Denken. Für mich ist Schönheit das Wunder der Wunder. Nur einfältige Menschen urteilen nicht nach dem Äußeren. Das wahre Geheimnis der Welt ist das Sichtbare, nicht das Unsichtbare ... Ja, Mr. Gray, die Götter haben es gut mit Ihnen gemeint. Doch was die Götter geben, das nehmen sie auch bald wieder.

Es sind Ihnen nur wenige Jahre vergönnt, während derer Sie Ihr Leben wirklich, vollkommen und ausgiebig auskosten können. Wenn Ihre Jugend Sie verläßt, wird mit ihr auch die Schönheit schwinden, und dann werden Sie mit einemmal entdecken, daß es keine Triumphe mehr für Sie gibt oder Sie sich mit jenen armseligen Triumphen zufriedengeben müssen, die die Erinnerung an Ihre Vergangenheit bitterer machen werden als Niederlagen. Jeder Monat, der ins Land geht, bringt Sie etwas Schrecklichem näher. Die Zeit ist eifersüchtig auf Sie und führt Krieg gegen Ihre Lilien und Ihre Rosen. Sie werden bleich und hohlwangig, Ihre Augen stumpf werden. Sie werden grauenvoll leiden ... Ach! Nutzen Sie Ihre Jugend, solange Sie sie haben. Vergeuden Sie nicht das Gold Ihrer Tage, indem Sie langweiligem Geschwätz lauschen, den hoffnungslosen Versager zu bessern trachten oder Ihr Leben an das Beschränkte, das Gewöhnliche und das Gemeine wegwerfen. Dies sind die krankhaften Ziele, die falschen Ideale unserer Zeit. Leben Sie! Leben Sie das wunderbare Leben, das in Ihnen ist! Lassen Sie sich nichts entgehen! Suchen Sie fortwährend nach neuen Empfindungen. Haben Sie vor nichts Angst ... Ein neuer Hedonismus[2] – das ist es, was unser Jahrhundert braucht. Sie könnten sein sichtbares Symbol sein. Bei Ihrem Äußeren gibt es nichts, was Sie nicht tun könnten. Eine Saison lang gehört die Welt Ihnen ... Vom ersten Augenblick an, als ich Sie sah, war mir klar, daß Sie gar nicht wußten, was Sie eigentlich sind, was Sie eigentlich sein könnten. Es gab so viel an Ihnen, das mich bezauberte, daß ich das Gefühl hatte, ich müßte Ihnen etwas über Sie selbst erzählen. Ich dachte, wie tragisch es doch wäre, wenn Sie Ihre Möglichkeiten nicht nutzten. Denn Ihre Jugend wird nur von kurzer Dauer sein – von sehr kurzer Dauer. Die gemeinen

Wiesenblumen welken, aber sie erblühen immer wieder aufs neue. Der Goldregen wird im nächsten Juni genauso gelb sein wie jetzt. In einem Monat werden an der Klematis purpurne Sterne prangen, und Jahr um Jahr wird die grüne Nacht ihrer Blätter solche Purpursterne tragen. Wir indes bekommen unsere Jugend nie zurück. Der Pulsschlag der Freude, der mit zwanzig in uns pocht, wird träge. Unsere Gliedmaßen lassen uns im Stich, unsere Sinne verfaulen. Wir degenerieren zu gräßlichen Marionetten, verfolgt von der Erinnerung an die Leidenschaften, vor denen wir zu große Angst hatten, und an die köstlichen Versuchungen, denen nachzugeben es uns an Mut fehlte. Jugend! Jugend! Es gibt absolut nichts, was auf der Welt zählt, außer der Jugend!«

Dorian Gray hörte mit weitgeöffneten Augen staunend zu. Der Fliederzweig entglitt seiner Hand und fiel auf den Kies. Eine pelzige Biene kam angeflogen und umschwirrte ihn einen Augenblick. Dann begann sie über die länglichen Rispen aus winzigen Blütensternen zu krabbeln. Er beobachtete sie mit jenem merkwürdigen Interesse an trivialen Dingen, das wir zu entwickeln trachten, wenn uns Dinge von größerer Tragweite angst machen oder wenn wir von einer neuen Empfindung aufgewühlt werden, die wir nicht auszudrücken vermögen, oder wenn ein erschreckender Gedanke ohne Vorwarnung unser Hirn bestürmt und uns zur Kapitulation auffordert. Nach einer Weile flog die Biene davon. Er sah, wie sie in den gefleckten Trichter einer Tyrischen Winde kroch. Die Blume schien zu erbeben und schwang dann sacht hin und her.

Plötzlich tauchte der Maler an der Tür zum Atelier auf und forderte sie mit abgehackten Bewegungen auf hineinzukommen. Sie sahen einander an und lächelten.

»Ich warte«, rief er. »Kommt bitte herein. Das Licht ist geradezu vollkommen. Ihr könnt eure Getränke ja mitbringen.«

Sie erhoben sich und schlenderten zusammen den Weg hinunter. Zwei grün-weiße Schmetterlinge flatterten an ihnen vorbei, und im Birnbaum an der Ecke des Gartens begann eine Drossel zu singen.

»Sie sind froh, mir begegnet zu sein, Mr. Gray«, sagte Lord Henry, den Blick auf ihn gerichtet.

»Ja, jetzt bin ich froh. Ich frage mich allerdings, ob ich immer darüber froh sein werde.«

»Immer! Das ist ein schreckliches Wort. Es läßt mich schaudern, wenn ich es höre. Frauen benützen es so gern. Sie zerstören jede Romanze mit ihrem Bestreben, sie ewig währen zu lassen. Zudem ist es ein bedeutungsloses Wort. Der einzige Unterschied zwischen einer Laune und einer lebenslangen Leidenschaft ist, daß die Laune ein wenig länger vorhält.«

Als sie das Atelier betraten, legte Dorian Gray seine Hand auf Lord Henrys Arm. »Wenn das so ist, dann lassen Sie unsere Freundschaft eine Laune sein«, murmelte er, über seine eigene Kühnheit errötend, stieg aufs Podest und nahm seine Pose wieder ein.

Lord Henry ließ sich in einen großen Korbsessel fallen und beobachtete ihn. Die Pinselstriche auf der Leinwand waren das einzige Geräusch, das die Stille durchbrach, außer wenn Hallward dann und wann einen Schritt zurücktrat, um sein Werk aus einiger Entfernung zu betrachten. In den schrägeinfallenden Sonnenstrahlen, die durch die geöffnete Tür strömten, tanzte der Staub und schimmerte golden. Der intensive Duft der Rosen schien alles einzuhüllen.

Nach etwa einer Viertelstunde hörte Hallward zu malen auf, blickte lange auf Dorian Gray, dann lange auf das Bild und kaute während der ganzen Zeit stirnrunzelnd auf dem Stiel eines seiner riesigen Pinsel herum. »Fertig!« rief er schließlich und bückte sich, um seinen Namen in langen zinnoberroten Buchstaben in die linke Ecke der Leinwand zu schreiben.

Lord Henry trat zu ihm und begutachtete das Bild. Es war zweifellos ein bemerkenswertes Kunstwerk, und auch die Ähnlichkeit war bemerkenswert.

»Mein Lieber, ich gratuliere dir von ganzem Herzen«, sagte er. »Das ist das beste Porträt der Moderne. Mr. Gray, kommen Sie her und betrachten Sie sich selbst.«

Der junge Mann zuckte zusammen, als sei er aus einem Traum gerissen worden. »Ist es wirklich fertig?« murmelte er, während er vom Podest herunterstieg.

»Ganz fertig«, sagte der Maler. »Und du hast mir heute hervorragend Modell gestanden. Ich bin dir zu schrecklich großem Dank verpflichtet.«

»Das ist einzig und allein mein Verdienst«, warf Lord Henry ein. »Nicht wahr, Mr. Gray?«

Dorian gab keine Antwort, sondern trat gleichgültig vor sein Bildnis und wandte sich ihm zu. Als er es sah, wich er zurück, und seine Wangen röteten sich einen Augenblick lang vor Freude. Ein Ausdruck des Entzükkens trat in seine Augen, als erkenne er sich zum erstenmal selbst. Reglos und staunend stand er da; dunkel nahm er wahr, daß Hallward mit ihm sprach, doch die Bedeutung seiner Worte erfaßte er nicht. Das Bewußtsein seiner eigenen Schönheit überkam ihn wie eine Offenbarung. Er hatte sie bis dahin nie empfunden. Basil Hallwards Komplimente hatte er lediglich für die charmanten Übertreibungen eines Freundes gehalten. Er hatte sie sich angehört, über sie gelacht, sie vergessen. Sein Wesen hatten sie nicht beeinflußt. Dann war

Lord Henry mit seiner merkwürdigen Lobeshymne auf die Jugend gekommen, seiner schrecklichen Warnung vor ihrer Kurzlebigkeit. Das hatte ihn aufgerüttelt, und nun, während er dastand und das Abbild seines Liebreizes anstarrte, wurde ihm schlagartig die ganze Wahrheit des Geschilderten bewußt. Ja, es würde der Tag kommen, da sein Gesicht runzelig und eingefallen sein würde, seine Augen stumpf und farblos, die Anmut seiner Gestalt zerstört und entstellt. Das Scharlachrot würde aus seinen Lippen weichen, das Gold aus seinem Haar schwinden. Das Leben, das seine Seele zur Seligkeit führen sollte, würde seinen Körper ins Verderben stürzen. Er würde grauenhaft, häßlich und abstoßend aussehen.

Bei diesem Gedanken durchzuckte ihn ein stechender Schmerz wie ein Messerstich und ließ jede zarte Faser seines Wesens erzittern. Seine Augen wurden dunkel wie Amethyste, und ein Tränenschleier trübte sie. Ihm war, als hätte sich eine Hand aus Eis auf sein Herz gelegt.

»Gefällt es dir nicht?« rief Hallward schließlich, ein wenig verletzt durch das Schweigen des jungen Mannes, das er nicht zu deuten wußte.

»Natürlich gefällt es ihm«, sagte Lord Henry. »Wem gefiele es nicht? Es ist eines der großartigsten Werke der modernen Kunst. Ich werde dir geben, was immer du dafür verlangst. Ich muß es haben.«

»Es gehört nicht mir, Harry.«

»Wem denn?«

»Dorian natürlich«, antwortete der Maler.

»Er ist ein großer Glückspilz.«

»Wie traurig das ist!« murmelte Dorian Gray, den Blick noch immer starr auf sein Porträt geheftet. »Wie traurig das ist! Ich werde alt werden und häßlich und abstoßend. Dieses Bildnis dagegen wird immer jung bleiben. Es wird nie älter sein, als es heute, an diesem bestimmten Tag im Juni, ist ... Wäre es doch nur umgekehrt! Wäre ich es doch, der ewig jung bliebe, und wäre es das Bildnis, das alterte! Dafür – dafür – gäbe ich alles! Ja, es gibt nichts auf der ganzen Welt, das ich dafür nicht gäbe! Sogar meine Seele gäbe ich dafür!«

»An einem solchen Handel dürfte dir wohl kaum gelegen sein, Basil«, rief Lord Henry lachend. »Es wäre ein recht hartes Los für dein Werk.«

»Ich würde entschieden Einspruch erheben, Harry«, erklärte Hallward.

Dorian Gray wandte sich um und sah ihn an. »Davon bin ich überzeugt, Basil. Dir liegt mehr an deiner Kunst als an deinen Freunden. Ich bedeute dir nicht mehr als eine grüne Bronzestatuette. Und vermutlich nicht einmal so viel.«

Der Maler starrte ihn bestürzt an. Es war ganz und gar nicht Dorians Art, so mit ihm zu sprechen. Was war geschehen? Er schien ziemlich aufgebracht. Sein Gesicht war gerötet, seine Wangen glühten.

»Ja«, fuhr er fort, »ich bedeute dir weniger als dein Hermes[3] aus Elfenbein oder dein silberner Faun[4]. Sie wirst du immer mögen. Aber wie lange wirst du mich mögen? Bis ich meine erste Falte bekomme vermutlich. Wenn man sein gutes Aussehen verliert, wie immer es auch geartet sein mag, verliert man alles. Das weiß ich jetzt. Dein Bild hat es mich gelehrt. Lord Henry Wotton hat vollkommen recht. Jugend ist das einzige, was zu besitzen sich lohnt. Sowie ich feststelle, daß ich alt werde, bringe ich mich um.«

Hallward wurde bleich und ergriff seine Hand. »Dorian! Dorian!« rief er, »sprich nicht so. Ich habe noch nie einen Freund wie dich gehabt, und ich werde nie mehr einen solchen Freund haben. Du bist doch nicht eifersüchtig auf materielle Dinge, nicht wahr – du, der du schöner bist als sie alle!«

»Ich bin eifersüchtig auf alles, dessen Schönheit nicht vergeht. Ich bin eifersüchtig auf das Porträt, das du von mir gemalt hast. Warum soll es behalten, was ich verlieren muß? Jeder Augenblick, der verstreicht, nimmt mir etwas weg und schenkt ihm etwas. Oh, wäre es nur umgekehrt! Könnte sich doch das Bild ändern und ich immer so bleiben, wie ich jetzt bin! Weshalb hast du es gemalt? Eines Tages wird es mich verhöhnen – entsetzlich verhöhnen!« Heiße Tränen traten ihm in die Augen; er entriß Hallward die Hand, warf sich auf den Diwan und vergrub das Gesicht in den Kissen, als bete er.

»Das ist dein Werk, Harry«, sagte der Maler voller Bitterkeit.

Lord Henry zuckte mit den Schultern. »Das ist der wahre Dorian Gray – das ist alles.«

»Das stimmt nicht.«

»Wenn er es nicht ist, was habe ich damit zu tun?«

»Du hättest gehen sollen, als ich dich darum bat«, murmelte er.

»Ich bin geblieben, als du mich darum batest«, war Lord Henrys Antwort.

»Harry, ich kann nicht gleichzeitig mit meinen beiden besten Freunden streiten, aber ihr zwei habt dafür gesorgt, daß mir die beste Arbeit, die ich je geschaffen habe, verhaßt ist. Ich werde das Bild zerstören. Was ist es schon außer Leinwand und Farbe? Ich werde nicht zulassen, daß es zwischen uns drei tritt und unser Leben beeinträchtigt.«

Dorian Gray erhob sein goldgelocktes Haupt vom Kissen und sah mit bleichem Gesicht und tränengetrübten Augen, wie der Maler zu dem Kieferntisch mit den

Malutensilien hinüberging, der unter dem vorhangverhangenen Fenster stand. Was tat er dort? Seine Finger durchwühlten das Gewirr von Zinntuben und trockenen Pinseln und suchten etwas. Ja, sie suchten das lange Streichmesser mit seiner dünnen Klinge aus biegsamem Stahl. Endlich hatte er es gefunden. Er würde die Leinwand aufschlitzen.

Mit einem unterdrückten Schluchzen sprang der junge Mann vom Sofa auf, stürzte zu Hallward hinüber, riß ihm das Messer aus der Hand und schleuderte es in die entlegenste Ecke des Ateliers. »Nicht, Basil, nicht!« rief er. »Das wäre Mord!«

»Es freut mich, daß du mein Werk doch noch zu würdigen weißt, Dorian«, entgegnete der Maler kühl, als er sich von seiner Überraschung erholt hatte. »Das hätte ich nicht gedacht.«

»Es würdigen? Ich bin in es verliebt, Basil. Es ist ein Teil von mir. Das fühle ich.«

»Nun, sobald du trocken bist, wirst du gefirnißt und gerahmt und zu dir nach Hause geschickt. Dann kannst du mit dir tun, was du willst.« Und er schritt durch das Zimmer und läutete nach dem Tee. »Du trinkst doch eine Tasse Tee, Dorian? Und du natürlich auch, Harry? Oder verschmähst du solch einfache Genüsse?«

»Ich bete einfache Genüsse geradezu an«, erklärte Lord Henry. »Sie sind die letzte Zuflucht des vielschichtigen Menschen. Aber ich mag keine Szenen, außer auf der Bühne. Was für unvernünftige Kerle ihr doch seid, alle beide! Ich frage mich, wer es wohl war, der den Menschen als vernünftiges Wesen definierte. Es war die vorschnellste Behauptung, die je aufgestellt wurde. Der Mensch ist vielerlei, aber vernünftig ist er nicht. Und letztendlich bin ich froh, daß er es nicht ist, auch wenn ich wünschte, ihr beiden zanktet euch nicht wegen des Bildes. Es wäre viel besser, du überließest es mir, Basil. Dieser dumme Junge will es ja eigentlich gar nicht, und ich möchte es wirklich gern.«

»Wenn du es jemand anderem überläßt als mir, werde ich dir das nie verzeihen, Basil!« rief Dorian Gray. »Und außerdem lasse ich mich nicht als dummen Jungen bezeichnen.«

»Du weißt, daß das Bild dir gehört, Dorian. Ich habe es dir geschenkt, noch ehe es existierte.«

»Und Sie wissen, daß Sie sich ein wenig albern aufgeführt haben, Mr. Gray, und daß Sie in Wirklichkeit nichts dagegen haben, daran erinnert zu werden, wie außerordentlich jung Sie noch sind.«

»Heute morgen hätte ich noch sehr viel dagegen gehabt, Lord Henry.«

»Ach! Heute morgen! Seitdem haben Sie gelebt.«

Es klopfte an die Tür; der Butler trat mit einem vollbeladenen Teetablett ein und stellte es auf einem japanischen Tischchen ab. Man hörte das Klappern von Tassen und Untertassen und das Summen eines kannelierten georgianischen Samowars. Ein Diener brachte zwei kugelförmige Porzellanschüsseln herein. Dorian Gray ging hinüber und schenkte den Tee ein. Die beiden Männer schlenderten langsam zum Tisch und sahen nach, was sich unter den Deckeln verbarg.

»Laßt uns heute abend ins Theater gehen«, sagte Lord Henry. »Irgendwo findet sicher eine Aufführung statt. Ich bin zwar im ›Whites‹ zum Abendessen verabredet, aber nur mit einem alten Freund. Ich kann also telegraphieren, ich sei krank oder infolge einer später eingegangenen Verabredung verhindert. Das scheint mir eine recht hübsche Entschuldigung: Sie besäße den Überraschungseffekt der Aufrichtigkeit.«

»Es ist so lästig, sich zum Ausgehen umzuziehen«, brummte Hallward. »Und hat man den Frack dann endlich an, sieht man gräßlich darin aus.«

»Ja«, antwortete Lord Henry versonnen, »die Kleidung des neunzehnten Jahrhunderts ist abscheulich. Sie ist so düster, so bedrückend. Die Sünde ist das einzige, was noch einen wirklichen Farbtupfer in das moderne Leben bringt.«

»So etwas darfst du vor Dorian nicht sagen, Harry.«

»Vor welchem Dorian? Dem, der uns gerade den Tee eingießt, oder dem auf dem Bild?«

»Vor keinem von beiden.«

»Ich würde Sie gern ins Theater begleiten, Lord Henry«, sagte der junge Mann.

»Dann sollen Sie mitkommen; und du kommst doch auch mit, Basil, nicht wahr?«

»Ich kann eigentlich nicht. Ich möchte lieber nicht. Ich habe eine Menge Arbeit zu erledigen.«

»Nun, dann werden wir beide eben allein gehen, Mr. Gray.«

»Schrecklich gern.«

Der Maler biß sich auf die Lippen und trat, die Tasse in der Hand, vor das Bild. »Ich werde beim wahren Dorian bleiben«, sagte er traurig.

»Ist es der wahre Dorian?« rief das Original des Porträts und schlenderte zu ihm hinüber. »Bin ich wirklich so?«

»Ja, genau so.«

»Wie wundervoll, Basil!«

»Wenigstens entspricht es deiner äußeren Erscheinung. Aber es wird sich nie verändern«, seufzte Hallward. »Das ist schon etwas.«

»Was für ein Aufhebens manche Leute doch von der Treue machen!« rief Lord Henry. »Selbst in der Liebe ist sie lediglich eine Frage der Physiologie. Sie hat nichts mit unserem eigenen Willen zu tun. Junge Männer möchten treu sein und sind es nicht; alte Männer möchten treulos sein und können es nicht: Das ist alles, was es dazu zu sagen gibt.«

»Geh heute abend nicht ins Theater, Dorian«, sagte Hallward. »Bleib hier und iß mit mir.«

»Ich kann nicht, Basil.«

»Warum nicht?«

»Weil ich Lord Henry Wotton versprochen habe, ihn zu begleiten.«

»Er wird dich nicht lieber mögen, wenn du dein Versprechen hältst. Er bricht seine ständig. Ich bitte dich, nicht zu gehen.«

Dorian Gray lachte und schüttelte den Kopf.

»Ich flehe dich an.«

Der junge Mann zögerte und blickte zu Lord Henry hinüber, der sie vom Teetisch aus mit einem amüsierten Lächeln beobachtete.

»Ich muß gehen, Basil«, antwortete er.

»Nun gut«, sagte Hallward; er ging zum Tisch hinüber und stellte seine Tasse auf dem Tablett ab. »Es ist schon recht spät, und da ihr euch noch umziehen müßt, verliert ihr besser keine Zeit mehr. Auf Wiedersehen, Harry. Auf Wiedersehen, Dorian. Komm mich bald besuchen. Komm morgen.«

»Bestimmt.«

»Du wirst es nicht vergessen?«

»Nein, natürlich nicht«, rief Dorian.

»Und ... Harry!«

»Ja, Basil?«

»Denk daran, worum ich dich gebeten habe, als wir heute vormittag im Garten waren.«

»Ich habe es vergessen.«

»Ich vertraue dir.«

»Ich wünschte, ich könnte mir selbst vertrauen«, erwiderte Lord Henry lachend. »Kommen Sie, Mr. Gray, mein Hansom[5] steht draußen, ich kann Sie bei sich zu Hause absetzen. Auf Wiedersehen, Basil. Es war ein äußerst interessanter Nachmittag.«

Als sich die Tür hinter ihnen schloß, warf sich der Maler auf ein Sofa, und ein schmerzlicher Ausdruck trat in sein Gesicht.

Kapitel 3

Am nächsten Tag um halb eins schlenderte Lord Henry Wotton von der Curzon Street hinüber zum Albany[1], um seinen Onkel, Lord Fermor, aufzusuchen, einen lebenslustigen, wenn auch etwas rauhbeinigen alten Junggesellen, den die Welt draußen egoistisch nannte, weil sie keinen besonderen Nutzen aus ihm zog, der in der feinen Gesellschaft jedoch als großzügig galt, da er die Leute, die ihn amüsierten, ernährte. Sein Vater war unser Botschafter in Madrid gewesen, als Isabella jung war und man an Prim noch gar nicht dachte,[2] hatte sich aber in einem momentanen Anfall von Verärgerung aus dem diplomatischen Dienst zurückgezogen, weil man ihm die Gesandtschaft in Paris nicht angetragen hatte, einen Posten, auf den er aufgrund seiner Abstammung, seiner lässigen Gleichgültigkeit, des guten Englischs seiner Depeschen und seiner hemmungslosen Vergnügungssucht vollsten Anspruch zu haben glaubte. Der Sohn, der seines Vaters Sekretär gewesen war, hatte gleichzeitig mit seinem Vorgesetzten den Abschied genommen, was seinerzeit für etwas töricht gehalten wurde, und als wenige Monate später der Titel auf ihn überging, widmete er sich dem ernsthaften Studium der großartigen aristokratischen Kunst des absoluten Nichtstuns. Er besaß zwei große Stadthäuser, zog es jedoch vor, in einer gemieteten Junggesellenwohnung zu leben, da dies mit weniger Aufwand verbunden war, und nahm seine Mahlzeiten meist in seinem Klub ein. Er kümmerte sich ein wenig um die Verwaltung seiner Kohlenzechen in den mittelenglischen Grafschaften und entschuldigte diese ungehörige Betriebsamkeit mit dem Hinweis, der Besitz von Kohlengruben böte den entscheidenden Vorteil, daß es sich ein

Gentleman dadurch leisten könnte, in seinem eigenen Kamin Holz zu verfeuern, wie es sich gehörte. Was seine politische Einstellung betraf, so war er ein Tory, außer wenn die Tories an der Regierung waren; dann nämlich beschimpfte er sie unumwunden als einen Haufen Radikaler. Er war ein Held für seinen Kammerdiener, der ihn schikanierte, und ein Schrecken für die meisten seiner Verwandten, die er seinerseits schikanierte. Nur England konnte ihn hervorgebracht haben, und er behauptete stets, das Land sei im Begriff, vor die Hunde zu gehen. Seine Grundsätze waren zwar veraltet, doch zugunsten seiner Vorurteile ließ sich eine Menge anführen.

Als Lord Henry das Zimmer betrat, saß sein Onkel in einem groben Jagdrock da, rauchte einen Stumpen und brummte bei der Lektüre der *Times* leise vor sich hin. »Nun, Harry«, sagte der alte Herr, »was treibt dich so früh aus dem Haus? Ich war der Meinung, ihr Dandies steht nie vor zwei auf und laßt euch vor fünf nicht blicken.«

»Reine Familienanhänglichkeit, Onkel George, das versichere ich dir. Ich möchte etwas von dir.«

»Vermutlich Geld«, sagte Lord Fermor und schnitt eine Grimasse. »Nun, dann setz dich und erzähl mir die ganze Geschichte. Die jungen Leute heutzutage glauben, Geld sei alles.«

»Ja«, murmelte Lord Henry, während er die Knopflochblume an seinem Überrock zurechtrückte, »und wenn sie älter werden, dann wissen sie es. Aber ich brauche kein Geld. Nur Leute, die ihre Rechnungen bezahlen, brauchen Geld, Onkel George, und ich bezahle meine nie. Kredit ist das Kapital eines jüngeren Sohnes,[3] und es läßt sich recht angenehm davon leben. Außerdem tätige ich alle meine Einkäufe bei Dartmoors Leuten, und folglich werde ich nie behelligt. Was ich brauche, ist eine

Auskunft; selbstverständlich keine nützliche Auskunft, sondern eine ganz unnütze Auskunft.«

»Nun, ich kann dir alles sagen, was in einem englischen Blaubuch[4] steht, Harry, obwohl diese Burschen heutzutage eine Menge Unsinn schreiben. Als ich noch im diplomatischen Dienst stand, war alles viel besser. Aber wie ich höre, wird man jetzt aufgrund von Prüfungen zugelassen. Was ist da schon zu erwarten? Prüfungen, mein Lieber, sind von vorne bis hinten reiner Humbug. Wenn ein Mann ein Gentleman ist, weiß er mehr als genug, und wenn er kein Gentleman ist, ist alles, was er weiß, schlecht für ihn.«

»Mr. Dorian Gray kommt in Blaubüchern nicht vor, Onkel George«, sagte Lord Henry langsam.

»Mr. Dorian Gray? Wer ist das?« fragte Lord Fermor mit zusammengezogenen buschigen weißen Augenbrauen.

»Um das zu erfahren, bin ich gekommen, Onkel George. Oder vielmehr, ich weiß, wer er ist. Er ist der Enkel des letzten Lord Kelso. Seine Mutter war eine Devereux, Lady Margaret Devereux. Ich möchte, daß du mir etwas über seine Mutter erzählst. Wie war sie? Wen hat sie geheiratet? Du hast zu deiner Zeit nahezu jeden gekannt, vielleicht auch sie. Mr. Gray interessiert mich im Augenblick sehr. Ich habe ihn gerade erst kennengelernt.«

»Kelsos Enkel!« wiederholte der alte Herr. »Kelsos Enkel! ... Natürlich ... Ich kannte seine Mutter sehr gut. Ich glaube, ich war bei ihrer Taufe dabei. Sie war ein außergewöhnlich schönes Mädchen, diese Margaret Devereux; trieb alle Männer fast zur Raserei, als sie mit einem völlig mittellosen jungen Burschen durchbrannte, einem absoluten Niemand, mein Lieber, einem Subalternoffizier in einem Infanterieregiment oder etwas

Ähnliches. Gewiß doch. Ich erinnere mich an die ganze Sache, als wäre sie erst gestern passiert. Der arme Kerl wurde bei einem Duell in Spa getötet – ein paar Monate nach der Hochzeit. Eine häßliche Geschichte war darüber im Umlauf. Es hieß, Kelso habe irgend so einen erbärmlichen Schurken, einen belgischen Rohling, angeheuert, der seinen Schwiegersohn in aller Öffentlichkeit beleidigen sollte; habe ihn dafür bezahlt, mein Lieber, dafür bezahlt; und der Kerl habe dann seinen Mann aufgespießt wie eine Taube. Die Sache wurde vertuscht, aber, bei Gott, Kelso hat danach eine ganze Weile sein Kotelett im Klub allein gegessen. Er soll seine Tochter zurückgeholt haben, und sie hat angeblich kein Wort mehr mit ihm gesprochen. O ja, es war eine schlimme Sache. Das Mädchen starb dann auch; starb binnen eines Jahres. Sie hat also einen Sohn hinterlassen, ja? Das hatte ich vergessen. Was für ein Junge ist er? Wenn er seiner Mutter ähnelt, muß er ein gutaussehender Bursche sein.«

»Er sieht sehr gut aus«, bestätigte Lord Henry.

»Hoffentlich kommt er in die richtigen Hände«, fuhr der alte Mann fort. »Wenn Kelso ihm Gerechtigkeit widerfahren läßt, müßte ein Haufen Geld auf ihn warten. Seine Mutter hatte auch Geld. Sie erbte den gesamten Selby-Besitz von ihrem Großvater. Ihr Großvater haßte Kelso, hielt ihn für einen niederträchtigen Hund. Das war er auch. Kam einmal nach Madrid, als ich dort war. Bei Gott, ich schämte mich für ihn. Die Königin fragte mich schon nach dem englischen Adligen, der immer mit den Droschkenkutschern über das Fahrgeld stritt. Die Geschichte wurde ziemlich aufgebauscht. Einen Monat lang wagte ich es nicht, mein Gesicht bei Hof zu zeigen. Ich hoffe, er behandelte seinen Enkel besser als damals die Kutscher.«

»Ich weiß es nicht«, antwortete Lord Henry. »Ich denke, der Junge wird einmal recht wohlhabend sein. Er ist noch nicht volljährig. Selby gehört ihm, das weiß ich. Er hat es mir gesagt. Und ... seine Mutter war sehr schön?«

»Margaret Devereux war eines der bezauberndsten Geschöpfe, das ich je sah, Henry. Was in aller Welt sie dazu bewog, sich so zu verhalten, wie sie es tat, konnte ich nie begreifen. Sie hätte heiraten können, wen sie nur wollte. Carlington war verrückt nach ihr. Aber sie war romantisch. Alle Frauen dieser Familie waren romantisch. Die Männer waren ein erbärmlicher Haufen, aber bei Gott! die Frauen waren wundervoll. Carlington lag vor ihr auf den Knien. Hat es mir selbst erzählt. Sie lachte ihn aus, und damals gab es in London nicht ein einziges Mädchen, das nicht hinter ihm her gewesen wäre. Ach, übrigens, Harry, da wir gerade über törichte Heiraten sprechen, was ist das für ein Unsinn, den dein Vater mir da erzählt, daß Dartmoor eine Amerikanerin heiraten will? Sind ihm die englischen Mädchen nicht gut genug?«

»Es ist im Augenblick ziemlich in Mode, Amerikanerinnen zu heiraten, Onkel George.«

»Ich setze gegen die ganze Welt auf die englischen Frauen«, erklärte Lord Fermor und schlug mit der Faust auf den Tisch.

»Die Wette steht zugunsten der Amerikanerinnen.«

»Es heißt, sie sollen nicht lang durchhalten«, brummte sein Onkel.

»Eine lange Strecke ermüdet sie, aber bei einem Kirchturmrennen[5] sind sie unschlagbar. Sie nehmen die Hindernisse wie im Flug. Ich glaube nicht, daß Dartmoor eine Chance hat.«

»Was ist mit ihrer Familie?« knurrte der alte Herr. »Hat sie überhaupt eine?«

Lord Henry schüttelte den Kopf. »Amerikanische Mädchen sind im Verbergen ihrer Familie ebenso geschickt wie englische Frauen im Verbergen ihrer Vergangenheit«, sagte er, während er sich erhob, um sich zu verabschieden.

»Dann sind sie vermutlich Schweinefleischpacker?«

»Das hoffe ich, Onkel George, in Dartmoors Interesse. Ich habe gehört, das Schweinefleischpacken soll nach der Politik das einträglichste Geschäft in Amerika sein.«

»Ist sie hübsch?«

»Sie benimmt sich, als wäre sie schön. Die meisten Amerikanerinnen tun das. Es ist das Geheimnis ihres Reizes.«

»Warum können diese Amerikanerinnen nicht in ihrem eigenen Land bleiben? Sie erzählen uns doch immer, es sei das Paradies für Frauen.«

»Das ist es auch. Deshalb sind sie ja, wie einst schon Eva, so außerordentlich begierig, es zu verlassen«, sagte Lord Henry. »Auf Wiedersehen, Onkel George. Ich komme zu spät zum Mittagessen, wenn ich noch länger bleibe. Vielen Dank für die Auskunft, um die ich dich gebeten habe. Ich weiß immer gern alles über meine neuen Freunde und nichts über meine alten.«

»Wo ißt du zu Mittag, Harry?«

»Bei Tante Agatha. Ich habe mich und Mr. Gray bei ihr eingeladen. Es ist ihr neuester Protegé.«

»Hm! Sag deiner Tante Agatha, Harry, sie soll mich künftig mit ihren Wohltätigkeitsaufrufen verschonen. Ich bin sie leid. Die gute Frau glaubt wohl, ich habe nichts anderes zu tun, als Schecks für ihre albernen Marotten auszuschreiben.«

»In Ordnung, Onkel George, ich werde es ihr ausrichten, aber es wird nichts nützen. Philanthropisch gesinnte Menschen verlieren jegliches Gefühl für Menschlichkeit. Das ist charakteristisch für sie.«

Der alte Herr brummte zustimmend und läutete nach

seinem Diener. Lord Henry ging durch die niedrige Arkade zur Burlington Street hinauf und lenkte seine Schritte dann in Richtung Berkeley Square.

Das also war die Geschichte von Dorian Grays Herkunft. So krud sie ihm auch erzählt worden war, hatte sie ihn doch durch die darin angedeutete ungewöhnliche, beinahe moderne Romanze bewegt. Eine schöne Frau, die für eine rasende Leidenschaft alles aufs Spiel setzte. Ein paar stürmische Wochen voller Glück, jäh beendet durch ein abscheuliches, heimtückisches Verbrechen. Monate stummer Pein, dann ein unter Schmerzen geborenes Kind. Die Mutter durch einen frühen Tod dahingerafft, der Junge der Einsamkeit und der Tyrannei eines alten, lieblosen Mannes überlassen. Ja, das war ein interessanter Hintergrund. Er setzte den Jungen in Pose, machte ihn gleichsam noch vollkommener. Hinter allem Auserlesenen auf Erden stand etwas Tragisches. Welten mußten in Wehen liegen, damit die unscheinbarste Blume erblühen konnte ... Und wie bezaubernd war er beim Essen am Vorabend gewesen, als er ihm, mit beunruhigtem Blick und vor scheuem Entzücken halbgeöffneten Lippen, im Klub gegenübersaß und die roten Lampenschirme das erwachende Wunder seines Gesichts in ein warmes Rosa tauchten. Sich mit ihm zu unterhalten war wie das Spiel auf einer erlesenen Violine. Er reagierte auf jede Berührung und Vibration des Bogens ... Es lag etwas ungemein Fesselndes darin, Einfluß auszuüben. Nichts kam dem gleich. Die eigene Seele in irgendeine anmutige Gestalt hineinzuverlegen und sie dort einen Augenblick verweilen zu lassen; das Echo der eigenen Ansichten und Gedanken, bereichert um den Wohlklang von Leidenschaft und Jugend, aus fremdem Mund widerhallen zu hören; die eigene Stimmung auf einen andern Menschen zu übertragen, als wäre sie ein feines Fluidum oder ein fremdartiger Duft: darin lag wahre Wonne – vielleicht die befriedigendste Wonne, die uns in einer so beschränkten und vulgären Zeit wie der unseren noch verblieben ist, einer Zeit, so grob sinnlich in ihren Genüssen und so schrecklich gewöhnlich in ihren Zielen … Und er war ein wunderbarer Menschentypus, dieser junge Mann, dem er durch einen so merkwürdigen Zufall in Basils Atelier begegnet war; oder man konnte ihn jedenfalls zu einem wunderbaren Menschentypus formen. Er besaß Anmut, die unbefleckte Reinheit der Jugend und jene Schönheit, die uns die marmornen Kunstwerke der alten Griechen bewahrt haben. Es gab nichts, was man aus ihm nicht machen konnte. Einen Titanen oder ein Spielzeug. Was für ein Jammer war es, daß solche Schönheit vergehen mußte!… Und Basil? Wie interessant war er doch vom psychologischen Standpunkt aus! Der neue Kunststil, die neue Art, das Leben zu betrachten, auf so eigenartige Weise angeregt durch die bloße Gegenwart eines Menschen, der von alledem nicht einmal etwas ahnte; der schweigende Geist, der im dunklen Wald hauste und sich ungesehn auf freiem Feld erging und der sich nun plötzlich zeigte, dryadengleich[6] und ohne Scheu, weil in der Seele dessen, der ihn suchte, jene wunderbare visionäre Kraft erwacht war, der allein sich Wunderbares offenbart; die bloßen Formen und Strukturen der Dinge, die gleichsam verfeinert wurden und eine Art symbolische Bedeutung erlangten, als wären sie selbst Strukturen einer anderen, vollkommeneren Form, deren Schatten sie Wirklichkeit verliehen: Wie sonderbar das alles doch war! Er erinnerte sich an etwas Ähnliches in der Geschichte. War es nicht Plato[7], dieser Denkkünstler, gewesen, der es als erster analysiert hatte? War es nicht Buonarroti[8] gewesen, der es in den farbigen Marmor einer Sonettfolge gemeißelt hatte? Doch in unserem eigenen

Jahrhundert war es ungewöhnlich ... Ja, er wollte versuchen, Dorian Gray das zu sein, was der Junge, ohne es zu wissen, für den Maler gewesen war, der das herrliche Porträt geschaffen hatte. Er würde danach trachten, ihn zu beherrschen – ja, hatte dies schon halb erreicht. Er würde diesen wunderbaren Geist zu seinem eigenen machen. Es war etwas Faszinierendes an diesem Sohn der Liebe und des Todes.

Plötzlich blieb er stehen und blickte an den Häusern empor. Er stellte fest, daß er schon vor einer Weile am Haus seiner Tante vorbeigegangen war, und kehrte, über sich selbst lächelnd, um. Als er die etwas düstere Eingangshalle betrat, teilte ihm der Butler mit, die Herrschaften seien bereits zu Tisch gegangen. Er reichte einem der Dienstboten Hut und Stock und begab sich ins Speisezimmer.

»Wie gewöhnlich zu spät, Harry«, rief seine Tante mit vorwurfsvollem Kopfschütteln.

Er erfand eine geschickte Entschuldigung, und nachdem er den leeren Platz neben Lady Agatha eingenommen hatte, blickte er in die Runde, um zu sehen, wer da war. Dorian nickte ihm vom anderen Tischende schüchtern zu, und ein freudiges Erröten stahl sich in seine Wangen. Ihm gegenüber saß die Herzogin von Harley, eine Dame von bewundernswerter Freundlichkeit und Gutmütigkeit, beliebt bei allen, die sie kannten, und gesegnet mit jenen stattlichen architektonischen Proportionen, die zeitgenössische Geschichtsschreiber bei Frauen, die keine Herzoginnen sind, als Beleibtheit zu bezeichnen pflegen. Zu ihrer Rechten saß Sir Thomas Burdon, ein radikaler Parlamentsabgeordneter, der im öffentlichen Leben seinem Parteiführer, im Privatleben jedoch den besten Köchen folgte und es sich, in Übereinstimmung mit einer weisen und wohlbekannten Regel, zur

Gewohnheit gemacht hatte, mit den Tories zu speisen und mit den Liberalen zu denken. Den Platz zu ihrer Linken nahm Mr. Erskine of Treadley ein, ein kultivierter älterer Herr von bemerkenswertem Charme, der indes der schlechten Angewohnheit des Schweigens verfallen war, weil er, wie er Lady Agatha gegenüber einmal erklärte, bereits vor seinem dreißigsten Lebensjahr alles gesagt hatte, was es zu sagen gab. Seine eigene Tischnachbarin war Mrs. Vandeleur, eine der ältesten Freundinnen seiner Tante, eine vollkommene Heilige unter den Frauen, aber so schrecklich schlampig gekleidet, daß sie einen an ein schlechtgebundenes Gesangbuch erinnerte. Zu seinem Glück saß an ihrer anderen Seite Lord Faudel, ein überaus intelligenter Durchschnittsmensch in mittleren Jahren, kahl und nüchtern wie eine ministerielle Erklärung im Unterhaus, mit dem sie sich auf jene angestrengt ernsthafte Art unterhielt, die, wie er selbst einmal bemerkte, der einzige unverzeihliche Fehler ist, in den alle wahrhaft guten Menschen verfallen und dem sich keiner von ihnen jemals ganz entziehen kann.

»Wir sprechen gerade über den armen Dartmoor, Lord Henry«, rief die Herzogin, die ihm über den Tisch hinweg liebenswürdig zunickte. »Glauben Sie, er wird diese bezaubernde junge Person wirklich heiraten?«

»Ich glaube, sie ist entschlossen, ihm einen Antrag zu machen, Herzogin.«

»Wie entsetzlich!« entfuhr es Lady Agatha. »Da sollte wirklich jemand einschreiten.«

»Ich habe aus vorzüglicher Quelle erfahren, daß ihr Vater einen Laden für amerikanische Meterware führt«, sagte Sir Thomas Burdon mit herablassender Miene.

»Mein Onkel vermutete schon eine Schweinefleischpackerei, Sir Thomas.«

»Meterware! Was ist amerikanische Meterware?« fragte die Herzogin, wobei sie ihre großen Hände verwundert hob und das Verb besonders betonte.

»Amerikanische Romane«, antwortete Lord Henry, während er sich ein Stück Wachtel nahm.

Die Herzogin schien verwirrt.

»Beachten Sie ihn gar nicht, meine Liebe«, flüsterte Lady Agatha. »Er meint nie, was er sagt.«

»Als Amerika entdeckt wurde«, sagte der radikale Abgeordnete und begann, langweilige Fakten aufzuzählen. Wie alle, die ein Thema erschöpfend abzuhandeln suchen, erschöpfte er seine Zuhörer. Die Herzogin seufzte und machte von ihrem Vorrecht, jemanden unterbrechen zu dürfen, Gebrauch. »Wollte Gott, es wäre nie entdeckt worden!« rief sie. »Wirklich, unsere Mädchen haben heutzutage keine Chance. Es ist höchst ungerecht.«

»Vielleicht ist Amerika ja gar nicht entdeckt worden«, wandte Mr. Erskine ein. »Ich persönlich würde sagen, es wurde einfach gefunden.«

»Ach! Aber ich habe schon einige seiner Bewohnerinnen gesehen«, entgegnete die Herzogin ausweichend. »Ich muß zugeben, die meisten von ihnen sind außerordentlich hübsch. Und sie kleiden sich auch gut. Sie kaufen alle ihre Kleider in Paris. Ich wünschte, ich könnte mir das ebenfalls leisten.«

»Es heißt, wenn gute Amerikaner sterben, gehen sie nach Paris«, scherzte Sir Thomas, der einen großen Vorrat uralter Witze auf Lager hatte.

»Tatsächlich! Und wohin gehen schlechte Amerikaner, wenn sie sterben?« wollte die Herzogin wissen.

»Die gehen nach Amerika«, murmelte Lord Henry.

Sir Thomas runzelte die Stirn. »Ich fürchte, Ihr Neffe ist voreingenommen gegen dieses großartige Land«, wandte er sich an Lady Agatha. »Ich habe ganz Amerika bereist, in Eisenbahnwagen, die mir von den Direktoren zur Verfügung gestellt wurden. Man ist dort in solchen Dingen sehr zuvorkommend. Ich versichere Ihnen, ein Besuch in diesem Land bildet ungemein.«

»Aber müssen wir denn wirklich Chicago sehen, um gebildet zu sein?« fragte Mr. Erskine bekümmert. »Ich fühle mich der Reise nicht gewachsen.«

Sir Thomas winkte ab. »Mr. Erskine of Treadley hat die Welt in seinen Bücherregalen. Wir Männer der Praxis wollen die Dinge sehen, nicht darüber lesen. Die Amerikaner sind ein höchst interessantes Volk. Sie sind vollkommen vernünftig. Das ist meiner Meinung nach das charakteristische Merkmal, das sie von allen anderen unterscheidet. Ja, Mr. Erskine, ein vollkommen vernünftiges Volk. Ich versichere Ihnen, bei den Amerikanern gibt es keinerlei Unsinn.«

»Wie gräßlich!« rief Lord Henry. »Nackte Gewalt kann ich ja noch ertragen, nackte Vernunft ist indes absolut unerträglich. Ihr Einsatz hat etwas Unlauteres. Es ist ein Schlag unter die Gürtellinie des Intellekts.«

»Ich verstehe Sie nicht«, sagte Sir Thomas und wurde dabei ziemlich rot.

»Ich schon, Lord Henry«, murmelte Mr. Erskine mit einem Lächeln.

»Paradoxe sind auf ihre Art ja schön und gut ...«, erwiderte der Baronet.

»War das ein Paradox?« fragte Mr. Erskine. »Das schien mir nicht so. Vielleicht war es doch eines. Nun ja, der Weg der Paradoxie ist der Weg der Wahrheit. Um die Wirklichkeit auf die Probe zu stellen, müssen wir sie auf dem Drahtseil erleben. Erst wenn die Wahrheiten zu Akrobaten werden, können wir sie beurteilen.«

»Du meine Güte!« sagte Lady Agatha. »Wie ihr Männer argumentiert! Ich vermag wahrhaftig nie herauszufinden, worüber ihr gerade sprecht. Übrigens, Harry, auf dich bin ich recht ärgerlich. Warum versuchst du unseren lieben Mr. Dorian Gray dazu zu überreden, das East End aufzugeben? Dabei wäre er zweifellos von ganz unschätzbarem Wert. Den Leute würde sein Klavierspiel gefallen.«

»Ich möchte, daß er für mich spielt«, erklärte Lord Henry lächelnd. Er sah zum andern Tischende hinüber, von wo seine Bemerkung mit einem strahlenden Blick beantwortet wurde.

»Aber in Whitechapel sind die Menschen doch so unglücklich«, fuhr Lady Agatha fort.

»Ich kann für alles Mitgefühl aufbringen, nur nicht für das Leid«, sagte Lord Henry achselzuckend. »Nicht für das Leid. Es ist zu häßlich, zu grauenvoll, zu bedrükkend. Die moderne Anteilnahme am Schmerz anderer hat etwas schrecklich Morbides. Man sollte an der Farbe, der Schönheit, der Freude des Lebens Anteil nehmen. Je weniger man über die Kümmernisse des Lebens spricht, um so besser.«

»Dennoch ist das East End ein äußerst wichtiges Problem«, bemerkte Sir Thomas mit ernstem Kopfschütteln.

»Ganz recht«, antwortete der junge Lord. »Es ist das Problem der Sklaverei, und wir versuchen es dadurch zu lösen, daß wir die Sklaven unterhalten.«

Der Politiker sah ihn streng an. »Und welche Veränderungen schlagen Sie vor?« fragte er.

Lord Henry lachte. »Ich habe nicht das Verlangen, in England irgend etwas zu ändern, außer dem Wetter«, erwiderte er. »Mich stellen philosophische Betrachtungen vollauf zufrieden. Da indes das neunzehnte Jahrhundert aufgrund eines übermäßigen Aufwands an Mitleid Bankrott gemacht hat, schlage ich vor, daß wir uns an die Wissenschaft wenden, damit sie uns den Kopf zurechtrückt. Der Vorzug von Gefühlen liegt darin, daß sie uns irreführen, der Vorteil der Wissenschaft ist, daß sie mit Gefühlen nichts zu tun hat.«

»Aber wir haben so schwerwiegende Verpflichtungen«, wagte Mrs. Vandeleur zaghaft einzuwerfen.

»Schrecklich schwerwiegend«, wiederholte Lady Agatha.

Lord Henry sah zu Mr. Erskine hinüber. »Die Menschheit nimmt sich selbst zu ernst. Das ist die Erbsünde der Welt. Hätte der Höhlenbewohner zu lachen gewußt, wäre die Geschichte anders verlaufen.«

»Sie sind wirklich sehr tröstlich«, zwitscherte die Herzogin. »Ich fühle mich nämlich immer recht schuldig, wenn ich Ihre liebe Tante besuchte, weil ich mich für das East End überhaupt nicht interessiere. In Zukunft werde ich ihr ins Gesicht sehen können, ohne zu erröten.«

»Erröten kann sehr kleidsam sein, Herzogin«, bemerkte Lord Henry.

»Nur, wenn man jung ist«, entgegnete sie. »Wenn eine alte Frau wie ich errötet, dann ist das ein sehr schlechtes Zeichen. Ach, Lord Henry, ich wünschte, Sie könnten mir sagen, wie man wieder jung wird.«

Er überlegte einen Augenblick. »Können Sie sich an irgendeinen großen Fehler erinnern, den Sie in jungen Jahren begangen haben, Herzogin?« fragte er und sah sie über den Tisch hinweg an.

»An sehr viele, fürchte ich«, gestand sie.

»Dann begehen Sie sie noch einmal«, sagte er ernst. »Um seine Jugend zurückzuerhalten, braucht man lediglich die einst begangenen Torheiten zu wiederholen.«

»Eine herrliche Theorie!« rief sie. »Ich muß sie in die Praxis umsetzen.«

»Eine gefährliche Theorie!« kam es von Sir Thomas' zusammengekniffenen Lippen. Lady Agatha schüttelte zwar den Kopf, amüsierte sich aber gleichwohl. Mr. Erskine hörte zu.

»Ja«, fuhr Lord Henry fort, »das ist eines der großen Geheimnisse des Lebens. Heutzutage sterben die meisten Menschen an einer Art schleichendem gesundem Menschenverstand und entdecken erst, wenn es zu spät ist, daß das einzige, was man nie bereut, die Fehler sind, die man begangen hat.«

Gelächter machte am Tisch die Runde.

Er spielte mit dem Gedanken und wurde dabei immer eigenwilliger; er warf ihn in die Luft und formte ihn um; gestattete ihm zu entkommen und fing ihn wieder ein; ließ ihn phantasievoll in allen Regenbogenfarben schillern und beflügelte ihn mit scheinbar widersinnigen Behauptungen. Das Lob der Torheit erhob sich, während er weitersprach, zur Philosophie, und die Philosophie selbst wurde jung und tanzte, angeregt von der ekstatischen Musik des Genusses und – so könnte man sich vorstellen – eingehüllt in ihr weinbeflecktes Gewand und efeubekränzt, einer Bacchantin[9] gleich über die Hügel des Lebens und machte sich über den langsamen Silen[10] lustig ob seiner Nüchternheit. Tatsachen flohen vor ihr wie aufgeschreckte Waldbewohner. Ihre weißen Füße stampften in der riesigen Kelter, an der der weise Omar[11] sitzt, bis der schäumende Traubensaft in Wogen purpurner Blasen um ihre entblößten Beine aufwallte oder in rotem Schaum über die schwarzen, triefenden, schrägen Seitenwände des Fasses floß. Es war eine außergewöhnliche Improvisation. Er spürte, daß Dorian Grays Blick auf ihn geheftet war, und das Bewußtsein, daß es unter seinen Zuhörern einen gab, dessen Wesen er betören wollte, schien seinem Verstand Schärfe und seiner Vorstellungskraft Farbe zu verleihen. Er war brillant, voller wundersamer Einfälle, verantwortungslos. Er zog sein

Publikum in seinen Bann, und lachend tanzte es nach seiner Pfeife. Dorian Gray wandte den Blick kein einziges Mal von ihm ab, sondern saß wie verzaubert da, während ein Lächeln nach dem anderen über seine Lippen huschte und das Staunen in seinen sich verdüsternden Augen immer ernster wurde.

Schließlich betrat, angetan mit der üblichen Bediententracht der Zeit, die Wirklichkeit den Raum in Gestalt eines Dieners, der der Herzogin mitteilte, daß ihre Kutsche warte. Sie rang die Hände in gespielter Verzweiflung. »Wie ärgerlich!« rief sie. »Ich muß gehen. Ich muß meinen Mann im Klub abholen, um ihn zu einer albernen Versammlung in ›Willis's Rooms‹ zu bringen, auf der er den Vorsitz führt. Wenn ich zu spät komme, wird er sicher wütend, und in diesem Hut kann ich unmöglich eine Szene über mich ergehen lassen. Er ist zu zierlich. Ein schroffes Wort würde ihn ruinieren. Nein, ich muß gehen, liebe Agatha. Auf Wiedersehen, Lord Henry, Sie sind einfach köstlich und entsetzlich demoralisierend. Ich weiß wirklich nicht, was ich zu Ihren Ansichten sagen soll. Sie müssen uns irgendwann besuchen und mit uns zu Abend essen. Am Dienstag? Haben Sie am Dienstag schon etwas vor?«

»Ihretwegen würde ich jede Verabredung absagen, Herzogin«, erklärte Lord Henry mit einer Verbeugung.

»Ah! Das ist sehr nett, aber auch sehr unrecht von Ihnen«, rief sie. »Vergessen Sie also nicht zu kommen.« Und gefolgt von Lady Agatha und den anderen Damen, rauschte sie majestätisch aus dem Zimmer.

Als Lord Henry wieder Platz genommen hatte, kam Mr. Erskine zu ihm herüber, setzte sich auf einen Stuhl neben ihm und legte ihm die Hand auf den Arm.

»Sie reden wie ein Buch«, sagte er, »warum schreiben Sie keines?«

»Ich lese zu gerne Bücher, als daß ich mir etwas daraus machte, welche zu schreiben, Mr. Erskine. Natürlich schriebe ich gern einen Roman – einen Roman, so herrlich wie ein Perserteppich und ebenso unwirklich. Aber für etwas anderes als Zeitungen, Fibeln und Enzyklopädien gibt es in England kein literarisches Publikum. Von allen Völkern der Erde haben die Engländer am wenigsten Sinn für die Schönheit der Literatur.«

»Ich fürchte, da haben Sie recht«, antwortete Mr. Erskine. »Ich selbst hatte früher einmal literarische Ambitionen, aber ich habe sie schon längst aufgegeben. Und nun, mein lieber junger Freund, wenn Sie mir gestatten wollen, Sie so zu nennen, darf ich Sie fragen, ob Sie all das auch wirklich meinten, was Sie bei Tisch sagten?«

»Ich weiß gar nicht mehr, was ich sagte«, lächelte Lord Henry. »War es sehr schlimm?«

»Sehr schlimm, in der Tat. Ja, ich halte Sie für äußerst gefährlich, und wenn unserer guten Herzogin etwas zustößt, werden wir alle in Ihnen den Hauptverantwortlichen dafür sehen. Doch ich möchte mit Ihnen über das Leben reden. Die Generation, in die ich hineingeboren wurde, war langweilig. Kommen Sie doch nach Treadley hinunter, wenn Sie von London einmal genug haben, und erläutern Sie mir Ihre Philosophie des Genusses bei einem vortrefflichen Burgunder, den zu besitzen ich mich glücklich schätze.«

»Es wird mir eine Freude sein. Ein Besuch in Treadley wäre eine große Ehre für mich. Es hat einen vollendeten Gastgeber und eine vollendete Bibliothek.«

»Sie werden sie erst vollkommen machen«, antwortete der alte Herr mit einer höflichen Verbeugung. »Und nun muß ich mich von Ihrer trefflichen Tante verabschieden. Ich werde im ›Athenaeum‹ erwartet. Um diese Stunde pflegen wir dort zu schlafen.«

»Sie alle, Mr. Erskine?«

»Alle vierzig, in vierzig Lehnstühlen. Wir üben für eine englische Akademie der Wissenschaften.«

Lord Henry erhob sich lachend. »Ich gehe in den Park«, rief er.

Als er zur Tür hinausging, berührte ihn Dorian Gray am Arm. »Lassen Sie mich mitkommen«, bat er leise.

»Aber ich dachte, Sie hätten Basil Hallward versprochen, ihn zu besuchen«, entgegnete Lord Henry.

»Ich möchte lieber mit Ihnen mitkommen; ja, ich fühle, ich muß mit Ihnen gehen. Bitte erlauben Sie es mir. Und Sie versprechen mir, die ganze Zeit über zu reden? Niemand spricht so wundervoll wie Sie.«

»Ach, für heute habe ich schon genug geredet«, sagte Lord Henry lächelnd. »Jetzt möchte ich mir nur noch das Leben betrachten. Sie dürfen mich begleiten und es sich mit mir zusammen ansehen, wenn Sie möchten.«

Kapitel 4

Einen Monat später saß Dorian Gray eines Nachmittags zurückgelehnt in einem behaglichen Lehnstuhl in der kleinen Bibliothek von Lord Henrys Haus in Mayfair. Es war in seiner Art ein äußerst entzückender Raum mit seiner deckenhohen, getäfelten Wandverkleidung aus olivfarben gebeiztem Eichenholz, seinem cremefarbigen Fries, der reichverzierten Stuckdecke und dem mit langfransigen seidenen Perserbrücken übersäten ziegelroten Filzteppich. Auf einem winzigen Tischchen aus indischem Atlasholz stand eine Statuette von Clodion[1], und daneben lag ein Exemplar der *Cent Nouvelles*[2], von Clovis Eve[3] für Margarete von Valois[4] gebunden und mit den goldenen Gänseblümchen geschmückt, die die Königin zu ihrem Symbol erkoren hatte. Einige große blaue Porzellanvasen mit Papageitulpen standen auf dem Kaminsims, und durch die kleinen bleigefaßten Felder der Fenster strömte das aprikosenfarbene Licht eines Londoner Sommertages.

Lord Henry war noch nicht zu Hause. Er kam aus Prinzip immer zu spät, denn sein Prinzip besagte, Pünktlichkeit sei der Dieb der Zeit. So schaute der junge Mann recht verdrießlich drein, während er unachtsam in einer kunstvoll illustrierten Ausgabe von *Manon Lescaut*[5] blätterte, die er in einem der Bücherschränke gefunden hatte. Das regelmäßige, monotone Ticken der Louis-Quatorze-Uhr störte ihn. Ein-, zweimal dachte er daran, wieder zu gehen.

Endlich vernahm er draußen Schritte, und die Tür ging auf. »Wie spät du kommst, Harry!« beschwerte er sich leise.

»Ich fürchte, es ist nicht Harry, Mr. Gray«, antwortete eine schrille Stimme.

Er wandte sich rasch um und erhob sich. »Ich bitte vielmals um Entschuldigung. Ich dachte –«

»Sie dachten, es wäre mein Mann. Es ist nur seine Frau. Gestatten Sie, daß ich mich selbst vorstelle. Ich kenne Sie recht gut von Ihren Fotografien. Ich glaube, mein Mann besitzt siebzehn davon.«

»Doch nicht siebzehn, Lady Henry?«

»Nun, dann achtzehn. Und ich sah Sie kürzlich mit ihm in der Oper.« Sie lachte nervös, während sie sprach, und beobachtete ihn mit ihren ausdruckslosen Vergißmeinnichtaugen. Sie war eine sonderbare Frau, deren Kleider immer so aussahen, als seien sie in einem Wutanfall entworfen und während eines Sturms angezogen worden. Meist war sie in jemanden verliebt, und da ihre Liebe nie erwidert wurde, hatte sie sich all ihre Illusionen bewahrt. Sie bemühte sich, einen malerischen Anblick zu bieten, schaffte es aber nur, unordentlich auszusehen. Ihr Name war Victoria, und sie hatte eine ausgeprägte Manie, in die Kirche zu gehen.

»Das war gewiß bei ›Lohengrin‹, nicht wahr, Lady Henry?«

»Ja, es war beim lieben ›Lohengrin‹. Ich ziehe Wagners Musik jeder anderen vor. Sie ist so laut, daß man sich die ganze Zeit über unterhalten kann, ohne daß die anderen hören, was man sagt. Das ist ein enormer Vorteil, finden Sie nicht auch, Mr. Gray?«

Das gleiche nervöse, abgehackte Lachen kam wieder von ihren schmalen Lippen, und ihre Finger begannen mit einem langen Papiermesser aus Schildpatt zu spielen.

Dorian lächelte und schüttelte den Kopf. »Ich fürchte, ich bin da anderer Meinung, Lady Henry. Ich spreche nie, wenn ich Musik höre, zumindest nicht, wenn es gute

Musik ist. Hört man schlechte Musik, so ist es allerdings geradezu Pflicht, sie mit Konversation zu übertönen.«

»Ah! Das ist eine von Harrys Ansichten, nicht wahr, Mr. Gray? Ich erfahre Harrys Ansichten immer von seinen Freunden. Das ist die einzige Möglichkeit für mich, sie kennenzulernen. Doch Sie dürfen nicht denken, daß ich gute Musik nicht mag. Ich vergöttere sie, aber ich habe Angst davor. Sie macht mich zu romantisch. Ich habe Pianisten geradezu angebetet – zuweilen zwei zur gleichen Zeit, sagt Harry. Ich weiß nicht, was sie an sich haben. Vielleicht liegt es daran, daß sie Ausländer sind. Sie sind doch alle Ausländer? Selbst die in England geborenen werden nach einer Weile Ausländer, nicht wahr? Es ist so klug von ihnen, und ein so großes Kompliment für die Kunst. Macht sie ausgesprochen kosmopolitisch, finden Sie nicht? Sie waren noch nie auf einer meiner Gesellschaften, Mr. Gray, nicht wahr? Sie müssen unbedingt kommen. Orchideen kann ich mir nicht leisten, aber für Ausländer scheue ich keine Kosten. Sie verleihen den Räumlichkeiten einen so pittoresken Anstrich. Doch hier ist Harry! – Harry, ich bin hereingekommen, um dich zu suchen, weil ich dich etwas fragen wollte – ich habe vergessen, was es war –, und fand Mr. Gray hier. Wir haben so angeregt über Musik geplaudert. Wir haben weitgehend die gleichen Vorstellungen. Nein; ich glaube, unsere Vorstellungen sind doch recht unterschiedlich. Aber er war äußerst liebenswürdig. Ich bin so froh, daß ich ihn kennengelernt habe.«

»Das freut mich, meine Liebe, freut mich wirklich«, sagte Lord Henry und zog seine halbmondförmigen dunklen Augenbrauen hoch, während er die beiden mit einem amüsierten Lächeln betrachtete. »Tut mir leid, daß ich mich verspätet habe, Dorian. Ich war in der Wardour

Street, um mir ein Stück alten Brokat anzuschauen, und mußte stundenlang darum feilschen. Heutzutage kennen die Leute von allem den Preis und von nichts den Wert.«

»Ich fürchte, ich muß gehen«, rief Lady Henry und brach mit ihrem unvermittelten albernen Lachen ein verlegenes Schweigen. »Ich habe versprochen, mit der Herzogin auszufahren. Auf Wiedersehen, Mr. Gray. Auf Wiedersehen, Harry. Ich nehme an, du speist auswärts? Ich auch. Vielleicht treffen wir uns bei Lady Thornbury.«

»Das nehme ich doch an, meine Liebe«, sagte Lord Henry und schloß die Tür hinter ihr, als sie, an einen Paradiesvogel erinnernd, der die ganze Nacht im Regen zugebracht hat, aus dem Zimmer huschte und einen schwachen Hauch von Jasminparfüm zurückließ. Dann zündete er sich eine Zigarette an und ließ sich auf das Sofa fallen.

»Heirate nie eine Frau mit strohblondem Haar, Dorian«, sagte er nach ein paar Zügen.

»Warum nicht, Harry?«

»Weil sie so sentimental sind.«

»Aber ich mag sentimentale Menschen.«

»Heirate überhaupt nie, Dorian. Männer heiraten, weil sie müde, Frauen, weil sie neugierig sind; beide werden enttäuscht.«

»Ich glaube kaum, daß ich heiraten werde, Henry. Ich bin viel zu verliebt. Das ist einer deiner Aphorismen. Ich setze ihn in die Praxis um, wie alles, was du sagst.«

»In wen bist du verliebt?« fragte Lord Henry nach einer Pause.

»In eine Schauspielerin«, antwortete Dorian Gray errötend.

Lord Henry zuckte mit den Schultern. »Das ist ein recht alltägliches Debüt.«

»Das würdest du nicht sagen, wenn du sie gesehen hättest, Harry.«

»Wer ist sie?«

»Ihr Name ist Sibyl Vane.«

»Nie von ihr gehört.«

»Das hat niemand. Aber eines Tages wird man von ihr hören. Sie ist ein Genie.«

»Mein lieber Junge, keine Frau ist ein Genie. Frauen sind ein dekoratives Geschlecht. Sie haben nie etwas zu sagen, aber sie sagen es bezaubernd. Frauen verkörpern den Triumph der Materie über den Geist, so wie Männer den Triumph des Geistes über die Moral verkörpern.«

»Harry, wie kannst du nur?«

»Mein lieber Dorian, es ist die reine Wahrheit. Ich bin zur Zeit gerade dabei, die Frauen zu analysieren, also sollte ich es wissen. Der Gegenstand ist nicht so schwer verständlich, wie ich ursprünglich angenommen hatte. Ich habe herausgefunden, daß es letztendlich nur zwei Arten von Frauen gibt, nämlich die Unscheinbaren und die Geschminkten. Die unscheinbaren Frauen sind sehr nützlich. Will man in den Ruf der Ehrbarkeit gelangen, braucht man sie lediglich zum Abendessen auszuführen. Die anderen Frauen sind ungemein bezaubernd. Doch sie begehen einen Fehler. Sie schminken sich, um möglichst jung auszusehen. Unsere Großmütter schminkten sich, um brillant zu plaudern. Früher pflegten Rouge und Esprit Hand in Hand zu gehen. Das ist heute vorbei. Solange eine Frau es schafft, zehn Jahre jünger auszusehen als ihre eigene Tochter, ist sie vollkommen zufrieden. Und was die Konversation betrifft, so gibt es in ganz London nur fünf Frauen, mit denen eine Unterhaltung sich lohnt, und mit zweien von ihnen kann man sich in anständiger Gesellschaft nicht sehen lassen. Aber erzähl mir von deinem Genie. Wie lange kennst du sie schon?«

»Ach, Harry, deine Ansichten erschrecken mich.«

»Das macht nichts. Wie lange kennst du sie?«

»Etwa drei Wochen.«

»Und wo hast du sie aufgestöbert?«

»Ich will es dir erzählen, Harry; aber du darfst nicht so gefühllos darüber reden. Schließlich wäre es nie dazu gekommen, wenn ich dich nicht kennengelernt hätte. Du hast mich mit einem unbändigen Verlangen erfüllt, alles über das Leben zu erfahren. Noch tagelang, nachdem ich dir begegnet war, schien etwas durch meine Venen zu pulsieren. Wenn ich im Park umherschlenderte oder zum Piccadilly hinunterspazierte, sah ich jeden an, der an mir vorüberging, und fragte mich mit rasender Neugier, was für ein Leben er wohl führen mochte. Einige faszinierten mich. Andere machten mir Angst. Ein köstliches Gift lag in der Luft. Eine leidenschaftliche Sehnsucht nach neuen Sinneseindrücken und Empfindungen erfaßte mich ... Nun, eines Abends gegen sieben beschloß ich, auszugehen und mich auf die Suche nach einem Abenteuer zu begeben. Ich war überzeugt, daß unser graues, riesiges London mit seinen Myriaden von Menschen, seinen armseligen Sündern und seinen erhabenen Sünden, wie du es einmal formuliertest, etwas für mich bereithalten mußte. Ich stellte mir tausend Dinge vor. Schon der Gedanke an die Gefahr versetzte mich in Entzücken. Ich erinnerte mich an das, was du an jenem wunderbaren Abend zu mir sagtest, als wir zum erstenmal zusammen aßen: daß die Suche nach Schönheit das eigentliche Geheimnis des Lebens sei. Ich weiß nicht, was ich erwartete, aber ich ging aus und spazierte ostwärts, wo ich mich bald in einem Labyrinth von schmutzigen Straßen und schwarzen, graslosen Plätzen verirrte. Gegen halb neun kam ich an einem lächerlich kleinen Theater mit großen, flackernden Gaslaternen und grellbunten Plakaten vorbei. Ein widerwärtiger Jude in der erstaunlichsten Weste, die ich in meinem Leben jemals zu Gesicht bekommen habe, stand am Eingang und rauchte eine billige Zigarre. Er hatte fettige Locken, und mitten auf seinem schmutzigen Hemd funkelte ein riesiger Diamant. »Wünschen der Herr eine Loge?« fragte er, als er mich sah, und zog den Hut mit einer übertrieben großartigen Geste der Unterwürfigkeit vor mir. Er hatte etwas an sich, Harry, das mich amüsierte. Er war ein richtiger Widerling. Du wirst mich auslachen, ich weiß, aber ich ging tatsächlich hinein und zahlte eine ganze Guinee[6] für die Proszeniumsloge[7]. Bis heute kann ich mir nicht erklären, warum ich es tat; und doch, hätte ich es nicht getan – mein lieber Harry, wäre ich nicht hineingegangen, hätte ich die größte Romanze meines Lebens verpaßt. Ich sehe, du lachst. Das ist abscheulich von dir!«

»Ich lache nicht, Dorian; zumindest lache ich nicht über dich. Aber du solltest nicht die größte Romanze deines Lebens sagen. Du solltest sagen: die erste Romanze deines Lebens. Du wirst immer geliebt werden, und du wirst immer in die Liebe verliebt sein. Eine *grande passion*[8] ist das Privileg von Leuten, die nichts zu tun haben. Das ist das einzige, wozu die müßigen Klassen eines Landes zu gebrauchen sind. Hab keine Angst. Köstliche Dinge warten auf dich. Das ist erst der Anfang.«

»Hältst du mich für so oberflächlich?« rief Dorian Gray aufgebracht.

»Nein, ich halte dich für so ernsthaft.«

»Was meinst du damit?«

»Mein lieber Junge, die Menschen, die nur einmal in ihrem Leben lieben, sind in Wahrheit die Oberflächlichen. Was sie Anhänglichkeit und Treue nennen, nenne ich entweder Macht der Gewohnheit oder Mangel an Phantasie. Treue ist für das Gefühlsleben das gleiche wie Konsequenz für das Geistesleben – nämlich schlicht ein Eingeständnis von Versäumnissen. Treue! Ich muß sie eines Tages analysieren! Das Verlangen nach Besitz steckt darin. Es gibt viele Dinge, die wir fortwerfen würden, fürchteten wir nicht, andere könnten sie aufheben. Aber ich will dich nicht unterbrechen. Erzähl weiter.«

»Nun, ich fand mich in einer gräßlichen kleinen Privatloge wieder, wo mich ein schäbiger Zwischenvorhang anstarrte. Ich schaute hinter dem Vorhang hervor und nahm das Theater in Augenschein. Es war eine geschmacklose Angelegenheit, überall Liebesgötter und Füllhörner, wie auf einer drittklassigen Hochzeitstorte. Galerie und Parkett waren recht gut besetzt, doch die beiden schmutzigbraunen Sperrsitzreihen waren so gut wie leer, und auch im ersten Rang, so nannten sie es wohl, saß kaum jemand. Frauen gingen mit Apfelsinen und Ingwerbier durch die Reihen, und eine unglaubliche Menge von Nüssen wurde verzehrt.«

»Das muß ja geradezu wie in den glorreichen Tagen des britischen Dramas gewesen sein.«

»Wohl genauso, und sehr deprimierend. Ich begann mich schon zu fragen, was um alles in der Welt ich tun sollte, als mein Blick auf den Programmzettel fiel. Was glaubst du, welches Stück gespielt wurde, Harry?«

»Vermutlich ›Der schwachsinnige Knabe, oder Stumm, aber unschuldig‹. Meines Wissens pflegten unsere Väter diese Art von Theaterstücken zu schätzen. Je länger ich lebe, Dorian, desto lebhafter empfinde ich, daß das, was für unsere Väter gut genug war, für uns nicht gut genug ist. In der Kunst, wie in der Politik, *les grand-pères ont toujours tort*[9].«

»Dieses Stück war gut genug für uns, Harry. Es war

Romeo und Julia. Ich muß zugeben, daß mich die Vorstellung, Shakespeare in einem derart erbärmlichen Loch von Theater aufgeführt zu sehen, recht verdroß. Dennoch war ich irgendwie darauf gespannt. Jedenfalls beschloß ich, den ersten Akt abzuwarten. Es gab ein grauenvolles Orchester, das von einem jungen Hebräer von einem verstimmten Klavier aus dirigiert wurde und mich um ein Haar vertrieb, doch schließlich hob sich der Vorhang, und die Aufführung begann. Romeo war ein beleibter älterer Herr mit geschwärzten Augenbrauen, einer heiseren Tragödienstimme und einer Figur wie ein Bierfaß. Mercutio war fast gleich schlimm. Er wurde vom Possenreißer gespielt, der eigene witzige Einfälle einstreute und mit dem Publikum im Parkett auf überaus vertrautem Fuße stand. Sie waren beide so grotesk wie das Bühnenbild, und das sah aus, als stamme es aus einer Jahrmarktsbude auf dem Land. Aber Julia! Harry, stell dir ein Mädchen vor, kaum siebzehn Jahre alt, mit einem blumengleichen Gesichtchen, einem zierlichen griechischen Kopf, umrahmt von schneckenförmig über den Ohren festgesteckten dunkelbraunen Zöpfen, Augen, die veilchenblaue Quellen der Leidenschaft waren, Lippen, die den Blütenblättern einer Rose glichen. Sie war das lieblichste Geschöpf, das ich in meinem Leben je gesehen hatte. Du sagtest einmal zu mir, Pathos ließe dich kalt, aber Schönheit, bloße Schönheit, vermöge deine Augen mit Tränen zu füllen. Ich sage dir, Harry, ich konnte das Mädchen kaum sehen durch den Tränenschleier hindurch, der meinen Blick trübte. Und ihre Stimme – noch nie hatte ich eine solche Stimme gehört. Zuerst war sie ganz leise, mit tiefen, vollen Tönen, die einzeln auf das Ohr des Zuhörers zu treffen schienen. Dann wurde sie ein wenig lauter und klang wie eine Flöte oder eine ferne Oboe. In der Gartenszene hatte sie die bebende Verzücktheit, die man kurz vor Tagesanbruch vernimmt, wenn die Nachtigallen schlagen. Später dann gab es Augenblicke, in denen sie die wilde Leidenschaft von Violinen annahm. Du weißt, wie eine Stimme einen aufwühlen kann. Deine Stimme und die Stimme von Sibyl Vane sind zwei Dinge, die ich niemals vergessen werde. Wenn ich die Augen schließe, höre ich sie, und jede von ihnen sagt etwas anderes. Ich weiß nicht, welcher ich folgen soll. Warum sollte ich Sibyl nicht lieben? Harry, ich liebe sie. Sie bedeutet mir alles im Leben. Abend für Abend gehe ich in das Theater, um sie spielen zu sehen. An einem Abend ist sie Rosalinde, am nächsten Imogen. Ich habe sie in einer finstren italienischen Gruft sterben sehen, das Gift von den Lippen ihres Geliebten saugend. Ich habe sie beobachtet, wie sie, als hübscher Jüngling verkleidet, in Kniehosen, Wams und niedlicher Mütze den Ardenner Wald durchstreifte. Sie war wahnsinnig und trat vor einen schuldigen König, gab ihm Raute zu tragen und bittere Kräuter zu trinken. Sie war unschuldig, und die schwarzen Hände der Eifersucht legten sich um ihren gertengleichen Hals.[10] Ich habe sie in jeder Epoche und jedem Kostüm gesehen. Gewöhnliche Frauen regen unsere Phantasie nie an. Sie sind auf ihr Jahrhundert beschränkt. Kein Zauber verklärt und verwandelt sie je. Man kennt ihr Innerstes ebenso schnell wie ihre Hüte. Man findet sie immer und überall. Es ist nichts Geheimnisvolles an ihnen. Vormittags reiten sie im Park, und nachmittags plaudern sie auf Teegesellschaften. Sie haben ihr stereotypes Lächeln und ihre feinen Manieren. Man durchschaut sie sofort. Aber eine Schauspielerin! Wie anders doch eine Schauspielerin ist! Harry, warum hast du mir nicht gesagt, daß eine Schauspielerin das einzige ist, was zu lieben sich lohnt?«

»Weil ich so viele von ihnen geliebt habe, Dorian.«

»O ja, grauenvolle Geschöpfe mit gefärbtem Haar und geschminkten Gesichtern.«

»Nichts gegen gefärbtes Haar und geschminkte Gesichter. Zuweilen liegt ein außergewöhnlicher Reiz darin«, sagte Lord Henry.

»Jetzt wünschte ich, ich hätte dir nichts von Sibyl Vane erzählt.«

»Du hättest gar nicht anders gekonnt, Dorian. Dein ganzes Leben lang wirst du mir stets erzählen, was du tust.«

»Ja, Harry, ich glaube, das ist wahr. Ich muß dir einfach alles erzählen. Du übst einen sonderbaren Einfluß auf mich aus. Beginge ich jemals ein Verbrechen, käme ich zu dir und gestände es dir. Du würdest mich verstehen.«

»Menschen wie du – die eigenwilligen Sonnenstrahlen des Lebens – begehen keine Verbrechen, Dorian. Aber ich danke dir trotzdem verbindlichst für das Kompliment. Und jetzt sag mir – reich mir die Streichhölzer, sei so lieb: danke –, wie sieht deine Beziehung zu Sibyl Vane wirklich aus?«

Dorian Gray sprang auf, seine Wangen waren gerötet, seine Augen funkelten. »Harry! Sibyl Vane ist mir heilig!«

»Nur die Dinge, die einem heilig sind, sind es wert, berührt zu werden, Dorian«, sagte Lord Henry mit einem ungewöhnlichen Anflug von Pathos in der Stimme. »Aber warum bist du so aufgebracht? Vermutlich wird sie dir eines Tages gehören. Wenn man verliebt ist, betrügt man am Anfang immer sich selbst und am Ende stets die anderen. Das nennt die Welt dann eine Romanze. Aber du hast sie doch wenigstens kennengelernt?«

»Natürlich habe ich sie kennengelernt. Gleich an dem Abend, an dem ich zum erstenmal in dem Theater war, kam der widerliche alte Jude nach der Vorstellung zu mir in die Loge und erbot sich, mich hinter die Kulissen zu führen und mich ihr vorzustellen. Ich war wütend auf ihn und sagte ihm, Julia sei seit Hunderten von Jahren tot und ihr Leichnam liege in einer marmornen Gruft zu Verona. Sein verständnisloser, erstaunter Blick ließ vermuten, daß er annahm, ich hätte zuviel Champagner oder sonst etwas getrunken.«

»Das überrascht mich nicht.«

»Dann fragte er mich, ob ich für eine der Zeitungen schriebe. Ich antwortete, ich läse sie nicht einmal. Darüber schien er schrecklich enttäuscht, und er vertraute mir an, daß sich alle Theaterkritiker gegen ihn verschworen hätten und daß sie alle miteinander käuflich seien.«

»Es sollte mich nicht wundern, wenn er in diesem Punkt recht hätte. Ihrem Äußeren nach zu urteilen, können andererseits die meisten von ihnen nicht gerade sehr teuer sein.«

»Nun, er war offenbar der Ansicht, daß sie seine Mittel überstiegen«, lachte Dorian. »Unterdessen wurden jedoch die Lichter im Theater gelöscht, und ich mußte gehen. Er wollte noch, daß ich irgendwelche Zigarren probierte, die er mir nachdrücklich empfahl. Ich lehnte ab. Am nächsten Abend ging ich natürlich wieder hin. Als er mich sah, machte er eine tiefe Verbeugung und versicherte mir, ich sei ein großzügiger Gönner der Kunst. Er war ein außerordentlich widerwärtiges Scheusal, obgleich er eine außergewöhnliche Leidenschaft für Shakespeare hegte. Er erzählte mir einmal mit stolzer Miene, seine fünf Bankrotte verdanke er einzig und allein dem ›Barden‹, wie er ihn beharrlich nannte. Er hielt das offenbar für eine Auszeichnung.«

»Es war eine Auszeichnung, mein lieber Dorian – eine große Auszeichnung. Die meisten Leute gehen bankrott, weil sie zuviel in die Prosa des Lebens investieren. Sich durch Poesie zu ruinieren ist eine Ehre. Aber wann hast du zum erstenmal mit Miss Sibyl Vane gesprochen?«

»Am dritten Abend. Sie hatte die Rosalinde gespielt. Ich mußte einfach zu ihr hinter die Bühne. Ich hatte ihr Blumen zugeworfen, und sie hatte mich angesehen; zumindest bildete ich es mir ein. Der alte Jude war hartnäkkig. Er schien entschlossen, mich zu ihr zu bringen, also willigte ich ein. Es war doch sonderbar, daß ich sie eigentlich gar nicht kennenlernen wollte, findest du nicht auch?«

»Nein, das finde ich nicht.«

»Und weshalb nicht, mein lieber Harry?«

»Das werde ich dir ein andermal erklären. Jetzt möchte ich etwas über das Mädchen erfahren.«

»Sibyl? Ach, sie war so schüchtern und so sanft. Sie hat etwas Kindliches. Ihre Augen öffneten sich weit in köstlichem Staunen, als ich ihr sagte, was ich von ihrem Spiel hielt, und sie schien sich ihres Talents gar nicht bewußt zu sein. Ich glaube, wir waren beide ziemlich aufgeregt. Der alte Jude stand grinsend in der Tür zu dem staubigen Künstlerzimmer und erging sich in kunstvollen Reden über uns beide, während wir dastanden und einander ansahen wie Kinder. Er beharrte darauf, mich »Mylord« zu nennen, so daß ich Sibyl versichern mußte, daß ich nichts dergleichen sei. Sie entgegnete schlicht und ungekünstelt: »Sie sehen eher aus wie ein Prinz. Ich muß Sie ›Märchenprinz‹ nennen.«

»Auf mein Wort, Dorian, Miss Sibyl weiß Komplimente zu machen.«

»Du verstehst sie nicht, Harry. Sie sah in mir lediglich eine Person aus einem Theaterstück. Sie weiß nichts vom Leben. Sie wohnt bei ihrer Mutter, einer verwelkten, müden Frau, die am ersten Abend Lady Capulet[11] in einer Art magentarotem Morgenrock spielte und den Eindruck macht, als hätte sie bessere Tage gesehen.«

»Diesen Anblick kenne ich. Er deprimiert mich«, erklärte Lord Henry und betrachtete dabei aufmerksam seine Ringe.

»Der Jude wollte mir ihre Lebensgeschichte erzählen, aber ich sagte, sie interessiere mich nicht.«

»Du hattest völlig recht. Anderer Leute Tragödien haben immer etwas ungemein Unerfreuliches.«

»Mich interessiert einzig und allein Sibyl. Was kümmert es mich, woher sie kommt? Von ihrem kleinen Kopf bis zu ihren kleinen Füßen ist sie absolut und vollkommen göttlich. Jeden Abend meines Lebens gehe ich ins Theater, um sie spielen zu sehen, und jeden Abend ist sie noch wundervoller.«

»Das ist vermutlich der Grund, warum du jetzt nie mehr mit mir zu Abend ißt. Ich dachte mir schon, daß da irgendeine merkwürdige Liebesgeschichte im Spiel ist. Das stimmt ja auch; allerdings ist sie nicht ganz das, was ich erwartet hatte.«

»Mein lieber Harry, wir essen jeden Tag entweder zusammen zu Mittag oder wir soupieren zusammen, und ich bin mehrere Male mit dir in der Oper gewesen«, entgegnete Dorian und sah ihn mit seinen blauen Augen verwundert an.

»Du kommst immer entsetzlich spät.«

»Ich muß Sibyl einfach spielen sehen«, rief er, »und sei es nur einen einzigen Akt lang. Mich verlangt nach ihrer Gegenwart; und wenn ich an die wunderbare Seele denke, die in diesem zierlichen Elfenbeinkörper verborgen ist, erfüllt mich ehrfürchtige Scheu.«

»Heute abend kannst du doch mit mir essen, Dorian, nicht wahr?«

Er schüttelte den Kopf. »Heute abend ist sie Imogen«, antwortete er, »und morgen abend wird sie Julia sein.«

»Wann ist sie Sibyl Vane?«

»Nie.«

»Ich beglückwünsche dich.«

»Wie abscheulich du bist! Sie vereinigt all die großen Heldinnen der Welt in einer Person. Sie ist mehr als ein Einzelwesen. Du lachst, aber ich sage dir, sie hat Genie. Ich liebe sie, und ich muß erreichen, daß sie meine Liebe erwidert. Sag du, der du all die Geheimnisse des Lebens kennst, wie ich Sibyl Vane betören kann, daß sie mich liebt! Ich möchte Romeo eifersüchtig machen. Ich möchte, daß die toten Liebespaare der Welt unser Lachen hören und traurig werden. Ich möchte, daß ein Hauch unserer Leidenschaft ihrem Staub Bewußtsein einflößt, ihre Asche zur Pein erweckt. Mein Gott, Harry, wie ich sie anbete!« Er ging im Zimmer auf und ab, während er sprach. Hektische rote Flecken brannten auf seinen Wangen. Er war schrecklich erregt.

Lord Henry beobachtete ihn mit heimlichem Vergnügen. Wie sehr unterschied er sich nun von dem schüchternen, ängstlichen Jungen, den er in Basil Hallwards Atelier kennengelernt hatte! Seine Natur hatte sich wie eine Blume entfaltet, hatte Blüten gleich scharlachroten Flammen hervorgebracht. Aus ihrem verborgenen Schlupfwinkel war seine Seele hervorgekrochen, und das Verlangen hatte sich unterwegs zu ihr gesellt.

»Und was schlägst du vor?« fragte Lord Henry schließlich.

»Du und Basil, ihr beide sollt mich an einem Abend begleiten, um sie spielen zu sehen. Ich habe nicht die geringste Angst vor dem Resultat. Zweifellos werdet ihr ihr Genie anerkennen. Dann müssen wir sie aus den Händen des Juden befreien. Sie ist noch drei Jahre an ihn gebunden – zumindest zwei Jahre und acht Monate, von jetzt an gerechnet. Natürlich werde ich ihm etwas zahlen müssen. Wenn das alles geregelt ist, werde ich ein Theater im West End mieten und sie gebührend herausbringen. Sie wird die Welt ebenso in ihren Bann ziehen wie mich.«

»Das dürfte wohl kaum möglich sein, mein lieber Junge.«

»Doch, das wird sie. Sie besitzt nicht nur künstlerisches Genie, einen vollendeten künstlerischen Instinkt, sondern sie hat auch Persönlichkeit; und du hast oft zu mir gesagt, Persönlichkeiten, und nicht Prinzipien, bewegten die Welt.«

»Nun gut, an welchem Abend sollen wir hingehen?«

»Laß mich sehen. Heute ist Dienstag. Sagen wir morgen. Morgen spielt sie die Julia.«

»Einverstanden. Um acht im ›Bristol‹; ich werde Basil abholen.«

»Bitte nicht um acht, Harry. Um halb sieben. Wir müssen dort sein, bevor der Vorhang hochgeht. Ihr müßt sie im ersten Akt sehen, wenn sie Romeo begegnet.«

»Halb sieben! Was für eine Zeit! Da kann man Tee trinken und ein Sandwich dazu essen oder einen englischen Roman lesen. Es geht frühestens um sieben. Kein Gentleman speist vor sieben.[12] Wirst du Basil bis dahin noch sehen? Oder soll ich ihm schreiben?«

»Der gute Basil! Ich habe mich schon eine ganze Woche lang nicht mehr bei ihm blicken lassen. Das ist ziemlich abscheulich von mir, denn er hat mir mein Porträt in einem wirklich wunderschönen, eigens von ihm dafür entworfenen Rahmen geschickt, und obgleich ich ein wenig eifersüchtig auf das Bild bin, weil es einen ganzen Monat jünger ist als ich, muß ich zugeben, daß ich davon entzückt bin. Vielleicht ist es besser, wenn du ihm schreibst. Ich möchte nicht allein mit ihm zusammentreffen. Er sagt Dinge, die mich ärgern. Er gibt mir gute Ratschläge.«

Lord Henry lächelte. »Die Leute verteilen mit Vorliebe Dinge, die sie selbst am dringendsten benötigen. Das nenne ich wahre Großherzigkeit.«

»Ach, Basil ist der beste aller Menschen, aber er scheint mir doch ein wenig philisterhaft. Seit ich dich kenne, Harry, fällt mir das auf.«

»Basil, mein lieber Junge, legt alles, was seinen Charme ausmacht, in seine Arbeit. Die Folge ist, daß ihm für das Leben nichts bleibt als seine Vorurteile, seine Prinzipien und sein gesunder Menschenverstand. Die einzigen persönlich ansprechenden Künstler, die ich jemals kennengelernt habe, sind schlechte Künstler. Gute Künstler existieren ausschließlich in dem, was sie schaffen, und sind folglich als Menschen völlig uninteressant. Ein großer Dichter, ein wirklich großer Dichter, ist das unpoetischste aller Geschöpfe. Unbedeutende Dichter dagegen sind absolut faszinierend. Je schlechter ihre Verse sind, um so pittoresker sehen sie aus. Allein die Tatsache, daß er ein Buch mit zweitklassigen Sonetten veröffentlicht hat, macht einen Mann völlig unwiderstehlich. Er lebt die Poesie, die er nicht zu schreiben vermag. Die anderen schreiben die Poesie, die sie nicht zu verwirklichen wagen.«

»Ich frage mich, ob das tatsächlich so ist, Harry«, sagte Dorian Gray, während er aus einer großen Flasche mit Goldverschluß, die auf dem Tisch stand, etwas Parfüm auf sein Taschentuch träufelte. »Es muß so sein, wenn du es sagst. Und jetzt muß ich gehen. Imogen wartet auf mich. Denk an morgen. Auf Wiedersehen.«

Als Dorian den Raum verließ, senkten sich Lord Henrys schwere Augenlider, und er begann nachzudenken. Zweifellos hatten ihn nur wenige Menschen jemals so interessiert wie Dorian Gray, und doch empfand er wegen der abgöttischen Verehrung des Jungen für einen anderen Menschen nicht den leisesten Stich der Kränkung oder der Eifersucht. Sie gefiel ihm. Sie machte ihn zu einem noch interessanteren Studienobjekt. Die Methoden der Naturwissenschaft hatten ihn seit jeher gefesselt, doch der herkömmliche Gegenstand dieser Wissenschaft war ihm zu trivial und belanglos erschienen. So hatte er begonnen, sich selbst zu vivisezieren, und damit geendet, andere zu vivisezieren. Das menschliche Leben – das war seiner Ansicht nach das einzige, das zu untersuchen sich lohnte. Verglichen damit, war alles andere ohne jedwede Bedeutung. Zwar konnte man bei der Beobachtung des Lebens in seinem seltsamen Schmelztiegel aus Lust und Leid weder ein Schutzglas vor dem Gesicht tragen, noch die Schwefeldämpfe davon abhalten, in das Gehirn einzudringen und die Phantasie mit ungeheuerlichen Ausgeburten und mißgestalteten Träumen zu beunruhigen. Es gab Gifte, die so heimtückisch waren, daß man sie an sich selbst wirken lassen mußte, um ihre Eigenschaften kennenzulernen. Es gab Krankheiten, die so fremdartig waren, daß man sie durchmachen mußte, wenn man ihre Natur verstehen wollte. Und doch, welch großer Lohn wurde einem zuteil! Wie wunderbar erschien einem die ganze Welt! Die eigenartige strenge Logik der Leidenschaft und das von Gefühlen gefärbte Leben des Intellekts zu entdecken – zu beobachten, wo sie sich trafen und wo sie auseinandergingen, an welchem Punkt sie sich in Einklang befanden und an welchem Punkt Dissonanzen auftraten – welch eine Wonne lag darin! Wen kümmerte es schon, wie hoch der Preis dafür war? Für eine Sinneserfahrung konnte man gar keinen zu hohen Preis bezahlen.

Er war sich bewußt – und der Gedanke brachte einen

Freudenschimmer in seine braunen Achataugen –, daß gewisse Bemerkungen von ihm, wohlklingende Worte, wohlklingend geäußert, Dorian Grays Seele veranlaßt hatten, sich diesem unschuldigen Mädchen zuzuwenden und sich voller Verehrung vor ihr zu verneigen. Der junge Mann war in hohem Maße seine eigene Schöpfung. Er hatte ihn vor der Zeit reifen lassen. Das war doch etwas. Gewöhnliche Menschen warteten, bis das Leben ihnen seine Geheimnisse enthüllte, doch den wenigen, den Auserwählten, offenbarten sich die Mysterien des Lebens, ehe der Schleier gelüftet war. Zuweilen geschah dies durch den Einfluß der Kunst und insbesondere der Literatur, die sich unmittelbar mit den Leidenschaften und dem Intellekt auseinandersetzte. Mitunter aber trat eine vielschichtige Persönlichkeit an ihre Stelle und übernahm die Aufgabe der Kunst – ja war, auf ihre Weise, selbst ein wahres Kunstwerk, denn das Leben hat ebenso seine vollendeten Meisterwerke wie die Dichtung, die Bildhauerei oder die Malerei.

Ja, der Junge war frühzeitig gereift. Er brachte seine Ernte bereits ein, obgleich noch Frühling war. Pulsschlag und Leidenschaftlichkeit der Jugend waren noch in ihm, doch schon wurde er sich seiner selbst bewußt. Es war ein Vergnügen, ihn zu beobachten. Mit seinem schönen Antlitz und seiner schönen Seele war er ein Geschöpf, das man bewundern mußte. Es war einerlei, wie alles endete oder enden mußte. Er erinnerte an eines jener anmutigen Wesen in einem Historienspiel oder einem Theaterstück, deren Freuden einem fremd sind, deren Kummer indes unseren Schönheitssinn aufrüttelt und deren Wunden roten Rosen gleichen.

Seele und Leib, Leib und Seele – wie geheimnisvoll waren sie doch! Es gab Animalisches in der Seele, und der Leib hatte Augenblicke der Spiritualität. Die Sinne konnten sich läutern, der Geist konnte tief sinken. Wer vermochte zu sagen, wo der fleischliche Trieb aufhörte oder wo der seelische Trieb begann? Wie oberflächlich waren die willkürlichen Definitionen herkömmlicher Psychologen! Und doch, wie schwer war es, zwischen den Ansprüchen der verschiedenen Schulen zu entscheiden! War die Seele ein Schatten, der im Haus der Sünde wohnte? Oder war der Körper tatsächlich in der Seele, wie Giordano Bruno glaubte?[13] Die Trennung von Geist und Materie war ein Geheimnis, und die Vereinigung von Geist und Materie war ebenfalls ein Geheimnis.

Er begann sich zu fragen, ob es uns wohl jemals gelingen würde, die Psychologie zu einer so vollkommenen Wissenschaft zu machen, daß sich uns jede noch so kleine Triebfeder des Lebens offenbarte. So, wie die Dinge lagen, verstanden wir uns selbst nie richtig und andere nur selten. Erfahrung war von keinerlei ethischem Wert. Sie war lediglich der Name, den die Menschen ihren Irrtümern gaben. Moralisten hatten sie in der Regel als eine Art Warnung betrachtet, hatten ihr eine gewisse ethische Wirksamkeit bei der Charakterbildung zugesprochen, hatten sie als etwas gepriesen, das uns lehrte, was wir tun, und zeigte, was wir lassen sollten. Doch der Erfahrung wohnte keine Triebkraft inne. Sie war ebensowenig ein aktiver Antrieb wie das Gewissen. Alles, was sie tatsächlich vor Augen führte, war, daß unsere Zukunft gleich aussehen würde wie unsere Vergangenheit und daß wir die einmal mit Abscheu begangene Sünde viele Male wiederholen würden, nun aber mit Freuden.

Ihm war klar, daß die experimentelle Methode das einzige Verfahren war, mit dessen Hilfe man zu einer wissenschaftlichen Analyse der Leidenschaften gelangen konnte; und zweifellos war Dorian Gray ein Forschungsgegenstand, der wie für ihn geschaffen war und wertvolle und fruchtbare Ergebnisse zu versprechen schien. Seine plötzliche rasende Liebe zu Sibyl Vane war ein psychologisches Phänomen von nicht geringem Interesse. Fraglos spielte Neugier dabei eine wesentliche Rolle, Neugier und das Verlangen nach neuen Erfahrungen; dennoch handelte es sich nicht um eine einfache, sondern vielmehr eine ungemein vielschichtige Leidenschaft. Was von den rein sinnlichen Trieben des Knabenalters in sie Eingang gefunden hatte, war durch das Wirken der Phantasie umgeformt und in etwas verwandelt worden, das in den Augen des Jungen nichts mit sinnlicher Begierde zu tun hatte und eben deshalb um so gefährlicher war. Gerade die Leidenschaften, über deren Ursprung wir uns selbst täuschen, beherrschen uns am nachhaltigsten. Unsere schwächsten Beweggründe sind die, über deren Natur wir uns im klaren sind. Es kommt häufig vor, daß wir glauben, mit anderen Experimente durchzuführen, in Wirklichkeit aber experimentieren wir an uns.

Während Lord Henry dasaß und über diese Dinge nachsann, klopfte es an die Tür; sein Kammerdiener trat ein und erinnerte ihn daran, daß es Zeit war, sich zum Abendessen umzukleiden. Er stand auf und blickte auf die Straße hinaus. Der Sonnenuntergang hatte die oberen Fenster der gegenüberliegenden Häuser in scharlachrotes Gold getaucht. Die Scheiben glühten wie erhitzte Metallplatten. Der Himmel darüber glich einer verblühten Rose. Er dachte an das glutrot gefärbte junge Leben seines Freundes und fragte sich, wie das alles enden werde.

Als er gegen halb eins nach Hause kam, sah er auf dem Tisch in der Eingangshalle ein Telegramm liegen. Er öffnete es und stellte fest, daß es von Dorian Gray war. Dorian teilte ihm darin mit, er habe sich mit Sibyl Vane verlobt.

Kapitel 5

»Mutter, Mutter, ich bin ja so glücklich!« flüsterte das Mädchen und barg das Gesicht im Schoß der verwelkten, müde wirkenden Frau, die, den Rücken dem grellen, aufdringlichen Licht zugewandt, im einzigen Lehnstuhl ihres ärmlichen Wohnzimmers saß. »Ich bin ja so glücklich!« wisperte sie noch einmal, »und du mußt auch glücklich sein!«

Mrs. Vane zuckte zusammen und legte ihrer Tochter ihre mageren, wismutweißen[1] Hände auf den Kopf. »Glücklich!« wiederholte sie, »ich bin nur glücklich, Sibyl, wenn ich dich auf der Bühne sehe. Du darfst an nichts anderes denken als ans Theaterspielen. Mr. Isaacs ist sehr gut zu uns gewesen, und wir schulden ihm Geld.«

Das Mädchen blickte auf und verzog mißmutig den Mund. »Geld, Mutter?« rief sie, »was zählt schon Geld? Liebe ist mehr als Geld.«

»Mr. Isaacs hat uns fünfzig Pfund vorgestreckt, damit wir unsere Schulden bezahlen und James eine anständige Ausstattung kaufen können. Das darfst du nicht vergessen, Sibyl. Fünfzig Pfund sind eine sehr große Summe. Mr. Isaacs war äußerst entgegenkommend.«

»Er ist kein Gentleman, Mutter, und ich mag nicht, wie er mit mir spricht«, sagte das Mädchen, stand auf und ging zum Fenster hinüber.

»Ich weiß nicht, wie wir ohne ihn zurechtkommen sollten«, erwiderte die ältere Frau verdrießlich.

Sibyl Vane warf den Kopf zurück und lachte. »Wir brauchen ihn nicht mehr, Mutter. Der Märchenprinz nimmt sich unseres Lebens jetzt an.« Dann hielt sie inne. Rosenröte durchzitterte ihr Blut und färbte ihre Wangen dunkel. Rascher Atem öffnete die Blütenblätter ihrer

Lippen. Sie zitterten. Ein südlicher Wind der Leidenschaft wehte über sie hinweg und bewegte die zarten Falten ihres Kleides. »Ich liebe ihn«, sagte sie schlicht.

»Törichtes Kind! Törichtes Kind!« war die Antwort, die ihr papageienartig entgegengeschleudert wurde. Das erregte Gestikulieren gekrümmter, mit unechten Steinen geschmückter Finger verlieh den Worten etwas Groteskes.

Das Mädchen lachte erneut. Die Fröhlichkeit eines Stubenvogels klang aus ihrer Stimme. Ihre Augen griffen die Melodie auf und wiederholten sie in strahlendem Leuchten; dann schlossen sie sich einen Moment, als wollten sie ihr Geheimnis verbergen. Als sie sich wieder öffneten, war der verträumte Blick aus ihnen verschwunden.

Schmallippige Weisheit redete aus dem abgenutzten Sessel auf sie ein, mahnte zur Besonnenheit, zitierte aus jenem Buch der Feigheit, dessen Verfasser vorgibt, im Namen des gesunden Menschenverstandes zu sprechen. Sie hörte nicht zu. Sie war frei in ihrem Gefängnis der Leidenschaft. Ihr Prinz, ihr Märchenprinz, war bei ihr. Sie hatte die Erinnerung beschworen, ihn neu erstehen zu lassen. Sie hatte ihre Seele ausgesandt, ihn zu suchen, und die Seele hatte ihn zurückgebracht. Sein Kuß brannte wieder auf ihrem Mund. Auf ihren Augenlidern spürte sie die Wärme seines Atems.

Dann änderte die Weisheit ihre Methode und sprach von Erkundigungen und Nachforschungen. Vielleicht war dieser junge Mann reich. Wenn ja, sollte man eine Heirat in Erwägung ziehen. An Sibyls Ohrmuschel brachen sich die Wellen selbstsüchtiger Verschlagenheit. Die Pfeile der List schossen an ihr vorbei. Sie sah, wie die schmalen Lippen sich bewegten, und lächelte.

Plötzlich empfand sie das Bedürfnis zu sprechen. Das

wortreiche Schweigen quälte sie. »Mutter, Mutter«, rief sie, »warum liebt er mich so sehr? Ich weiß, warum ich ihn liebe. Ich liebe ihn, weil er so ist, wie die Liebe selbst sein sollte. Aber was sieht er in mir? Ich bin seiner nicht würdig. Und doch – weshalb, das kann ich nicht sagen –, obgleich ich fühle, daß ich so tief unter ihm stehe, fühle ich mich nicht niedrig. Ich bin stolz, schrecklich stolz. Mutter, hast du meinen Vater so geliebt, wie ich den Märchenprinzen liebe?«

Die ältere Frau erbleichte unter dem dick aufgetragenen Puder, der ihre Wangen bedeckte, und ihre trockenen Lippen zuckten in krampfartigem Schmerz. Sibyl eilte zu ihr, legte ihr die Arme um den Hals und küßte sie. »Verzeih mir, Mutter. Ich weiß, es tut dir weh, von unserem Vater zu sprechen. Aber es tut dir nur weh, weil du ihn so sehr geliebt hast. Mach nicht so ein trauriges Gesicht. Ich bin heute so glücklich, wie du es vor zwanzig Jahren warst. Ach, laß mich für immer glücklich sein!«

»Mein Kind, du bist viel zu jung, um daran zu denken, dich zu verlieben. Außerdem, was weißt du denn von diesem jungen Mann? Du kennst ja nicht einmal seinen Namen. Das Ganze kommt höchst ungelegen, und ich muß wirklich sagen, jetzt, wo James nach Australien geht und ich an so vieles zu denken habe, hättest du schon ein bißchen mehr Rücksicht nehmen können. Allerdings, wie ich schon sagte, wenn er reich ist ...«

»Ach, Mutter! Mutter, laß mich doch glücklich sein!«

Mrs. Vane warf ihr einen flüchtigen Blick zu, und mit einer jener unaufrichtigen theatralischen Gesten, die Schauspielern so oft zu einer Art zweiten Natur werden, schloß sie ihre Tochter in die Arme. In diesem Moment ging die Tür auf, und ein junger Mann mit struppigem braunem Haar betrat das Zimmer. Er war von gedrungener Gestalt, und seine Hände und Füße waren groß und wirkten ein wenig schwerfällig in ihren Bewegungen. Er war nicht so zierlich gebaut wie seine Schwester. Wohl kaum jemand hätte die nahe Verwandtschaft vermutet, die zwischen den beiden bestand. Mrs. Vane richtete den Blick auf ihn und verstärkte ihr Lächeln. Im Geiste erhob sie ihren Sohn in den Rang eines Publikums. Sie war überzeugt, daß das *tableau*[2] ergreifend wirkte.

»Du könntest ruhig ein paar von deinen Küssen für mich aufheben, Sibyl«, sagte der junge Mann mit gutmütigem Brummen.

»Ach! Aber du magst es doch gar nicht, wenn man dich küßt, Jim«, rief sie. »Du bist ein schrecklicher alter Bär.« Und sie lief durch den Raum und umarmte ihn.

James Vane sah seine Schwester voller Zärtlichkeit an. »Ich möchte, daß du mich auf einem Spaziergang begleitest, Sibyl. Wahrscheinlich werde ich dieses abscheuliche London nie wiedersehn. Und ich will es auch gar nicht wiedersehn.«

»Sag doch nicht so entsetzliche Dinge, mein Sohn«, murmelte Mrs. Vane, nahm mit einem Seufzer ein geschmacklos herausgeputztes Theaterkostüm zur Hand und begann es auszubessern. Sie war ein wenig enttäuscht, daß er sich nicht zu der Gruppe gesellt hatte. Es hätte das theatralisch Pittoreske der Situation noch verstärkt.

»Warum nicht, Mutter? Es ist mein Ernst.«

»Du tust mir weh, mein Sohn. Ich hoffe zuversichtlich, daß du als reicher Mann aus Australien zurückkehren wirst. Meines Wissens gibt es in den Kolonien keinerlei vornehme Gesellschaft, nichts, was ich vornehme Gesellschaft nennen würde; du mußt also zurückkommen, sobald du es zu Wohlstand gebracht hast, und dir in London Geltung verschaffen.«

»Vornehme Gesellschaft!« murrte der junge Mann. »Davon will ich nichts wissen. Nur etwas Geld möchte ich verdienen, um dich und Sibyl vom Theater fortzuholen. Ich hasse es, daß ihr auf der Bühne steht.«

»O Jim!« sagte Sibyl lachend, »wie unfreundlich von dir! Aber willst du wirklich mit mir spazierengehen? Das ist schön! Ich fürchtete schon, du wolltest einige deiner Freunde aufsuchen, um dich von ihnen zu verabschieden – Tom Hardy, der dir diese gräßliche Pfeife geschenkt hat, oder Ned Langton, der sich über dich lustig macht, weil du sie rauchst. Es ist sehr lieb von dir, daß du deinen letzten Nachmittag mit mir verbringen willst. Wohin sollen wir gehen? Laß uns in den Park gehen.«

»Dafür sehe ich zu schäbig aus«, antwortete er mit finsterer Miene. »Nur feine Leute gehn in den Park.«

»Unsinn, Jim«, widersprach sie leise und strich dabei über seinen Rockärmel.

Er zögerte einen Augenblick. »Na gut«, willigte er schließlich ein, »aber beeil dich mit dem Anziehen.« Sie tanzte zur Tür hinaus. Man konnte sie singen hören, als sie die Treppe hinauflief. Oben trippelten ihre kleinen Füße hin und her.

Er ging zwei-, dreimal im Zimmer auf und ab. Dann wandte er sich an die schweigsame Gestalt im Sessel. »Mutter, sind meine Sachen fertig?« fragte er.

»Es ist alles bereit, James«, antwortete sie, den Blick weiter auf ihre Arbeit gerichtet. Seit einigen Monaten fühlte sie sich unbehaglich, wenn sie mit ihrem schroffen, ernsten Sohn allein war. Ihr oberflächliches Wesen war insgeheim beunruhigt, wenn sich ihre Blicke trafen. Sie fragte sich jedesmal, ob er Argwohn geschöpft hatte. Das Schweigen – denn er machte keine weitere Bemerkung – wurde ihr unerträglich. Sie begann zu klagen. Frauen verteidigen sich durch Angriff, geradeso wie sie durch unerwartete und befremdliche Kapitulation angreifen. »Ich hoffe, James, du wirst mit deinem Leben als Seemann zufrieden sein«, sagte sie. »Du darfst nicht vergessen, daß es deine eigene Entscheidung ist. Du hättest in eine Anwaltskanzlei eintreten können. Anwälte sind ein sehr achtbarer Stand, und auf dem Land speisen sie häufig mit den vornehmsten Familien.«

»Ich hasse Kanzleien, und ich hasse Kanzleischreiber«, erwiderte er. »Aber du hast völlig recht. Ich habe mir mein Leben selbst gewählt. Alles, was ich sage, ist: Paß auf Sibyl auf. Sorg dafür, daß ihr kein Leid geschieht. Mutter, du mußt auf sie aufpassen.«

»James, du redest wirklich sehr sonderbares Zeug daher. Natürlich passe ich auf Sibyl auf.«

»Wie ich höre, kommt jeden Abend ein vornehmer Herr ins Theater und geht hinter die Bühne, um sich mit ihr zu unterhalten. Stimmt das? Was hat das zu bedeuten?«

»Du sprichst über Dinge, die du nicht verstehst, James. In unserem Beruf sind wir daran gewöhnt, daß uns eine Menge höchst erfreulicher Aufmerksamkeiten zuteil wird. Auch ich bekam früher einmal viele Blumengebinde. Das war damals, als man von der Schauspielkunst noch wirklich etwas verstand. Und was Sibyl anlangt, so weiß ich im Augenblick nicht, ob ihre Neigung ernst ist oder nicht. Doch steht außer Zweifel, daß der fragliche junge Mann ein vollendeter Gentleman ist. Er benimmt sich mir gegenüber immer überaus höflich. Außerdem macht er den Eindruck, als wäre er reich, und die Blumen, die er schickt, sind herrlich.«

»Aber seinen Namen kennst du nicht«, sagte der Junge barsch.

»Nein«, antwortete die Mutter mit gelassener Miene. »Er hat seinen richtigen Namen noch nicht verraten. Ich halte das für sehr romantisch von ihm. Wahrscheinlich gehört er der Aristokratie an.«

James Vane biß sich auf die Lippen. »Paß auf Sibyl auf, Mutter«, rief er, »paß auf sie auf.«

»Mein Sohn, du betrübst mich sehr. Sibyl steht ständig unter meiner ganz besonderen Obhut. Wenn dieser Gentleman wohlhabend ist, sehe ich allerdings keinen Grund, warum sie nicht eine Verbindung mit ihm eingehen sollte. Ich bin sicher, er gehört zum Adel. Seine ganze Erscheinung spricht dafür, das muß ich sagen. Es könnte eine äußerst glänzende Partie für Sibyl sein. Sie würden ein reizendes Paar abgeben. Er sieht wirklich bemerkenswert gut aus; das fällt jedem auf.«

Der junge Mann brummte etwas vor sich hin und trommelte mit seinen plumpen Fingern gegen die Fensterscheibe. Er hatte sich gerade umgedreht, um etwas zu sagen, als die Tür aufging und Sibyl hereingelaufen kam.

»Wie ernst ihr beide seid!« rief sie. »Was ist los?«

»Nichts«, antwortete er. »Zuweilen muß man wohl ernst sein. Auf Wiedersehen, Mutter; ich komme um fünf Uhr zum Essen. Bis auf die Hemden ist alles gepackt, du brauchst dich also um nichts mehr zu kümmern.«

»Adieu, mein Sohn«, antwortete sie mit einem übertrieben majestätischen Kopfnicken.

Sie war zutiefst beunruhigt über den Ton, den er ihr gegenüber angeschlagen hatte, und in seinem Blick lag etwas, das ihr angst machte.

»Küß mich, Mutter«, sagte das Mädchen. Ihre blumengleichen Lippen berührten die welke Wange und milderten ihre Eiseskälte.

»Mein Kind! Mein Kind!« rief Mrs. Vane und blickte zur Decke empor, als suche sie nach Zuschauern auf einer in ihrer Einbildung vorhandenen Galerie.

»Komm, Sibyl«, forderte ihr Bruder sie ungeduldig auf. Er haßte das gezierte Getue seiner Mutter.

Sie traten hinaus in das flirrende, winddurchwehte Sonnenlicht und schlenderten die trübselige Euston Road hinunter. Verwunderte Blicke streiften den finsteren, schwerfälligen jungen Mann in derber, schlechtsitzender Kleidung, der sich in Begleitung eines so anmutigen, vornehm wirkenden Mädchens befand. Er sah aus wie ein einfacher Gärtner, der mit einer Rose spazierenging.

Jim runzelte von Zeit zu Zeit die Stirn, wenn er den forschenden Blick irgendeines Fremden auffing. Er empfand jene Abneigung dagegen, angestarrt zu werden, die Genies spät im Leben überkommt und die Durchschnittsmenschen nie verlieren. Sibyl hingegen war sich der Wirkung, die sie hervorrief, gar nicht bewußt. Ihre Liebe zitterte im Lachen auf ihren Lippen. Sie dachte an den Märchenprinzen, und damit sie um so ungestörter an ihn denken konnte, sprach sie nicht von ihm, sondern schwatzte über das Schiff, auf dem Jim zur See fahren, über das Gold, das er gewiß finden, über die wunderschöne Erbin, die er aus den Händen verruchter Buschräuber in roten Hemden befreien würde. Denn Matrose oder Frachtaufseher oder was immer er sein würde, durfte er nicht bleiben. O nein! Das Seemannsleben war entsetzlich. Man stelle sich nur vor, in einem gräßlichen Schiff eingepfercht zu sein, während die rauhen, buckeligen Wogen einzudringen versuchen und ein abscheulicher Wind die Masten umbläst und die Segel in lange, durch die Luft peitschende Bänder zerfetzt! Er mußte das Schiff in Melbourne verlassen, sich vom Kapitän höflich verabschieden und sich sofort auf den Weg zu den Goldfeldern machen. Noch ehe eine Woche um war, würde er einen großen Klumpen reinen Goldes finden, den größten Klumpen, der je entdeckt worden war, und ihn auf einem von sechs berittenen Polizisten bewachten Wagen zur Küste bringen. Die Buschräuber würden sie dreimal angreifen und in einem ungeheuren Gemetzel zurückgeschlagen werden. Oder nein. Er sollte überhaupt nicht in die Goldfelder gehen. Das waren grauenvolle Orte, wo Männer sich betranken, einander in Kneipen erschossen und fluchten. Er sollte ein anständiger Schafzüchter werden, und eines Abends auf dem Nachhauseritt würde er Zeuge werden, wie eine schöne Erbin von einem Räuber auf einem Rappen entführt wird. Er würde die Verfolgung aufnehmen und sie retten. Natürlich würde sie sich in ihn verlieben und er sich in sie, und sie würden heiraten und heimkehren und in einem riesengroßen Haus in London leben. Ja, das Schicksal halte herrliche Dinge für ihn bereit. Aber er müsse sehr brav sein und dürfe die Geduld nicht verlieren oder sein Geld leichtsinnig verschwenden. Sie sei zwar nur ein Jahr älter als er, aber sie wisse sehr viel mehr vom Leben. Außerdem müsse er ihr mit jeder Post schreiben und jeden Abend vor dem Einschlafen seine Gebete sprechen. Auch sie wolle für ihn beten, und in einigen Jahren würde er reich und glücklich zurückkehren.

Der junge Mann hörte ihr verdrießlich zu und gab keine Antwort. Ihm war schwer ums Herz, weil er von zu Hause fort mußte.

Doch nicht allein das war es, was ihn bedrückte und verdroß. So unerfahren er auch war, hatte er doch ein feines Gespür für die Gefährlichkeit der Situation, in der Sibyl sich befand. Dieser junge Dandy, der ihr den Hof machte, konnte es nicht gut mit ihr meinen. Er war ein feiner Herr, und dafür haßte er ihn, haßte ihn aufgrund eines sonderbaren Klasseninstinkts, den er sich nicht erklären konnte und der ihn deshalb nur um so mehr beherrschte. Er war sich auch des oberflächlichen Wesens und der Eitelkeit seiner Mutter bewußt und sah darin eine unendliche Gefahr für Sibyl und für Sibyls Glück. Anfangs lieben Kinder ihre Eltern; wenn sie älter werden, urteilen sie über sie; manchmal vergeben sie ihnen.

Seine Mutter! Er hatte etwas auf dem Herzen, wonach er sie fragen mußte, etwas, worüber er viele Monate lang schweigend nachgegrübelt hatte. Ein paar im Theater zufällig aufgeschnappte Worte, eine geflüsterte höhnische Bemerkung, die an sein Ohr gedrungen war, als er eines Nachts am Bühneneingang wartete, hatten in ihm eine Reihe grauenvoller Gedanken geweckt. Er erinnerte sich daran, als hätte er mit einer Jagdpeitsche einen Schlag übers Gesicht bekommen. Seine Augenbrauen zogen sich zu einer keilförmigen Furche zusammen, und, durchzuckt von einem stechenden Schmerz, biß er sich auf die Unterlippe.

»Du hörst mir ja gar nicht zu, Jim«, rief Sibyl, »und dabei schmiede ich die herrlichsten Pläne für deine Zukunft. Sag doch bitte etwas.«

»Was soll ich denn sagen?«

»Ach, daß du ein artiger Junge sein und uns nicht vergessen wirst«, antwortete sie und sah ihn lächelnd an.

Er zuckte mit den Schultern. »Es ist wahrscheinlicher, daß du mich vergißt, als daß ich dich vergesse, Sibyl.«

Sie errötete. »Was meinst du damit, Jim?« fragte sie.

»Wie ich höre, hast du einen neuen Freund. Wer ist er? Warum hast du mir nichts von ihm erzählt? Er meint es nicht gut mit dir.«

»Halt, Jim!« rief sie. »Du darfst nichts gegen ihn sagen. Ich liebe ihn.«

»Aber du weißt doch nicht einmal, wie er heißt«, antwortete der junge Mann. »Wer ist er? Ich habe ein Recht, es zu erfahren.«

»Er heißt ›Märchenprinz‹. Gefällt dir der Name nicht? O du dummer Junge! Du solltest ihn nie vergessen. Wenn du ihn nur sähest, würdest du ihn für den wundervollsten Menschen auf Erden halten. Eines Tages wirst du ihn kennenlernen: wenn du aus Australien zurückkommst. Du wirst ihn sehr mögen. Alle mögen ihn, und ich ... ich liebe ihn. Ich wünschte, du könntest heute abend ins Theater kommen. Er wird bestimmt da sein, und ich werde die Julia spielen. Oh, wie ich sie spielen werde! Stell dir vor, Jim, verliebt zu sein und die Julia zu spielen! Und ihn als Zuschauer zu haben! Zu seinem Vergnügen zu spielen! Ich habe Angst, daß ich die Truppe vielleicht erschrecke, erschrecke oder in Bann schlage. Verliebt zu sein bedeutet nämlich, über sich selbst hinauszuwachsen. Der arme, gräßliche Mr. Isaacs wird seinen Kumpanen am Schanktisch »Genie« zurufen. Er hat mich als Dogma gepredigt; heute abend wird er mich als Offenbarung verkünden. Ich fühle es. Und nur für ihn werde ich spielen, für meinen Märchenprinzen, meinen wunderbaren Geliebten, meinen Gott der Anmut. Doch ich bin arm neben ihm. Arm? Was macht das schon? Kommt die Armut zur Tür hereingeschlichen, fliegt die Liebe zum Fenster herein. Unsere Sprichwörter müssen neu geschrieben werden. Sie entstanden im Winter, und jetzt ist Sommer; Frühling für mich, scheint mir, ein wahrer Blütenreigen unter blauen Himmeln.«

»Er ist ein Gentleman«, sagte der Junge mürrisch.

»Ein Prinz«, rief sie melodisch. »Was willst du mehr?«

»Er will dich zu seiner Sklavin machen.«

»Mich schaudert bei dem Gedanken, frei zu sein.«

»Ich möchte, daß du dich vor ihm in acht nimmst.«

»Ihn sehen heißt ihn anbeten, ihn kennen heißt ihm vertrauen.«

»Sibyl, du bist verrückt nach ihm.«

Sie lachte und nahm seinen Arm. »Du lieber, alter Jim, du redest daher, als wärst du hundert Jahre alt. Eines Tages wirst auch du dich verlieben. Dann wirst du wissen, wie das ist. Schau nicht so finster drein. Eigentlich sollte dich der Gedanke froh stimmen, daß du mich, obgleich du fortgehst, glücklicher zurückläßt, als ich es je gewesen bin. Das Leben war für uns beide hart, entsetzlich hart und schwer. Aber jetzt wird es anders werden. Du gehst hinaus in eine neue Welt, und ich habe hier eine gefunden. Da sind zwei Stühle; komm, wir wollen uns setzen und uns die eleganten Leute ansehen, die hier vorüberkommen.«

Sie nahmen inmitten einer ganzen Schar von Beobachtern Platz. Die Tulpenbeete auf der anderen Seite des Weges flammten auf wie flackernde Feuerringe. Weißer Staub, wohl eine zitternde Wolke von Veilchenwurz, hing in der flirrenden Luft. Die leuchtendbunten Sonnenschirme tanzten und neigten sich hin und her wie riesige Schmetterlinge.

Sie brachte ihren Bruder dazu, von sich selbst zu sprechen, von seinen Hoffnungen, seinen Aussichten. Er sprach langsam und mit Mühe. Sie schoben einander Worte zu, wie Spieler sich Spielmarken zuschieben. Sibyl war bedrückt. Sie vermochte ihr Glück nicht mitzuteilen. Ein zaghaftes Lächeln, das diesen mürrischen Mund krümmte, war alles, was sie an Widerhall fand. Nach einer Weile verfiel sie in Schweigen. Plötzlich erhaschte sie einen flüchtigen Blick auf goldenes Haar und lachende Lippen, und in einem offenen Wagen mit zwei Damen fuhr Dorian Gray vorüber.

Sie sprang auf. »Da ist er!« rief sie.

»Wer?« fragte Jim Vane.

»Der Märchenprinz«, antwortete sie, während sie der Victoria-Chaise nachsah.

Er sprang auf und packte sie unsanft am Arm. »Zeig ihn mir. Welcher ist es? Deute mit dem Finger auf ihn. Ich muß ihn sehen!« rief er; doch in diesem Augenblick schob sich der Vierspänner des Herzogs von Berwick dazwischen, und als er den Blick wieder frei gab, hatte der Wagen den Park bereits verlassen.

»Er ist fort«, sagte Sibyl traurig. »Ich wünschte, du hättest ihn gesehen.«

»Das wünschte ich auch, denn so wahr es einen Gott im Himmel gibt: Sollte er dir jemals ein Unrecht antun, bringe ich ihn um.«

Sie sah ihn entsetzt an. Er wiederholte seine Worte. Sie durchschnitten die Luft wie ein Dolch. Die Leute um sie herum begannen sie anzustarren. Eine Dame in ihrer Nähe kicherte.

»Komm weg von hier, Jim; komm weg«, flüsterte Sibyl. Er folgte ihr mit verbissener Miene, als sie sich durch die Menschenmenge schlängelte. Er war froh, daß er das gesagt hatte.

Als sie die Achilles-Statue erreichten, wandte sie sich um. In ihren Augen lag Mitleid, das auf ihren Lippen zum Lachen wurde. Sie schüttelte den Kopf. »Du bist töricht, Jim, absolut töricht; ein schlechtgelaunter Junge, das ist alles. Wie kannst du so schreckliche Dinge sagen? Du weißt nicht, wovon du redest. Du bist einfach eifersüchtig und unfreundlich. Ach, ich wünschte, du würdest dich verlieben. Liebe macht Menschen gut, und was du gesagt hast, war böse.«

»Ich bin sechzehn«, entgegnete er, »und ich weiß, wovon ich rede. Mutter ist dir keine Hilfe. Sie versteht nicht auf dich aufzupassen. Jetzt wollte ich, ich ginge nicht nach Australien. Ich hätte beste Lust, die ganze Sache aufzugeben. Das würde ich auch, wenn mein Heuervertrag nicht schon unterschrieben wäre.«

»Sei doch nicht so ernst, Jim. Du benimmst dich wie einer der Helden in den albernen Melodramen, in denen Mutter früher so gern gespielt hat. Ich will mich nicht mit dir streiten. Ich habe ihn gesehen, und ach! ihn zu sehen bedeutet vollkommenes Glück. Wir werden nicht streiten. Ich weiß, du würdest nie jemandem Leid zufügen, den ich liebe, nicht wahr?«

»Vermutlich nicht, solange du ihn liebst«, war die griesgrämige Antwort.

»Ich liebe ihn bis in alle Ewigkeit!« rief sie.

»Und er?«

»Liebt mich auch bis in alle Ewigkeit!«

»Das will ich ihm auch geraten haben.«

Sie wich vor ihm zurück. Dann lachte sie und legte ihm die Hand auf den Arm. Er war ja noch ein Junge.

Am Marble Arch bestiegen sie einen Omnibus, der sie in die Nähe ihres ärmlichen Zuhauses in der Euston Road brachte. Es war schon nach fünf, und Sibyl mußte sich vor ihrem Auftritt noch ein, zwei Stunden hinlegen. Jim bestand darauf, daß sie es tat. Er erklärte, er wolle ihr lieber Lebewohl sagen, wenn ihre Mutter nicht dabei sei. Sie würde mit Sicherheit eine Szene machen, und er verabscheute Szenen jedweder Art.

In Sibyls Zimmer nahmen sie Abschied voneinander. Im Herzen des Jungen hatten sich Eifersucht und ein wilder, mörderischer Haß auf den Fremden eingenistet, der, wie ihm schien, zwischen sie getreten war. Doch als sie die Arme um seinen Nacken schlang und ihre Finger durch sein Haar fuhren, wurde er sanfter und küßte sie mit echter Zuneigung. In seinen Augen standen Tränen, als er die Treppe hinunterging.

Unten wartete seine Mutter auf ihn. Sie murrte über seine Unpünktlichkeit, als er das Zimmer betrat. Er erwiderte nichts, sondern setzte sich an sein karges Mahl.

Die Fliegen umsurrten den Tisch und krochen über die fleckige Tischdecke. Durch das Rumpeln der Omnibusse und das Klappern der Droschken hindurch konnte er die eintönige Stimme vernehmen, die jede Minute, die ihm noch blieb, sinnlos vergeudete.

Nach einer Weile schob er den Teller von sich und stützte den Kopf in die Hände. Er fühlte, daß er ein Recht hatte, es zu erfahren. Man hätte es ihm längst sagen müssen, wenn es so war, wie er vermutete. Bleiern vor Angst, beobachtete seine Mutter ihn. Mechanisch flossen die Worte von ihren Lippen. Ein zerschlissenes Spitzentaschentuch zuckte in ihren Fingern. Als die Uhr sechs schlug, stand er auf und ging zur Tür. Dann wandte er sich um und sah seine Mutter an. Ihre Blicke trafen sich. In ihren Augen las er die flehentliche Bitte um Erbarmen. Das brachte ihn auf.

»Mutter, ich muß dich etwas fragen«, sagte er. Ihr Blick irrte ausdruckslos im Raum umher. Sie gab keine Antwort. »Sag mir die Wahrheit. Ich habe ein Recht, sie zu erfahren. Warst du mit meinem Vater verheiratet?«

Sie stieß einen tiefen Seufzer aus. Es war ein Seufzer der Erleichterung. Der schreckliche Augenblick, der Augenblick, vor dem sie sich seit Wochen und Monaten Tag und Nacht gefürchtet hatte, war endlich gekommen, und doch verspürte sie nun keine Angst. In gewissem Maße empfand sie das sogar als Enttäuschung. Die rohe Direktheit der Frage verlangte eine direkte Antwort. Die Situation hatte sich nicht allmählich entwikkelt. Sie war unausgereift. Sie erinnerte sie an eine schlechte Probe.

»Nein«, antwortete sie, verwundert über die abstoßende Einfachheit des Lebens.

»Mein Vater war also ein Schuft?« rief der Junge und ballte die Fäuste.

Sie schüttelte den Kopf. »Ich wußte, daß er nicht frei war. Wir liebten einander sehr. Wäre er am Leben geblieben, hätte er für uns gesorgt. Sag nichts gegen ihn, mein Sohn. Er war dein Vater und ein Gentleman. Ja, er hatte sogar Verbindungen zu den höchsten Kreisen.«

Er stieß eine Verwünschung aus. »Es geht mir nicht um mich«, rief er, »aber laß Sibyl nicht ... Es ist doch ein Gentleman, nicht wahr, der in sie verliebt ist oder zumindest behauptet, es zu sein? Vermutlich auch mit Verbindungen zu den höchsten Kreisen.«

Einen Augenblick lang fühlte sich die Frau entsetzlich gedemütigt. Sie ließ den Kopf sinken. Mit zitternden Händen wischte sie sich über die Augen. »Sibyl hat eine Mutter«, murmelte sie, »ich hatte keine.«

Der Junge war gerührt. Er ging zu ihr, beugte sich zu ihr hinunter und küßte sie. »Es tut mir leid, wenn ich dir mit der Frage nach meinem Vater weh getan habe«, sagte er, »aber ich mußte es einfach wissen. Jetzt muß ich gehen. Leb wohl. Vergiß nicht, daß du nun nur noch ein Kind zu behüten hast, und glaub mir, wenn dieser Mann meiner Schwester ein Unrecht zufügt, werde ich herausfinden, wer er ist, und ihn aufspüren und wie einen Hund umbringen. Das schwöre ich.«

Die Überspanntheit der Drohung, die leidenschaftlichen Gesten, die sie begleiteten, die heftigen, melodramatischen Worte ließen ihr das Leben bunter erscheinen. Diese Atmosphäre war ihr vertraut. Sie atmete freier, und zum erstenmal seit vielen Monaten bewunderte sie ihren Sohn aufrichtig. Sie hätte die Szene gern auf der gleichen Gefühlsebene weitergespielt, doch er ließ sie nicht zu Wort kommen. Koffer waren hinunterzutragen, dicke Schals zu suchen. Der Hausknecht des Mietshauses eilte geschäftig ein und aus. Mit dem Kutscher mußte gefeilscht werden. Der Augenblick ging in alltäglichen

Kleinigkeiten unter. Mit einem erneuten Gefühl der Enttäuschung winkte sie mit ihrem zerschlissenen Taschentuch aus dem Fenster, als ihr Sohn davonfuhr. Ihr war bewußt, daß eine großartige Gelegenheit verpaßt worden war. Sie tröstete sich damit, daß sie Sibyl vorjammerte, wie einsam ihr Leben sein würde, nun, da sie nur noch ein Kind zu behüten hatte. Sie erinnerte sich an die Formulierung. Sie hatte ihr gefallen. Die Drohung erwähnte sie nicht. Sie war impulsiv und dramatisch ausgestoßen worden. Sicher würden sie eines Tages alle darüber lachen.

Kapitel 6

»Ich nehme an, du hast die Neuigkeit schon gehört, Basil«, sagte Lord Henry an jenem Abend, als Hallward in ein kleines Séparée im ›Bristol‹ geführt wurde, wo ein Tisch für drei Personen gedeckt war.

»Nein, Harry«, antwortete der Künstler, während er Hut und Mantel dem Kellner gab, der sie mit einer Verbeugung entgegennahm. »Worum handelt es sich? Doch hoffentlich nicht um Politik? Sie interessiert mich nicht. Im ganzen Unterhaus gibt es kaum einen, der es wert wäre, gemalt zu werden; allerdings würde manch einem ein wenig Tünche nicht schaden.«

»Dorian Gray hat sich verlobt«, sagte Lord Henry und beobachtete ihn dabei.

Hallward zuckte zusammen, dann runzelte er die Stirn. »Dorian verlobt!« rief er. »Unmöglich!«

»Es ist die reine Wahrheit.«

»Mit wem?«

»Mit irgendeiner kleinen Schauspielerin.«

»Ich kann es nicht glauben. Dorian ist viel zu vernünftig.«

»Dorian ist viel zu klug, um nicht hin und wieder eine Torheit zu begehen, mein lieber Basil.«

»Heiraten ist wohl kaum etwas, was man hin und wieder tun kann, Harry.«

»Außer in Amerika«, entgegnete Lord Henry in seinem schleppenden Tonfall. »Aber ich sagte nicht, er sei verheiratet. Ich sagte, er habe sich verlobt. Das ist ein großer Unterschied. Ich erinnere mich deutlich daran, daß ich geheiratet habe, aber ich habe nicht die leiseste Erinnerung an eine Verlobung. Ich neige fast zu der Annahme, daß ich gar nie verlobt war.«

»Aber bedenke doch Dorians Herkunft, seine gesellschaftliche Stellung, seinen Reichtum. Es wäre absurd, wenn er eine Frau heiratete, die so weit unter ihm steht.«

»Wenn du ihn dazu bringen willst, dieses Mädchen zu heiraten, brauchst du ihm nur das zu sagen, Basil. Dann wird er es ganz bestimmt tun. Wann immer ein Mann etwas ausgesprochen Törichtes tut, geschieht es stets aus den edelsten Motiven.«

»Hoffentlich ist das Mädchen anständig, Harry. Ich möchte Dorian nicht an irgendeine nichtswürdige Kreatur gefesselt sehen, die seinen Charakter verderben und seinen Verstand zugrunde richten könnte.«

»Oh, sie ist mehr als anständig – sie ist schön«, murmelte Lord Henry und nippte an seinem Glas Wermut mit Orangenlikör. »Dorian sagt, sie sei schön, und in solchen Dingen hat er selten unrecht. Dein Porträt von ihm hat seine Empfänglichkeit für das Äußere anderer Menschen geschärft. Diese großartige Wirkung hat es – unter anderem – gehabt. Wir sollen sie heute abend sehen, sofern der Junge seine Verabredung nicht vergißt.«

»Ist das dein Ernst?«

»Mein völliger Ernst, Basil. Mich schaudert vor dem Gedanken, ich könnte jemals ernster sein als in diesem Augenblick.«

»Aber billigst du es denn, Harry?« fragte der Maler. Er schritt im Raum auf und ab und biß sich auf die Lippen. »Du kannst es doch unmöglich billigen. Es ist eine törichte Verliebtheit.«

»Ich billige oder mißbillige schon lange nichts mehr. Es ist eine absurde Einstellung dem Leben gegenüber. Wir sind nicht auf der Welt, um unsere moralischen Vorurteile kundzutun. Ich achte nie auf das, was gewöhnliche Leute sagen, und mische mich nie in das ein, was charmante Menschen tun. Wenn mich eine Persönlichkeit fesselt, bereitet mir jede Form der Selbstverwirklichung, die diese Persönlichkeit für sich wählt, größtes Vergnügen. Dorian Gray verliebt sich in ein schönes Mädchen, das die Julia spielt, und macht ihr einen Heiratsantrag. Warum nicht? Heiratete er Messalina[1], wäre er nicht weniger interessant. Du weißt, ich bin kein Verfechter der Ehe. Die eigentliche Schattenseite der Ehe ist, daß sie einen selbstlos macht. Und selbstlose Menschen sind farblos. Es mangelt ihnen an Individualität. Doch es gibt auch gewisse Charaktere, die durch die Ehe vielschichtiger werden. Sie behalten ihren Egoismus und fügen ihm zahlreiche weitere Egos hinzu. Sie sind gezwungen, mehr als ein Leben zu führen. Sie haben alles fest im Griff, und alles fest im Griff zu haben ist, so meine ich, das Ziel des menschlichen Daseins. Darüber hinaus ist jede Erfahrung von Wert, und was immer man auch gegen die Ehe anführen mag, eine Erfahrung ist sie zweifellos. Ich hoffe, Dorian Gray wird dieses Mädchen zu seiner Frau machen, sie sechs Monate lang leidenschaftlich anbeten und sich dann plötzlich von einer anderen Frau angezogen fühlen. Er gäbe ein wundervolles Studienobjekt ab.«

»Du meinst kein einziges Wort von alledem ernst, Harry, und das weißt du auch. Würde Dorian Grays Leben zerstört, bedauerte dies niemand mehr als du. Du bist viel besser, als du zu sein vorgibst.«

Lord Henry lachte. »Der Grund, warum wir alle gern so gut von anderen denken, ist, daß wir alle um uns selbst besorgt sind. Die Grundlage des Optimismus ist nackte Angst. Wir halten uns für großmütig, weil wir unserem Nächsten die Tugenden zugestehen, die uns zum Nutzen gereichen könnten. Wir loben den Bankier, damit wir unser Konto überziehen dürfen, und entdekken gute Eigenschaften am Straßenräuber in der Hoffnung, er möge unsere Taschen verschonen. Ich meine jedes Wort, das ich gesagt habe. Ich empfinde größte Verachtung für den Optimismus. Und was ein zerstörtes Leben angeht, so wird ein Leben nur dann zerstört, wenn es in seiner Entfaltung behindert wird. Willst du einen Charakter verderben, brauchst du ihn lediglich umzuformen. Und was eine Heirat betrifft, so wäre sie natürlich eine Torheit, doch es gibt andere und interessantere Bindungen zwischen Männern und Frauen. Zu diesen werde ich selbstverständlich ermutigen. Sie haben den Reiz, in Mode zu sein. Aber hier ist Dorian selbst. Er wird dir mehr sagen, als ich es kann.«

»Mein lieber Harry, mein lieber Basil, ihr müßt mir beide gratulieren!« sagte der junge Mann, während er seinen eleganten, atlasgefütterten Abendumhang auf einen Stuhl warf und seinen Freunden nacheinander die Hand schüttelte. »Ich war noch nie so glücklich. Natürlich kommt es unerwartet – wie alle wirklich erfreulichen Dinge. Und doch ist mir, als wäre es das einzige, wonach ich mein ganzes Leben lang gesucht habe.« Seine Wangen waren vor Erregung und Freude gerötet, und er sah außergewöhnlich hübsch aus.

»Ich hoffe, du wirst immer sehr glücklich sein, Dorian«, sagte Hallward, »aber ich kann dir nicht ganz verzeihen, daß du mich von deiner Verlobung nicht in Kenntnis gesetzt hast. Harry hast du es mitgeteilt.«

»Und ich verzeihe dir nicht, daß du zu spät zum Essen kommst«, mischte sich Lord Henry ein, legte dem jungen Mann die Hand auf die Schulter und lächelte bei seinen Worten. »Komm, wir wollen uns setzen und sehen, was der neue Küchenchef kann, und dann wirst du uns erzählen, wie alles kam.«

»Da gibt es eigentlich nicht viel zu erzählen«, rief Dorian, als sie ihre Plätze an dem kleinen runden Tisch einnahmen. »Was passierte, war schlicht Folgendes. Nachdem ich dich gestern abend verlassen hatte, Harry, zog ich mich um, aß in dem kleinen italienischen Restaurant in der Rupert Street, in das du mich eingeführt hast, und ging dann um acht ins Theater. Sibyl spielte die Rosalinde. Natürlich war das Bühnenbild grauenhaft und der Orlando lächerlich. Aber Sibyl! Ihr hättet sie sehen sollen! Als sie in ihren Knabenkleidern auftrat, war sie einfach wundervoll. Sie trug ein moosgrünes Samtwams mit zimtfarbenen Ärmeln, eine enggeschnittene braune Kniehose mit kreuzweise geschnürten Kniebändern, ein reizendes kleines grünes Barett mit einer von einem funkelnden Stein festgehaltenen Falkenfeder und einen mattrot gefütterten Kapuzenumhang. Nie war sie mir hinreißender erschienen. Sie hatte die zarte Anmut jener Tanagrafigur[2], die in deinem Atelier steht, Basil. Ihr Haar umrahmte ihr Antlitz wie dunkle Blätter eine blasse Rose. Und ihr Spiel – nun, ihr werdet sie ja heute abend sehen. Sie ist einfach eine geborene Künstlerin. Völlig gebannt saß ich in der schmutzigen Loge. Ich vergaß, daß ich mich in London und im neunzehnten Jahrhundert befand. Ich war mit meiner Liebsten weit fort in einem Wald, den kein Mensch je erblickt hatte. Nach der Vorstellung ging ich hinter die Bühne und sprach mit ihr. Als wir so beisammensaßen, trat plötzlich ein Ausdruck in ihre Augen, den ich dort noch nie gesehen hatte. Meine Lippen näherten sich den ihren. Wir küßten uns. Ich kann euch nicht beschreiben, was ich in jenem Augenblick empfand. Mir war, als hätte sich mein ganzes Leben auf diesen einen vollendeten Höhepunkt rosenfarbener Wonne verengt. Sie bebte am ganzen Körper und zitterte wie eine weiße Narzisse. Dann warf sie sich vor mir auf die Knie und küßte meine Hände. Ich spüre, daß ich euch das alles eigentlich nicht erzählen sollte, aber ich muß es einfach. Natürlich ist unsere Verlobung ein strenges Geheimnis. Nicht einmal ihrer eigenen Mutter hat sie etwas davon erzählt. Ich weiß nicht, was meine Vormünder dazu sagen werden. Lord Radley wird sicher toben. Das macht mir nichts. In einem knappen Jahr werde ich volljährig sein, und dann kann ich tun, was ich will. Ich tat doch recht daran, Basil, meine Liebste in der Poesie zu suchen und mir meine Frau aus Shakespeares Stücken zu holen? Lippen, die Shakespeare das Sprechen lehrte, haben mir ihr Geheimnis ins Ohr geflüstert. Rosalindens Arme umschlangen mich, und Julia küßte ich auf den Mund.«

»Ja, Dorian, vermutlich tatest du recht daran«, sagte Hallward langsam.

»Hast du sie heute schon gesehen?« fragte Lord Henry.

Dorian Gray schüttelte den Kopf. »Ich verließ sie im Ardenner Wald, und ich werde sie in einem Obstgarten zu Verona wiedersehen.«

Lord Henry nippte nachdenklich an seinem Champagner. »An welchem Punkt genau hast du das Wort Heirat erwähnt, Dorian? Und was hat sie darauf erwidert? Vielleicht hast du es ja vergessen.«

»Mein lieber Harry, ich habe es nicht wie eine geschäftliche Transaktion gehandhabt und ihr keinen förmlichen Antrag gemacht. Ich sagte ihr, daß ich sie liebe, und sie erwiderte, sie sei nicht würdig, meine Frau zu werden. Nicht würdig! Die ganze Welt bedeutet mir nichts im Vergleich mit ihr.«

»Frauen sind erstaunlich praktisch veranlagt«, murmelte Lord Henry, »– viel praktischer als wir. In derartigen Situationen vergessen wir oft, etwas übers Heiraten zu sagen, und sie erinnern uns stets daran.«

Hallward legte ihm die Hand auf den Arm. »Nicht,

Harry. Du kränkst Dorian. Er ist nicht wie andere Männer. Er würde nie jemanden ins Unglück stürzen. Dazu ist er von Natur aus viel zu edel.«

Lord Henry blickte über den Tisch. »Dorian ist nie böse auf mich«, entgegnete er. »Ich habe die Frage aus dem bestmöglichen Grund gestellt, ja, aus dem einzigen Grund, der es entschuldigt, daß man überhaupt irgendeine Frage stellt – aus schlichter Neugier. Ich vertrete die Theorie, daß es stets die Frauen sind, die uns einen Antrag machen, und nicht wir, die den Frauen einen Antrag machen. Den Mittelstand natürlich ausgenommen. Aber der Mittelstand ist schließlich nicht gerade modern.«

Dorian Gray lachte und warf den Kopf zurück. »Du bist wirklich unverbesserlich, Harry; aber es macht mir nichts aus. Man kann dir einfach nicht böse sein. Wenn du Sibyl Vane siehst, wirst du spüren, daß der Mann, der ihr ein Unrecht zufügen könnte, eine Bestie wäre, eine herzlose Bestie. Ich kann nicht verstehen, wie jemand den Wunsch haben kann, Schande über das Wesen zu bringen, das er liebt. Ich liebe Sibyl Vane. Ich möchte sie auf ein goldenes Podest stellen und die Welt die Frau anbeten sehen, die mein ist. Was ist die Ehe? Ein unwiderruflicher Treueschwur. Deswegen spottest du über sie. Ach, spotte nicht! Sie ist ein unwiderruflicher Treueschwur, den ich ablegen möchte. Sibyls Vertrauen macht mich beständig, ihr Glaube macht mich gut. Wenn ich bei ihr bin, bereue ich all das, was du mich gelehrt hast. Ich werde ganz anders, als du mich kennst. Ich bin verändert, und die bloße Berührung von Sibyl Vanes Hand läßt mich dich und all deine falschen, packenden, verderblichen, köstlichen Theorien vergessen.«

»Die da sind …?« fragte Lord Henry, während er sich Salat nahm.

»Oh, deine Theorien über das Leben, deine Theorien über die Liebe, deine Theorien über den Genuß. Genaugenommen alle deine Theorien, Harry.«

»Genuß ist das einzige, worüber eine Theorie zu haben sich lohnt«, erwiderte er in seinem schleppenden, melodiösen Tonfall. »Aber ich fürchte, ich kann meine Theorie nicht als mein Eigentum beanspruchen. Sie gehört der Natur, nicht mir. Genuß ist der Prüfstein der Natur, ihr Zeichen der Zustimmung. Wenn wir glücklich sind, sind wir immer gut, aber wenn wir gut sind, sind wir nicht immer glücklich.«

»Ah! Aber was verstehst du unter gut?« rief Basil Hallward.

»Ja«, fragte auch Dorian, lehnte sich auf seinem Stuhl zurück und sah Lord Henry über den großen Strauß purpurlippiger Schwertlilien in der Mitte des Tisches an, »was verstehst du unter gut, Harry?«

»Gut sein heißt mit sich selbst in Einklang sein«, antwortete er und berührte dabei den dünnen Stiel seines Glases mit seinen bleichen, schlanken Fingern. »Mißklang entsteht, wenn man gezwungen ist, mit anderen zu harmonieren. Das eigene Leben – das ist das einzig Wichtige. Was das Leben unserer Mitmenschen betrifft, so kann man, will man sich als ehrsamer Philister oder Puritaner aufspielen, seine moralischen Ansichten darüber großartig verkünden, aber es geht einen nichts an. Zudem hat der Individualismus wirklich das höhere Ziel. Die moderne Moral besteht darin, daß man die Maßstäbe seiner Zeit akzeptiert. Meiner Meinung nach ist es indes für jeden kultivierten Menschen eine Form gröbster Unmoral, die Maßstäbe seiner Zeit zu akzeptieren.«

»Aber wenn man nur für sich selbst lebt, Harry, bezahlt man doch sicher einen schrecklich hohen Preis?« gab der Maler zu bedenken.

»Ja, heutzutage wird uns für alles zuviel abverlangt. Die wahre Tragödie der Armen liegt vermutlich darin, daß sie sich etwas anderes als Selbstverleugnung gar nicht leisten können. Schöne Sünden, wie schöne Dinge überhaupt, sind das Privileg der Reichen.«

»Man bezahlt nicht nur mit Geld.«

»Womit denn sonst, Basil?«

»Oh, ich könnte mir vorstellen mit Reue, mit Leid, mit ... nun, mit dem Bewußtsein der Erniedrigung.«

Lord Henry zuckte mit den Schultern. »Mein lieber Freund, mittelalterliche Kunst ist bezaubernd, aber mittelalterliche Gefühle sind außer Mode. In Romanen lassen sie sich natürlich verwenden. Aber andererseits kann man in Romanen nur solche Dinge gebrauchen, die im wirklichen Leben längst keine Verwendung mehr finden. Glaub mir, kein kultivierter Mensch bereut jemals einen Genuß, und kein unkultivierter Mensch wird jemals wissen, was Genuß ist.«

»Ich weiß, was Genuß ist«, rief Dorian Gray. »Jemanden anzubeten.«

»Das ist mit Sicherheit besser, als angebetet zu werden«, antwortete er und spielte dabei mit ein paar Früchten. »Angebetet zu werden, ist lästig. Die Frauen behandeln uns so, wie die Menschheit ihre Götter behandelt. Sie verehren uns und bedrängen uns in einem fort, etwas für sie zu tun.«

»Ich würde eher sagen, alles, worum sie uns bitten, haben sie uns vorher geschenkt«, erklärte der junge Mann ernst. »Sie wecken die Liebe in uns. Sie haben ein Recht, sie zurückzuverlangen.«

»Das ist völlig richtig, Dorian«, rief Hallward.

»Nichts ist jemals völlig richtig«, sagte Lord Henry.

»Das schon«, unterbrach Dorian. »Du mußt zugeben,

Harry, daß die Frauen den Männern das schenken, was den eigentlichen Reichtum ihres Lebens ausmacht.«

»Möglich«, seufzte er, »aber sie verlangen ihn ausnahmslos in sehr kleiner Münze zurück. Das ist das Problem. Frauen, wie irgendein geistreicher Franzose es einmal ausdrückte, wecken in uns das Verlangen, Meisterwerke zu schaffen, und hindern uns stets daran, sie auszuführen.«

»Harry, du bist schrecklich! Ich weiß nicht, warum ich dich so sehr mag.«

»Du wirst mich immer mögen, Dorian«, antwortete er. »Wollt ihr Kaffee, ihr beiden? – Ober, bringen Sie Kaffee und französischen Cognac und Zigaretten. Nein, keine Zigaretten; ich habe welche. Basil, ich kann dir nicht erlauben, Zigarren zu rauchen. Du mußt eine Zigarette nehmen. Eine Zigarette ist der vollendete Ausdruck eines vollendeten Genusses. Sie ist köstlich, und sie läßt einen unbefriedigt. Was kann man mehr verlangen? Ja, Dorian, du wirst mich immer gern haben. Ich verkörpere für dich all die Sünden, die zu begehen du nie den Mut hattest.«

»Was für einen Unsinn du redest, Harry!« rief der junge Mann. Er zündete sich an einem feuerspeienden silbernen Drachen, den der Kellner auf den Tisch gestellt hatte, eine Zigarette an. »Laßt uns ins Theater gehen. Wenn Sibyl die Bühne betritt, werdet ihr ein neues Lebensideal haben. Sie wird für euch etwas verkörpern, das ihr bisher nicht kennengelernt habt.«

»Ich kenne alles«, sagte Lord Henry mit einem gelangweilten Ausdruck in den Augen, »aber ich bin immer bereit, mich einer neuen Gefühlsregung hinzugeben. Ich fürchte allerdings, daß es, zumindest für mich, so etwas nicht gibt. Dennoch, dein wundervolles Mädchen vermag mich vielleicht zu rühren. Ich liebe die Schauspielerei. Sie ist so viel wirklicher als das Leben. Laßt uns gehen. Dorian, du fährst mit mir. Es tut mir außerordentlich leid, Basil, aber im Brougham[3] ist nur Platz für zwei. Du mußt uns in einer Mietdroschke folgen.«

Sie erhoben sich und zogen ihre Mäntel an. Den Kaffee tranken sie im Stehen. Der Maler war schweigsam und in Gedanken versunken. Er war in gedrückter Stimmung. Diese Heirat war ihm unerträglich, und doch schien sie ihm besser als manch anderes, das hätte passieren können. Einige Minuten später gingen sie gemeinsam die Treppe hinunter. Er fuhr allein, wie ausgemacht, und beobachtete die aufblitzenden Lichter des kleinen Brougham vor ihm. Ein eigenartiges Gefühl des Verlusts erfaßte ihn. Er spürte, daß Dorian Gray für ihn nie mehr ganz das sein würde, was er in der Vergangenheit gewesen war. Das Leben war zwischen sie getreten ... Sein Blick trübte sich, und die belebten, hellerleuchteten Straßen verschwammen vor seinen Augen. Als der Wagen vor dem Theater hielt, war ihm, als sei er um Jahre gealtert.

Kapitel 7

Aus irgendeinem Grund war das Theater an jenem Abend gut besucht, und der fette jüdische Direktor, der sie an der Tür begrüßte, strahlte in einem schmierigen, zuckenden Lächeln übers ganze Gesicht. Er begleitete sie mit einer Art wichtigtuerischer Unterwürfigkeit zu ihrer Loge, gestikulierte mit seinen fetten, juwelengeschmückten Händen und redete mit lauter Stimme auf sie ein. Dorian verabscheute ihn mehr denn je. Ihm war, als sei er gekommen, Miranda zu suchen, und auf Caliban[1] gestoßen. Lord Henry dagegen gefiel er gar nicht schlecht. Wenigstens behauptete er das und bestand darauf, ihm die Hand zu schütteln und ihm zu versichern, er sei stolz, die Bekanntschaft eines Mannes zu machen, der ein wirkliches Genie entdeckt und sich einem Dichter zuliebe finanziell zugrunde gerichtet habe. Hallward vertrieb sich die Zeit damit, die Gesichter im Parkett zu mustern. Die Hitze war entsetzlich drückend, und die riesige Deckenlampe flammte wie eine übergroße Dahlie mit Blütenblättern aus gelbem Feuer. Die jungen Männer auf der Galerie hatten ihre Überröcke und Westen abgelegt und sie über die Brüstung gehängt. Sie unterhielten sich über das ganze Theater hinweg miteinander und teilten ihre Apfelsinen mit den geschmacklos herausgeputzten Mädchen, die neben ihnen saßen. Im Parkett lachten ein paar Frauen. Ihre Stimmen waren schrecklich schrill und mißtönend. Vom Schanktisch her hörte man das Geräusch knallender Korken.

»Welch ein Ort, seine Göttin zu finden!« sagte Lord Henry.

»Ja!« antwortete Dorian Gray. »Hier habe ich sie gefunden, und sie ist göttlicher als alle Lebewesen. Wenn sie spielt, werdet ihr alles vergessen. Diese gewöhnlichen, ungehobelten Leute mit ihren derben Gesichtern und rohen Gesten verändern sich, wenn sie auf der Bühne steht. Sie sitzen still da und sehen ihr zu. Sie weinen und lachen, ganz wie sie es will. Sie reagieren auf sie wie eine Geige auf die Berührung des Bogens. Sie vergeistigt sie, und man fühlt, daß sie aus dem gleichen Fleisch und Blut sind wie man selbst.«

»Aus dem gleichen Fleisch und Blut wie man selbst! Na, das will ich nicht hoffen!« rief Lord Henry, der die Besucher auf der Galerie durch sein Opernglas eingehend musterte.

»Beachte ihn gar nicht, Dorian«, sagte der Maler. »Ich verstehe, was du meinst, und ich glaube an dieses Mädchen. Jeder Mensch, den du liebst, muß ein wundervoller Mensch sein, und jedes Mädchen, von dem die von dir geschilderte Wirkung ausgeht, muß schön und edel sein. Seine Zeitgenossen zu vergeistigen – das ist etwas, was die Mühe lohnt. Wenn dieses Mädchen denen eine Seele zu geben vermag, die bisher ohne eine lebten, wenn sie einen Sinn für Schönheit in Menschen zu wecken vermag, deren Leben gemein und häßlich ist, wenn es ihr gelingt, daß sie ihre Eigensucht abstreifen und Tränen vergießen über einen Kummer, der nicht ihr eigener ist, verdient sie deine uneingeschränkte Bewunderung, ja die Bewunderung der ganzen Welt. Diese Heirat ist völlig richtig. Anfangs dachte ich nicht so, aber jetzt sehe ich es ein. Die Götter haben Sibyl Vane für dich erschaffen. Ohne sie wärest du unvollkommen gewesen.«

»Danke, Basil«, antwortete Dorian Gray und drückte ihm die Hand. »Ich wußte, du würdest mich verstehen. Harry ist so zynisch, er macht mir Angst. Aber hier kommt das Orchester. Es spielt wirklich grauenhaft, aber es dauert nur etwa fünf Minuten. Dann hebt sich der Vorhang, und du wirst das Mädchen sehen, dem ich mein ganzes Leben schenken werde, dem ich schon alles gegeben habe, was an Gutem in mir ist.«

Eine Viertelstunde später betrat Sibyl Vane, begleitet von einem außerordentlichen Beifallssturm, die Bühne. Ja, sie bot fraglos einen reizenden Anblick – Lord Henry hielt sie für eines der reizendsten Geschöpfe, das er je gesehen hatte. In ihrer scheuen Anmut und ihrem erschrockenen Blick lag etwas, das an ein Rehkitz erinnerte. Eine zarte Röte, gleich dem Schatten einer Rose in einem Silberspiegel, stieg in ihre Wangen, als ihr Blick über die begeisterten Menschen im vollbesetzten Zuschauerraum glitt. Sie trat ein paar Schritte zurück, und ihre Lippen schienen zu zittern. Basil Hallward sprang auf und begann zu klatschen. Reglos und wie ein Träumender saß Dorian Gray da und starrte sie an. Lord Henry schaute durch sein Opernglas und murmelte: »Bezaubernd! Bezaubernd!«

Das Bühnenbild stellte einen Saal in Capulets Haus dar, und Romeo in seinem Pilgergewand war mit Mercutio und seinen anderen Freunden eingetreten.[2] Die sogenannte Kapelle spielte ein paar Takte, und der Tanz begann. Durch den Haufen unbeholfener, ärmlich gekleideter Schauspieler bewegte sich Sibyl Vane wie ein Wesen aus einer höheren Welt. Ihr Körper wiegte sich beim Tanzen hin und her, wie eine Pflanze im Wasser hin und her wiegt. Die geschwungenen Linien ihres Halses waren die geschwungenen Linien einer weißen Lilie. Ihre Hände schienen aus kühlem Elfenbein geschnitzt.

Doch sie wirkte sonderbar teilnahmslos. Sie ließ keinerlei Glück erkennen, als ihr Blick auf Romeo ruhte. Die wenigen Worte, die sie zu sprechen hatte:

»Nein, Pilger, lege nichts der Hand zuschulden
Für ihren sittsam-andachtvollen Gruß.
Der Heil'gen Rechte darf Berührung dulden,
Und Hand in Hand ist frommer Waller Kuß.«[3]

und der nachfolgende kurze Dialog wurden in ausgesprochen gekünstelter Manier vorgetragen. Die Stimme war wunderbar, doch im Ton völlig verfehlt. Die Färbung stimmte nicht. Sie nahm den Versen alles Leben. Sie machte die Leidenschaft unglaubwürdig.

Dorian Gray wurde blaß, während er ihr zusah. Er war verwirrt und beunruhigt. Keiner seiner Freunde wagte, etwas zu sagen. Sie hielten sie für vollkommen unfähig. Sie waren schrecklich enttäuscht.

Dennoch betrachteten sie als den eigentlichen Prüfstein jeder Julia die Balkonszene im zweiten Akt. Diese wollten sie abwarten. Versagte sie dort, so mangelte es ihr an jeglichem Talent.

Sie sah bezaubernd aus, als sie im Mondlicht auf die Bühne kam. Das war nicht zu leugnen. Aber die Theatralik ihres Spiels war unerträglich und wurde zunehmend schlimmer. Ihre Gebärden wirkten lächerlich gekünstelt. Sie überbetonte alles, was sie zu sagen hatte. Die schöne Stelle:

»Du weißt, die Nacht verschleiert mein Gesicht,
Sonst färbte Mädchenröte meine Wangen
Um das, was du vorhin mich sagen hörtest.«[4]

wurde mit der unverdrossenen Genauigkeit eines Schulmädchens deklamiert, dem irgendein zweitklassiger Lehrer der Redekunst das Rezitieren beigebracht hatte. Als sie sich über den Balkon beugte und zu den wundervollen Versen kam:

»Obwohl ich dein mich freue,
Freu' ich mich nicht des Bundes dieser Nacht.
Er ist zu rasch, zu unbedacht, zu plötzlich;
Gleicht allzusehr dem Blitz, der nicht mehr ist,
Noch eh' man sagen kann: es blitzt. – Schlaf süß!
Des Sommers warmer Hauch kann diese Knospe
Der Liebe wohl zur schönen Blum' entfalten,
Bis wir das nächste Mal uns wiedersehn.«[5]

sprach sie die Worte, als hätten sie keine Bedeutung für sie. Es war nicht Nervosität. Im Gegenteil, weit davon entfernt, nervös zu sein, wirkte sie vielmehr völlig beherrscht. Sie spielte einfach schlecht. Sie versagte vollkommen.

Selbst das gewöhnliche, ungebildete Publikum im Parkett und auf der Galerie verlor das Interesse an dem Stück. Die Leute wurden unruhig und begannen sich laut zu unterhalten und zu pfeifen. Der jüdische Direktor, der hinten im ersten Rang stand, stampfte und fluchte vor Wut. Der einzige Mensch, der ruhig blieb, war das Mädchen selbst.

Nach dem Ende des zweiten Aktes brach ein Sturm von Pfeifen und Zischen los, und Lord Henry erhob sich von seinem Platz und zog seinen Mantel an. »Sie ist wirklich schön, Dorian«, sagte er, »aber sie kann nicht spielen. Laß uns gehen.«

»Ich sehe mir das Stück bis zum Schluß an«, antwortete der junge Mann mit harter, verbitterter Stimme. »Es tut mir schrecklich leid, daß du meinetwegen einen Abend vergeudet hast, Harry. Ich möchte mich bei euch beiden entschuldigen.«

»Mein lieber Dorian, Miss Vane ist wahrscheinlich krank«, wandte Hallward ein. »Wir werden an einem anderen Abend wiederkommen.«

»Ich wünschte, sie wäre krank«, erwiderte er. »Aber sie wirkt auf mich schlicht abgestumpft und teilnahmslos. Sie ist völlig verändert. Gestern abend war sie eine großartige Künstlerin. Heute ist sie lediglich eine mittelmäßige, unbedeutende Schauspielerin.«

»Sprich nicht so über jemanden, den du liebst, Dorian. Die Liebe ist herrlicher als die Kunst.«

»Beide sind nur Formen der Nachahmung«, bemerkte Lord Henry. »Aber laßt uns gehen. Dorian, du darfst nicht länger hier bleiben. Es ist nicht gut für die Moral, schlechten Schauspielern zuzusehen. Außerdem wirst du vermutlich ohnehin nicht wollen, daß deine Frau auf der Bühne steht. Was macht es also schon, wenn sie die Julia wie eine Holzpuppe spielt? Sie ist ungemein bezaubernd, und wenn sie vom Leben so wenig Ahnung hat wie von der Schauspielerei, wird sie eine köstliche Erfahrung sein. Es gibt nur zwei Arten von Menschen, die wirklich faszinierend sind – Menschen, die absolut alles wissen, und Menschen, die absolut nichts wissen. Um Himmels willen, mein lieber Junge, mach doch nicht ein so betrübtes Gesicht! Das Geheimnis, jung zu bleiben, besteht darin, niemals ein Gefühl zuzulassen, das einem abträglich ist. Komm doch mit Basil und mir in den Klub. Wir werden Zigaretten rauchen und auf die Schönheit von Sibyl Vane trinken. Sie ist schön. Was willst du mehr?«

»Geh, Harry«, rief der junge Mann. »Ich möchte allein sein. Basil, ihr müßt gehen. Ach, könnt ihr denn nicht sehen, daß mir das Herz bricht?« Heiße Tränen traten ihm in die Augen. Seine Lippen zitterten. Er stürzte in den hinteren Teil der Loge, lehnte sich an die Wand und verbarg das Gesicht in den Händen.

»Laß uns gehen, Basil«, sagte Lord Henry mit ungewöhnlicher Zärtlichkeit in der Stimme; und die beiden jungen Männer gingen zusammen hinaus.

Wenige Augenblicke später flammte das Rampenlicht auf, und der Vorhang hob sich zum dritten Akt. Dorian Gray begab sich wieder auf seinen Platz. Er wirkte bleich und stolz und gleichgültig. Das Stück schleppte sich hin und schien endlos. Die Hälfte des Publikums ging, in schweren Stiefeln aufstampfend und lachend, hinaus. Das Ganze war ein Fiasko. Der letzte Akt wurde vor nahezu leerem Haus gespielt. Begleitet von Gekicher und gelegentlichen Unmutsäußerungen fiel der Vorhang.

Sowie das Stück zu Ende war, stürzte Dorian Gray hinter die Bühne ins Künstlerzimmer. Dort stand das Mädchen, allein und mit triumphierender Miene. Ihre Augen erstrahlten in köstlichem Glanz. Ein Leuchten umgab sie. Ihre geöffneten Lippen lächelten über ein Geheimnis, das nur sie kannten.

Als er eintrat, blickte sie ihn an, und grenzenloses Glück spiegelte sich in ihren Zügen. »Wie schlecht ich heute abend gespielt habe, Dorian!« rief sie.

»Grauenvoll!« antwortete er und starrte sie erstaunt an, »grauenvoll! Es war furchtbar. Bist du krank? Du kannst dir nicht vorstellen, wie es war. Du kannst dir nicht vorstellen, wie ich gelitten habe.«

Das Mädchen lächelte. »Dorian«, antwortete sie, wobei sie seinen Namen melodisch in die Länge zog, als sei er für die roten Blütenblätter ihres Mundes süßer denn Honig, »Dorian, du hättest es verstehen müssen. Aber jetzt verstehst du es doch, nicht wahr?«

»Was soll ich verstehen?« fragte er ärgerlich.

»Warum ich heute abend so schlecht war. Warum ich in Zukunft immer schlecht sein werde. Warum ich nie mehr gut spielen werde.«

Er zuckte mit den Schultern. »Du bist wahrscheinlich krank. Wenn du krank bist, solltest du nicht spielen. Du machst dich lächerlich. Meine Freunde waren verärgert. Ich war verärgert.«

Sie schien ihm nicht zuzuhören. Freude verklärte ihre Züge. Ein rauschhaftes Glücksgefühl hatte sich ihrer bemächtigt.

»Dorian, Dorian«, rief sie, »bevor ich dich kannte, war die Schauspielerei die einzige Wirklichkeit in meinem Leben. Nur im Theater lebte ich. Ich hielt alles für wahr. An einem Abend war ich Rosalinde, am nächsten Portia. Beatrices Freude war meine Freude, und Cordelias[6] Kummer war auch meiner. Ich glaubte alles. Die gewöhnlichen Menschen, die mit mir zusammen auf der Bühne standen, kamen mir wie Götter vor. Die gemalten Kulissen waren meine Welt. Ich kannte nichts als Schatten und hielt sie für etwas Wirkliches. Dann kamst du – o mein schöner Liebster! – und befreitest meine Seele aus ihrem Gefängnis. Du lehrtest mich, was die Wirklichkeit wirklich ist. Heute abend durchschaute ich zum erstenmal in meinem Leben die Hohlheit, die Heuchelei, die Albernheit des eitlen Mummenschanzes, in dem ich immer mitgespielt habe. Heute abend wurde mir zum erstenmal bewußt, daß der Romeo häßlich, alt und geschminkt, der Mondschein im Garten unecht, das Bühnenbild geschmacklos war und daß die Worte, die ich zu sprechen hatte, unwirklich waren, daß es nicht meine Worte waren, daß es nicht das war, was ich sagen wollte. Du hattest mir etwas Höheres gebracht, etwas, von dem jegliche Kunst nur ein Widerschein ist. Du hast mich verstehen gelehrt, was Liebe wirklich ist. Mein Liebster! Mein Liebster! Mein Märchenprinz! Prinz des Lebens! Ich bin der Schatten überdrüssig. Du bedeutest mir mehr, als alle Kunst mir jemals bedeuten kann. Was habe ich mit den Marionetten eines Theaterstücks zu schaffen? Als ich heute abend die Bühne betrat, konnte ich nicht verstehen, wie es kam, daß alles von mir abgefallen war. Ich dachte, ich würde wundervoll sein. Dann stellte ich fest, daß ich nichts mehr konnte. Plötzlich begann meine Seele zu begreifen, was das alles bedeutete. Die Erkenntnis war etwas Köstliches für mich. Ich hörte die Leute zischen, und ich lächelte. Was konnten sie von einer Liebe wie der unseren wissen? Bring mich fort von hier, Dorian – nimm mich mit an einen Ort, wo wir ganz allein sein können. Ich hasse das Theater. Eine Leidenschaft, die ich nicht empfinde, kann ich wohl darstellen, aber keine, die mich innerlich wie Feuer verzehrt. O Dorian, Dorian, verstehst du nun, was es bedeutet? Selbst wenn ich es könnte, käme es einer Entweihung gleich, spielte ich eine Verliebte. Das hast du mich erkennen lassen.«

Er warf sich auf das Sofa und wandte sein Gesicht ab. »Du hast meine Liebe getötet«, murmelte er.

Sie sah ihn verwundert an und lachte. Er erwiderte nichts. Sie kam zu ihm herüber und strich ihm mit ihren zarten Fingern übers Haar. Sie kniete nieder und drückte seine Hände an ihre Lippen. Er entzog sie ihr, und ein Schauder durchlief seinen Körper.

Dann sprang er auf und ging zur Tür. »Ja«, rief er, »du hast meine Liebe getötet. Früher hast du meine Phantasie beflügelt. Jetzt weckst du nicht einmal mehr meine Neugier. Du übst einfach keinerlei Wirkung auf mich aus. Ich liebte dich, weil du wundervoll warst, weil du Genie und Verstand besaßest, weil du die Träume großer Dichter Wirklichkeit werden ließest und den Schatten der Kunst Gestalt und Leben verliehst. All das hast du weggeworfen. Du bist oberflächlich und dumm. Mein Gott! Wie verrückt war ich doch, dich zu lieben! Was für ein Narr war ich! Du bedeutest mir nichts mehr. Ich will dich nie wiedersehen. Ich will nie mehr an dich denken.

Ich will deinen Namen nie mehr erwähnen. Du weißt nicht, was du einmal für mich warst. Warum ... Oh, ich ertrage den Gedanken daran nicht! Ich wünschte, ich hätte dich nie zu Gesicht bekommen! Du hast die Romanze meines Lebens zerstört. Wie wenig weißt du doch von der Liebe, wenn du behauptest, sie zerstöre deine Kunst! Ohne deine Kunst bist du nichts! Ich hätte dich zu einer berühmten, großartigen, bewunderten Künstlerin gemacht. Die Welt hätte dich angebetet, und du hättest meinen Namen getragen. Was bist du jetzt? Eine drittklassige Schauspielerin mit einem hübschen Gesicht.«

Das Mädchen wurde bleich und zitterte. Sie preßte die Hände fest zusammen, und die Worte schienen ihr im Hals steckenzubleiben. »Das meinst du doch nicht ernst, Dorian?« stieß sie leise hervor. »Du spielst Theater.«

»Theater spielen! Das überlasse ich dir. Du kannst es ja so gut«, antwortete er bitter.

Sie erhob sich von den Knien. Mit mitleiderregend kummervoller Miene kam sie durch das Zimmer zu ihm. Sie legte ihm die Hand auf den Arm und sah ihm in die Augen. Er stieß sie zurück. »Rühr mich nicht an!« schrie er.

Ein leises Stöhnen entfuhr ihren Lippen, und sie warf sich ihm zu Füßen und blieb dort wie eine zertretene Blume liegen. »Dorian, Dorian, verlaß mich nicht!« flüsterte sie. »Es tut mir so leid, daß ich nicht gut gespielt habe. Ich habe die ganze Zeit an dich gedacht. Aber ich werde mir Mühe geben – ja wirklich, ich werde mir Mühe geben. Sie traf mich so unerwartet – meine Liebe zu dir. Sie wäre mir wohl gar nicht bewußt geworden, hättest du mich nicht geküßt – hätten wir einander nicht geküßt. Küß mich noch einmal, mein Liebster. Geh nicht fort von mir. Ich könnte es nicht ertragen. Oh, geh nicht fort von mir! Mein Bruder ... Nein, es ist nichts. Er hat es nicht so gemeint. Er sagte es im Scherz ... Aber du, ach, kannst du mir wegen heute abend verzeihen? Ich werde hart an mir arbeiten und mich bemühen, besser zu spielen. Sei nicht grausam zu mir, denn ich liebe dich mehr als alles auf der Welt. Schließlich war es ja nur dieses eine Mal, daß ich dir nicht gefallen habe. Doch du hast völlig recht, Dorian. Ich hätte mich mehr als Künstlerin erweisen sollen. Es war töricht von mir, und doch konnte ich nicht anders. Oh, verlaß mich nicht, verlaß mich nicht!« Ein leidenschaftliches Schluchzen erstickte ihre Stimme. Sie kauerte am Boden wie ein verwundetes Tier, und Dorian Gray blickte mit seinen schönen Augen auf sie hinab, und seine feingeschnittenen Lippen kräuselten sich in stolzer Verachtung. Gemütsbewegungen von Menschen, die wir aufgehört haben zu lieben, haben immer etwas Lächerliches. Sibyl Vane benahm sich seiner Meinung nach unsinnig melodramatisch. Ihre Tränen und ihr Schluchzen waren ihm lästig.

»Ich gehe«, sagte er schließlich mit seiner ruhigen, klaren Stimme. »Ich möchte nicht unfreundlich sein, aber ich kann dich nicht wiedersehen. Du hast mich enttäuscht.«

Sie weinte still vor sich hin und erwiderte nichts, kroch jedoch näher. Ihre kleinen Hände streckten sich blindlings aus und schienen ihn zu suchen. Er drehte sich auf dem Absatz um und verließ den Raum. Einige Augenblicke später trat er aus dem Theater.

Wohin er ging, wußte er kaum. Er erinnerte sich, daß er durch schwachbeleuchtete Straßen geirrt war, an finsteren Torbogen voller unheimlicher Schatten und an übel aussehenden Häusern vorbei. Frauen mit heiseren Stimmen und hartem Lachen hatten hinter ihm hergerufen. Vor sich hin fluchende und Selbstgespräche führende

Trunkenbolde waren wie Riesenaffen vorbeigewankt. Er hatte seltsam entstellte Kinder gesehen, die sich auf Türstufen zusammenkauerten, und Schreie und Flüche aus düsteren Hinterhöfen gehört.

Als die Dämmerung anbrach, stellte er fest, daß er sich in der Nähe von Covent Garden befand. Die Dunkelheit hob sich, und, von schwacher Glut gerötet, wölbte sich der Himmel zu einer makellosen Perle. Riesige Karren, voll beladen mit nickenden Lilien, rumpelten langsam die glänzende, leere Straße hinunter. Die Luft war schwer vom Duft der Blumen, und ihre Schönheit schien ihm Linderung in seinem Schmerz zu verschaffen. Er folgte ihnen bis zum Markt und beobachtete, wie die Männer ihre Wagen entluden. Ein Fuhrmann in einem weißen Kittel bot ihm ein paar Kirschen an. Er dankte ihm und fragte sich, warum er wohl jede Bezahlung ablehnte; dann begann er sie lustlos zu essen. Sie waren um Mitternacht gepflückt worden, und die Mondeskälte war in sie eingedrungen. Eine lange Reihe von Jungen, die Kisten mit gestreiften Tulpen und gelben und roten Rosen trugen, zog an ihm vorbei und schlängelte sich geschickt zwischen den riesigen jadegrünen Gemüsebergen hindurch. Unter dem Säulengang mit seinen sonnengebleichten grauen Säulen lungerte ein Haufen zerlumpter, barhäuptiger Mädchen herum, die auf das Ende der Versteigerung warteten. Andere drängten sich vor den Schwingtüren des Kaffeehauses auf der Piazza. Die schweren Zugpferde rutschten und stampften auf den groben Pflastersteinen und schüttelten dabei Glocken und Geschirr. Einige der Fuhrleute lagen schlafend auf einem Stapel Säcke. Mit regenbogenfarbenen Hälsen und rosa Füßen liefen die Tauben hin und her und pickten Samen auf.

Nach einer Weile winkte er eine Droschke heran und fuhr nach Hause. An der Tür zögerte er ein paar Sekunden und ließ den Blick über den stillen Platz mit seinen blinden, hinter geschlossenen Läden verborgenen Fenstern und unverwandt starrenden Rouleaus schweifen. Der Himmel war inzwischen reiner Opal, und die Hausdächer hoben sich silbern glänzend davon ab. Aus einem Kamin auf der anderen Seite stieg eine dünne Rauchsäule empor. Sie kräuselte sich und zog als violettes Band durch die perlmuttfarbene Luft.

In der riesigen vergoldeten venezianischen Laterne, einem Beutestück aus der Gondel irgendeines Dogen, die von der Decke der großen eichengetäfelten Eingangshalle herabhing, brannten noch immer drei flackernde Gaslichter: Wie zarte blaue Blütenblätter sahen die Flammen aus, von weißem Feuerschein eingesäumt. Er drehte sie aus und ging, nachdem er Hut und Umhang auf den Tisch geworfen hatte, durch die Bibliothek zur Tür seines Schlafzimmers, eines großen, achteckigen Raumes im Erdgeschoß, den er, seinem neugeborenen Sinn für Luxus Rechnung tragend, erst kürzlich hatte verschönern und mit kunstvollen Renaissance-Wandteppichen ausstatten lassen, die in einer unbenutzten Dachkammer von Selby Royal entdeckt worden waren. Während er den Türknauf drehte, fiel sein Blick auf das Porträt, das Basil Hallward von ihm gemalt hatte. Gleichsam bestürzt wich er zurück. Dann betrat er, ein wenig nachdenklich, sein Zimmer. Als er die Knopflochblume von seinem Überrock entfernt hatte, schien er zu zögern. Schließlich ging er in die Bilbliothek zurück, trat vor das Bild und musterte es eingehend. In dem schwachen, gedämpften Licht, das mühsam durch die cremefarbenen Seidenrouleaus drang, kam ihm das Gesicht ein wenig verändert vor. Der Ausdruck schien anders geworden. Man hätte sagen können, eine Spur von Grausamkeit liege um den Mund. Es war zweifellos befremdend.

Er wandte sich um, ging zum Fenster und zog das Rouleau hoch. Der helle Morgen durchflutete das Zimmer und fegte die bizarren Schatten in düstere Ecken, wo sie zuckend liegenblieben. Doch der eigenartige Ausdruck, den er im Gesicht auf dem Bild wahrgenommen hatte, schien dort zu verharren, ja sogar noch deutlicher geworden zu sein. Das zitternde, grelle Sonnenlicht zeigte ihm die Linien der Grausamkeit um den Mund so deutlich, als hätte er in einen Spiegel geschaut, nachdem er etwas Schreckliches getan hatte.

Er zuckte zusammen, nahm vom Tisch einen ovalen, von elfenbeinernen Liebesgöttern umrahmten Spiegel, eines der vielen Geschenke, die er von Lord Henry erhalten hatte, und warf einen raschen Blick in seine glänzende Tiefe. Keine derartige Linie entstellte seine roten Lippen. Was bedeutete das?

Er rieb sich die Augen, trat ganz dicht an das Bild heran und untersuchte es erneut. An dem Gemalten selbst waren keinerlei Anzeichen irgendeiner Veränderung zu entdecken, und doch stand außer Zweifel, daß sich der gesamte Ausdruck gewandelt hatte. Das bildete er sich nicht nur ein. Es war auf grauenvolle Weise offenkundig.

Er ließ sich in einen Sessel fallen und begann nachzudenken. Plötzlich fiel ihm ein, was er an jenem Tag, als das Bild fertig wurde, in Basil Hallwards Atelier gesagt hatte. Ja, er erinnerte sich ganz genau. Er hatte den wahnwitzigen Wunsch geäußert, er selbst möge jung bleiben und das Bildnis altern; seine eigene Schönheit allezeit in vollem Glanz erstrahlen und das Antlitz auf der Leinwand die Bürde seiner Leidenschaften und Sünden tragen; das gemalte Ebenbild von den Furchen des Leidens und Denkens gezeichnet werden, ihm aber die zarte Blüte und der Liebreiz seiner damals gerade erst zu Bewußtsein erwachten Jugend erhalten bleiben. Sein

Wunsch war doch nicht etwa in Erfüllung gegangen? So etwas war unmöglich. Allein schon der Gedanke war ungeheuerlich. Und doch, da stand das Bildnis vor ihm, mit dem Anflug von Grausamkeit um den Mund.

Grausamkeit! War er grausam gewesen? Es war die Schuld des Mädchens, nicht die seine. Er hatte von ihr als einer großen Künstlerin geträumt, hatte ihr seine Liebe geschenkt, weil er sie für großartig gehalten hatte. Dann hatte sie ihn enttäuscht. Sie war oberflächlich und seiner nicht würdig. Dennoch überkam ihn ein Gefühl unendlicher Reue, als er daran dachte, wie sie ihm, schluchzend wie ein kleines Kind, zu Füßen gelegen hatte. Er erinnerte sich, mit welcher Gefühllosigkeit er sie betrachtet hatte. Warum war er so veranlagt? Warum war ihm eine solche Seele gegeben? Doch auch er hatte gelitten. Während der drei entsetzlichen Stunden, die das Stück dauerte, hatte er Jahrhunderte der Qual durchlebt, ganze Ewigkeiten der Folter. Sein Leben war nicht weniger wert als das ihre. Hatte er sie für ein ganzes Menschenleben verwundet, so hatte sie ihn immerhin einen Augenblick lang unglücklich gemacht. Außerdem waren Frauen besser geeignet, Kummer zu ertragen, als Männer. Sie lebten von ihren Gefühlen. Sie dachten nur an ihre Gefühle. Nahmen sie sich einen Liebhaber, so nur, um jemanden zu haben, dem sie Szenen machen konnten. Lord Henry hatte ihm das gesagt, und Lord Henry kannte die Frauen. Warum sollte er sich wegen Sibyl Vane Gedanken machen? Sie bedeutete ihm nichts mehr.

Aber das Bild? Was sollte er dazu sagen? Es barg das Geheimnis seines Lebens und erzählte seine Geschichte. Es hatte ihn gelehrt, seine eigene Schönheit zu lieben. Würde es ihn lehren, seine eigene Seele zu hassen? Würde er es jemals wieder betrachten?

Nein, es war lediglich ein Trugbild, dem seine aufgewühlten Sinne erlagen. Die entsetzliche Nacht, die hinter ihm lag, hatte Hirngespinste zurückgelassen. Plötzlich war in sein Hirn jenes winzige scharlachrote Pünktchen eingedrungen, das Menschen wahnsinnig macht. Das Bild hatte sich nicht verändert. Es war töricht, so etwas zu glauben.

Dennoch beobachtete es ihn mit seinem schönen entstellten Gesicht und seinem grausamen Lächeln. Das helle Haar leuchtete im morgendlichen Sonnenschein. Die blauen Augen blickten ihn an. Ein Gefühl unendlichen Mitleids, nicht mit sich selbst, sondern mit seinem gemalten Ebenbild, überkam ihn. Es hatte sich bereits verändert und würde sich weiter verändern. Sein Gold würde zu Grau verblassen. Seine roten und weißen Rosen würden welken. Für jede Sünde, die er beging, würde ein Makel seine Schönheit beflecken und beeinträchtigen. Aber er würde nicht sündigen. Das Bildnis, verändert oder nicht, sollte für ihn die sichtbare Verkörperung des Gewissens sein. Er würde jeder Versuchung widerstehen. Er würde Lord Henry nicht mehr treffen – würde keinesfalls mehr jenen heimtückischen, vergiftenden Theorien zuhören, die damals in Basil Hallwards Garten zum erstenmal in ihm die Leidenschaft für das Unmögliche geweckt hatten. Er würde zu Sibyl Vane zurückkehren, alles wiedergutmachen, sie heiraten und versuchen, sie erneut zu lieben. Ja, es war seine Pflicht, so zu handeln. Sie mußte mehr gelitten haben als er. Armes Kind! Er hatte sich ihr gegenüber selbstsüchtig und grausam benommen. Die Faszination, die sie einmal auf ihn ausgeübt hatte, würde wiederkehren. Sie würden zusammen glücklich sein. Sein Leben mit ihr würde schön und rein sein.

Er stand auf und zog einen großen Wandschirm vor das Porträt. Ihn schauderte, als er einen Blick darauf warf. »Wie grauenvoll!« murmelte er vor sich hin. Dann ging er hinüber zur Glastür und öffnete sie. Als er auf den Rasen hinaustrat, atmete er tief ein. Die frische Morgenluft schien all seine düsteren Empfindungen zu vertreiben. Er dachte nur noch an Sibyl. Ein schwacher Widerhall seiner Liebe kehrte zurück. In einem fort wiederholte er ihren Namen. Die Vögel, die in dem taugetränkten Garten sangen, schienen den Blumen von ihr zu erzählen.

Kapitel 8

Es war lange nach Mittag, als er aufwachte. Sein Kammerdiener war schon mehrmals auf Zehenspitzen ins Zimmer geschlichen, um zu sehen, ob er sich rührte, und hatte sich verwundert gefragt, wie es kam, daß sein junger Herr so lange schlief. Schließlich erklang die Glocke, und Victor kam leise mit einer Tasse Tee und einem Stapel Briefe auf einem kleinen Tablett aus altem Sèvres-Porzellan[1] herein und zog die olivfarbenen Satinvorhänge mit ihrem schimmernden blauen Futter zurück, die vor den drei großen Fenstern hingen.

»Monsieur hat heute vormittag gut geschlafen«, sagte er lächelnd.

»Wieviel Uhr ist es, Victor?« fragte Dorian Gray schlaftrunken.

»Viertel nach eins, Monsieur.«

Wie spät es war! Er setzte sich auf, und nachdem er an seinem Tee genippt hatte, sah er seine Briefe durch. Einer war von Lord Henry und war im Laufe des Vormittags von einem Boten abgegeben worden. Er zögerte einen Augenblick, dann legte er ihn beiseite. Die anderen öffnete er lustlos. Sie enthielten die übliche Sammlung von Visitenkarten, Einladungen zum Essen, Einlaßkarten für Vernissagen, Programmen von Wohltätigkeitskonzerten und ähnlichen Dingen, mit der junge Männer der Gesellschaft während der Saison allmorgendlich überschüttet werden. Auch eine recht hohe Rechnung für eine ziselierte Louis-Quinze-Toilettengarnitur aus Silber befand sich darunter; er hatte bisher noch nicht den Mut gehabt, sie an seine Vormünder weiterzuleiten, die außerordentlich altmodische Leute waren und nicht einsahen, daß wir in einer Zeit leben, in der unnötige Dinge das einzige sind, dessen wir bedürfen; außerdem gab es noch einige sehr höflich abgefaßte Schreiben von Geldverleihern in der Jermyn Street, die anboten, jede beliebige Summe in kürzester Zeit und zum günstigsten Zinssatz vorzuschießen.

Nach etwa zehn Minuten stand er auf, warf sich einen kunstvoll gearbeiteten Schlafrock aus seidenbestickter Kaschmirwolle über und ging in das onyxgeflieste Badezimmer. Das kühle Wasser erfrischte ihn nach seinem langen Schlaf. Er schien alles vergessen zu haben, was er durchgemacht hatte. Zwar überkam ihn ein-, zweimal eine dunkle Ahnung, in irgendeiner seltsamen Tragödie mitgewirkt zu haben, doch kam es ihm unwirklich vor wie ein Traum.

Sobald er angekleidet war, ging er in die Bibliothek und nahm zu einem leichten französischen Frühstück Platz, das für ihn auf einem kleinen runden Tisch vor dem offenen Fenster gedeckt worden war. Es war ein herrlicher Tag. Die warme Luft schien von würzigen Düften erfüllt. Eine Biene flog herein und umsummte die Schale mit dem blauen Drachenmotiv, die voll schwefelgelber Rosen vor ihm stand. Er fühlte sich vollkommen glücklich.

Plötzlich fiel sein Blick auf den Wandschirm, den er vor das Porträt gestellt hatte, und er zuckte zusammen.

»Zu kalt für Monsieur?« fragte sein Kammerdiener, der gerade ein Omelett auf den Tisch stellte. »Soll ich das Fenster schließen?«

Dorian schüttelte den Kopf. »Mir ist nicht kalt«, murmelte er.

War es wirklich wahr? Hatte sich das Porträt tatsächlich verändert? Oder war es einfach seine Einbildung gewesen, die ihn einen Ausdruck des Bösen hatte sehen lassen, wo vorher ein Ausdruck der Freude gewesen war?

Eine bemalte Leinwand konnte sich doch gewiß nicht verändern? Das Ganze war absurd. Es eignete sich als Geschichte, die er Basil eines Tages erzählen konnte. Er würde darüber lächeln.

Und doch, wie lebhaft war in ihm die Erinnerung an die ganze Sache! Zuerst im dämmrigen Zwielicht, dann im hellen Licht des Morgens hatte er den Anflug von Grausamkeit um die entstellten Lippen gesehen. Fast fürchtete er sich vor dem Augenblick, da sein Kammerdiener den Raum verlassen würde. Er wußte, daß er das Porträt betrachten mußte, sobald er allein war. Er hatte Angst vor der Gewißheit. Als Kaffee und Zigaretten gebracht worden waren und der Mann sich zum Gehen wandte, verspürte Dorian ein unbändiges Verlangen, ihn zum Bleiben aufzufordern. Während sich die Tür langsam hinter ihm schloß, rief er ihn zurück. Der Diener blieb stehen und wartete auf seine Anweisungen. Dorian blickte ihn einen Augenblick lang an. »Ich bin für niemanden zu sprechen, Victor«, sagte er mit einem Seufzer. Der Mann verbeugte sich und zog sich zurück.

Dann stand er vom Tisch auf, zündete sich eine Zigarette an und ließ sich auf ein verschwenderisch mit Kissen ausgestattetes Sofa fallen, das dem Wandschirm gegenüberstand. Es war ein alter Wandschirm aus vergoldetem Saffianleder, geprägt und verziert mit einem recht überladenen Louis-Quatorze-Muster. Er betrachtete ihn neugierig und fragte sich, ob er jemals zuvor das Lebensgeheimnis eines Mannes verborgen hatte.

Sollte er ihn überhaupt beiseite schieben? Warum ihn nicht einfach dort stehen lassen? Was half es, wenn er es wußte? Traf es zu, so war es entsetzlich. Traf es nicht zu, warum sich darüber Gedanken machen? Aber was war, wenn durch irgendeinen Zufall oder ein unheilvolleres Mißgeschick andere Augen als die seinen dahinter spähten und die grauenvolle Veränderung sahen? Was sollte er tun, wenn Basil Hallward kam und sein eigenes Werk ansehen wollte? Basil würde das gewiß tun. Nein, die Sache mußte untersucht werden, und zwar sofort. Alles würde besser zu ertragen sein als dieser schreckliche Zustand der Ungewißheit.

Er stand auf und schloß beide Türen ab. Wenigstens würde er allein sein, wenn er die Maske seiner Schande betrachtete. Dann zog er den Wandschirm beiseite und sah sich selbst von Angesicht zu Angesicht. Es war unbestreitbar wahr. Das Porträt hatte sich verändert.

Er erinnerte sich später oft und stets mit nicht geringer Verwunderung daran, daß er das Bild im ersten Augenblick mit beinahe wissenschaftlichem Interesse begutachtete. Daß eine derartige Veränderung stattgefunden haben sollte, erschien ihm unglaublich. Und doch war es eine Tatsache. Bestand eine unterschwellige Beziehung zwischen den chemischen Teilchen, die auf der Leinwand Form und Farbe annahmen, und der Seele, die in ihm war? Konnte es sein, daß sie in die Wirklichkeit umsetzten, was jene Seele dachte? Daß sie wahr machten, wovon jene träumte? Oder gab es eine andere, schrecklichere Ursache? Ihn schauderte, er hatte Angst. Er ging wieder zum Sofa zurück, legte sich darauf nieder und starrte das Bild in angewidertem Entsetzen an.

Etwas Gutes, das spürte er, hatte es jedoch bewirkt. Es hatte ihm bewußt gemacht, wie ungerecht, wie grausam er gegen Sibyl Vane gewesen war. Es war nicht zu spät, sein Verhalten wiedergutzumachen. Sie konnte trotz allem noch seine Frau werden. Seine unechte und selbstsüchtige Liebe würde sich durch höheren Einfluß läutern, würde sich in eine edlere Leidenschaft verwandeln, und das Porträt, das Basil Hallward von ihm gemalt hatte, würde ihm Wegweiser durchs Leben sein, würde ihm sein, was manchen die Frömmigkeit, anderen das Gewissen und Gottesfurcht uns allen ist. Es gab Opiate gegen Gewissensbisse, Drogen, die das moralische Empfinden einschläfern konnten. Doch hier war ein sichtbares Zeichen für die Erniedrigung durch Sünde. Hier war ein allgegenwärtiges Symbol für das Verderben, das Menschen über ihre Seelen brachten.

Die Uhr schlug drei und vier, und zwei erneute Schläge zeigten an, daß eine weitere halbe Stunde verstrichen war, doch Dorian Gray rührte sich nicht. Er versuchte, die scharlachroten Fäden des Lebens zu sammeln und sie zu einem Muster zu verweben; den Weg zu finden durch das blutrote Labyrinth der Leidenschaft, in dem er umherirrte. Er wußte nicht, was er tun oder was er denken sollte. Schließlich ging er zum Tisch hinüber und schrieb einen leidenschaftlichen Brief an das Mädchen, das er geliebt hatte, flehte sie darin um Vergebung an und bezichtigte sich selbst des Wahnsinns. Seite um Seite füllte er mit ungestümen Worten des Kummers und noch ungestümeren Worten des Schmerzes. Selbstvorwürfe haben etwas Bequemes. Wenn wir uns selbst anklagen, glauben wir, kein anderer hätte das Recht, uns anzuklagen. Die Beichte, nicht der Priester, erteilt uns Absolution. Als Dorian den Brief beendet hatte, war er überzeugt, daß er Vergebung erlangt hatte.

Plötzlich klopfte es an der Tür, und draußen hörte er Lord Henrys Stimme. »Mein lieber Junge, ich muß dich unbedingt sehen. Laß mich sofort hinein. Ich kann nicht zulassen, daß du dich so einschließt.«

Er gab zunächst keine Antwort, sondern blieb völlig still. Das Klopfen hörte nicht auf und wurde lauter. Ja, es war besser, Lord Henry hereinzulassen und ihm das neue Leben, das er führen wollte, zu erklären, mit ihm zu streiten, falls es notwendig sein würde zu streiten, mit ihm zu brechen, wenn ein Bruch unvermeidbar war. Er sprang auf, schob hastig den Wandschirm vor das Bild und schloß die Tür auf.

»Das Ganze tut mir schrecklich leid, Dorian«, sagte Lord Henry, als er eintrat. »Aber du darfst es dir nicht allzusehr zu Herzen nehmen.«

»Meinst du die Sache mit Sibyl Vane?« fragte der junge Mann.

»Ja, natürlich«, antwortete Lord Henry, während er sich in einen Sessel sinken ließ und langsam seine gelben Handschuhe auszog. »Es ist furchtbar, in gewisser Hinsicht, aber es war nicht deine Schuld. Sag, bist du nach der Vorstellung zu ihr hinter die Bühne gegangen?«

»Ja.«

»Das dachte ich mir. Hast du ihr eine Szene gemacht?«

»Ich war grausam, Harry – absolut grausam. Aber jetzt ist alles in Ordnung. Ich bedaure nichts, was geschehen ist. Es hat mich gelehrt, mich besser kennenzulernen.«

»Ach, Dorian, ich bin ja so froh, daß du es so siehst! Ich fürchtete, ich würde dich von Selbstvorwürfen zerfleischt vorfinden und zusehen müssen, wie du dir deine hübschen Locken raufst.«

»Das habe ich alles schon hinter mir«, sagte Dorian kopfschüttelnd und lächelte. »Jetzt bin ich vollkommen glücklich. Zunächst einmal weiß ich jetzt, was Gewissen ist. Es ist nicht so, wie du behauptest. Es ist das Göttlichste in uns. Spotte nicht mehr darüber, Harry – zumindest nicht in meiner Gegenwart. Ich will gut sein. Der Gedanke, meine Seele könnte häßlich sein, ist mir unerträglich.«

»Eine ungemein reizvolle künstlerische Grundlage für moralisches Handeln, Dorian! Ich beglückwünsche dich. Aber wie willst du damit beginnen?«

»Indem ich Sibyl Vane heirate.«

»Sibyl Vane heiraten!« rief Lord Henry, stand auf und starrte ihn erstaunt und betroffen an. »Aber mein lieber Dorian –«

»Ja, Harry, ich weiß schon, was du sagen willst. Etwas Gräßliches über die Ehe. Sag es nicht. Sag nie mehr derartige Dinge zu mir. Vor zwei Tagen bat ich Sibyl, mich zu heiraten. Ich werde mein Wort ihr gegenüber nicht brechen. Sie wird meine Frau werden!«

»Deine Frau! Dorian! ... Hast du meinen Brief denn nicht erhalten? Ich habe dir heute morgen geschrieben und die Nachricht durch meinen eigenen Diener überbringen lassen.«

»Deinen Brief? O ja, ich erinnere mich. Ich habe ihn noch nicht gelesen, Harry. Ich fürchtete, es könnte etwas darin stehen, das mir nicht gefallen würde. Du sezierst das Leben mit deinen Epigrammen.«

»Dann weißt du es noch nicht?«

»Was meinst du?«

Lord Henry ging durch das Zimmer zu Dorian Gray hinüber, setzte sich neben ihn, ergriff seine Hände und hielt sie fest. »Dorian«, sagte er, »mein Brief – erschrick nicht – sollte dir mitteilen, daß Sibyl Vane tot ist.«

Ein Schmerzensschrei entfuhr den Lippen des jungen Mannes; er sprang auf und entriß seine Hände Lord Henrys Griff. »Tot! Sibyl tot! Das ist nicht wahr! Das ist eine entsetzliche Lüge! Wie kannst du es wagen, so etwas zu behaupten!«

»Es ist die volle Wahrheit, Dorian«, sagte Lord Henry ernst. »Es steht in allen Morgenzeitungen. Ich habe dir gleich geschrieben, um dich zu bitten, niemanden zu empfangen, bis ich käme. Es wird natürlich eine gerichtliche Untersuchung stattfinden müssen, und du darfst da nicht hineingezogen werden. In Paris machen derartige

Dinge einen Mann gesellschaftsfähig. Aber in London sind die Leute so voreingenommen. Hier sollte man sein Debüt nie mit einem Skandal geben. Den sollte man sich aufbewahren, um sich im Alter ein wenig interessant zu machen. Ich nehme an, daß man im Theater deinen Namen nicht kennt. Trifft das zu, so ist alles in Ordnung. Hat dich jemand in ihre Garderobe gehen sehn? Das ist ein wichtiger Punkt.«

Dorian antwortete eine Weile lang nicht. Er war völlig benommen vor Entsetzen. Schließlich stammelte er mit erstickter Stimme: »Harry, sagtest du gerichtliche Untersuchung? Was meintest du damit? Hat Sibyl –? O Harry, ich ertrage es nicht! Mach schnell. Sag mir sofort alles.«

»Für mich steht außer Zweifel, daß es kein Unfall war, Dorian, obwohl es vor der Öffentlichkeit so dargestellt werden muß. Als sie gegen halb eins zusammen mit ihrer Mutter das Theater verließ, behauptete sie offenbar, sie hätte oben etwas vergessen. Die anderen warteten unten eine Zeitlang auf sie, aber sie kam nicht zurück. Schließlich fand man sie tot auf dem Boden ihrer Garderobe. Sie hat irrtümlich irgend etwas geschluckt, irgendsoein gräßliches Zeug, das sie an Theatern verwenden. Ich weiß nicht, was es war, aber es enthielt entweder Blausäure oder Bleiweiß. Ich vermute, es war Blausäure, denn sie scheint sofort tot gewesen zu sein.«

»Harry, Harry, es ist entsetzlich!« rief der junge Mann.

»Ja, es ist sehr tragisch, natürlich, aber du darfst dich da nicht hineinverwickeln lassen. Dem *Standard* entnahm ich, daß sie siebzehn war. Ich hätte sie für fast noch jünger gehalten. Sie wirkte so kindlich und schien so wenig von der Schauspielerei zu verstehen. Dorian, du darfst dir das nicht so zu Herzen nehmen. Du mußt mit mir zu Abend essen, und danach schauen wir in der Oper vorbei. Heute abend singt die Patti[2], und alle werden da sein. Du kannst in die Loge meiner Schwester mitkommen. Sie hat ein paar hübsche Frauen bei sich.«

»Ich habe also Sibyl Vane ermordet«, sagte Dorian Gray halb zu sich selbst – »so gewiß ermordet, als hätte ich ihre zarte Kehle mit einem Messer durchschnitten. Dennoch blühen die Rosen nicht weniger lieblich. Die Vögel singen so fröhlich wie immer in meinem Garten. Und heute abend soll ich mit dir speisen und dann in die Oper gehen und danach vermutlich noch irgendwo soupieren. Wie außerordentlich dramatisch das Leben doch ist! Hätte ich all das in einem Buch gelesen, Harry, hätte ich wahrscheinlich geweint. Nun, da es tatsächlich geschehen ist, und mir selbst geschehen ist, erscheint es mir irgendwie viel zu wunderbar, um Tränen zu vergießen. Hier ist der erste leidenschaftliche Liebesbrief, den ich in meinem Leben jemals geschrieben habe. Eigenartig, daß mein erster leidenschaftlicher Liebesbrief an eine Tote gerichtet sein sollte. Vermögen sie noch etwas zu empfinden, frage ich mich, diese weißen, schweigsamen Menschen, die wir die Toten nennen? Sibyl! Kann sie empfinden oder wissen oder hören? O Harry, wie sehr ich sie einmal liebte! Jetzt kommt es mir vor, als wäre es Jahre her. Sie war mein ein und alles. Dann kam diese furchtbare Nacht – war es wirklich erst die vergangene Nacht? –, als sie so schlecht spielte und mir das Herz beinahe brach. Sie erklärte mir alles. Es war entsetzlich pathetisch. Aber ich war nicht ein bißchen gerührt. Ich hielt sie für oberflächlich. Plötzlich geschah etwas, das mir angst machte. Ich kann dir nicht sagen, was es war, aber es war entsetzlich. Ich wollte zu ihr zurückgehen. Ich spürte, daß ich unrecht getan hatte. Und nun ist sie tot. Mein Gott! Mein Gott! Was soll ich nur tun, Harry?

Du kennst die Gefahr nicht, in der ich mich befinde, und es gibt nichts, das mir Halt bieten kann. Sie hätte es gekonnt. Sie hatte kein Recht, sich zu töten. Es war selbstsüchtig von ihr.«

»Mein lieber Dorian«, erwiderte Lord Henry, während er seinem Etui eine Zigarette entnahm und ein Feuerzeug aus vergoldetem Messing herauszog, »die einzige Möglichkeit für eine Frau, einen Mann zum Besseren zu verändern, besteht darin, ihn so unendlich zu langweilen, daß er jedwedes Interesse am Leben verliert. Hättest du dieses Mädchen geheiratet, wärest du unglücklich geworden. Natürlich hättest du sie freundlich behandelt. Zu Menschen, aus denen man sich nichts macht, kann man immer freundlich sein. Aber sie hätte bald gemerkt, daß sie dir völlig gleichgültig ist. Und wenn eine Frau das bei ihrem Mann feststellt, wird sie entweder schrecklich schlampig, oder sie trägt sehr elegante Hüte, die der Gatte einer anderen Frau bezahlen muß. Von dem gesellschaftlichen Mißgriff, der zutiefst erniedrigend gewesen wäre, will ich gar nicht reden. Natürlich hätte ich ihn nicht zugelassen, aber ich versichere dir, die ganze Sache wäre auf jeden Fall ein völliger Fehlschlag geworden.«

»Vermutlich«, murmelte der junge Mann, der im Zimmer auf und ab ging und entsetzlich bleich war. »Aber ich hielt es für meine Pflicht. Es ist nicht meine Schuld, daß diese grauenvolle Tragödie mich daran hindert zu tun, was sich gehört. Ich erinnere mich, daß du einmal sagtest, gute Vorsätze hätten etwas Verhängnisvolles – sie kämen stets zu spät. Auf meine trifft dies zweifellos zu.«

»Gute Vorsätze sind nutzlose Versuche, wissenschaftliche Gesetze zu beeinflussen. Sie entspringen reiner Eitelkeit. Ihr Ergebnis ist gleich *Null.* Sie lassen uns zuweilen in der einen oder anderen jener behaglichen, unfruchtbaren Empfindungen schwelgen, die für die

Schwachen einen gewissen Reiz besitzen. Das ist alles, was man zu ihren Gunsten anführen kann. Es sind lediglich Schecks, ausgestellt auf eine Bank, bei der man kein Konto hat.«

»Harry«, rief Dorian Gray, während er zu ihm trat und sich neben ihn setzte, »wie kommt es, daß mir diese Tragödie nicht so nahe geht, wie ich es möchte? Ich glaube nicht, daß ich herzlos bin. Was meinst du?«

»Du hast in den letzten vierzehn Tagen zu viele törichte Dinge getan, um Anspruch auf eine solche Bezeichnung erheben zu können, Dorian«, antwortete Lord Henry mit seinem sanften, melancholischen Lächeln.

Der junge Mann runzelte die Stirn. »Diese Erklärung gefällt mir zwar nicht, Harry«, erwiderte er, »aber ich bin froh, daß du mich nicht für herzlos hältst. Ich bin es wirklich nicht. Ich weiß, daß ich es nicht bin. Und doch muß ich eingestehen, daß diese Sache, die da passiert ist, mich nicht so sehr berührt, wie sie es eigentlich tun sollte. Sie erscheint mir einfach wie das wunderbare Ende eines wunderbaren Theaterstücks. Sie hat all die schreckliche Schönheit einer griechischen Tragödie, einer Tragödie, in der ich eine bedeutende Rolle spielte, aber nicht verwundet wurde.«

»Das ist eine interessante Frage«, sagte Lord Henry, der ein köstliches Vergnügen dabei empfand, den unbewußten Egoismus des jungen Mannes anzustacheln, »eine außerordentlich interessante Frage. Die wahre Erklärung ist vermutlich die: Häufig spielen sich die wirklichen Tragödien im Leben auf solch unkünstlerische Weise ab, daß sie uns durch ihr barbarisches Ungestüm, ihre absolute Inkonsequenz, ihre absurde Sinnlosigkeit und ihren völligen Mangel an Stil verletzen. Sie haben die gleiche Wirkung auf uns wie Roheit. Sie vermitteln uns den Eindruck von nackter, brutaler Gewalt, und dagegen sträuben wir uns. Zuweilen allerdings erleben wir eine Tragödie, die Elemente künstlerischer Schönheit besitzt. Sind diese Schönheitselemente echt, so spricht das Ganze einfach unseren Sinn für dramatische Wirkung an. Plötzlich stellen wir fest, daß wir nicht mehr Schauspieler, sondern Zuschauer sind. Oder vielmehr sind wir beides. Wir sehen uns selbst zu, und allein das Wunderbare des Schauspiels fesselt uns. Was ist im vorliegenden Fall tatsächlich geschehen? Eine Frau hat sich aus Liebe zu dir das Leben genommen. Ich wünschte, ich hätte jemals eine solche Erfahrung gemacht. Sie hätte dafür gesorgt, daß ich für den Rest meines Lebens in die Liebe verliebt gewesen wäre. Die Frauen, die mich angebetet haben – es waren nicht viele, aber einige gab es doch –, bestanden stets darauf weiterzuleben, nachdem sie mir gleichgültig geworden waren oder ich ihnen gleichgültig geworden war. Sie wurden dick und langweilig, und wenn ich ihnen begegne, ergehen sie sich sofort in Erinnerungen. Dieses gräßliche weibliche Gedächtnis! Was für ein fürchterliches Ding das ist! Und welch völligen geistigen Stillstand es offenbart! Man sollte die Stimmungen des Lebens in sich aufnehmen, aber sich nie an Einzelheiten erinnern. Einzelheiten sind immer vulgär.«

»Ich muß Mohn in meinem Garten aussäen«, seufzte Dorian.

»Das ist nicht nötig«, entgegnete sein Gefährte. »Das Leben hält immer Mohn bereit. Natürlich zieht sich die Sache manchmal auch ein wenig hin. Ich habe einmal eine ganze Saison lang nichts anderes als Veilchen im Knopfloch getragen, gleichsam als künstlerisches Trauern um eine Romanze, die nicht sterben wollte. Schließlich starb sie aber doch. Ich habe vergessen, was sie getötet hat. Wahrscheinlich war es ihr Anerbieten, die ganze

Welt für mich zu opfern. Das ist immer ein schrecklicher Augenblick. Er erfüllt einen mit Entsetzen vor der Ewigkeit. Nun – es ist kaum zu glauben –, vor einer Woche saß ich beim Abendessen bei Lady Hampshire neben der fraglichen Dame, und sie bestand darauf, die ganze Geschichte noch einmal aufzuwärmen, in der Vergangenheit zu wühlen und sich über die Zukunft auszulassen. Ich für mein Teil hatte die Romanze in einem Asphodillebeet begraben. Sie zerrte sie wieder heraus und behauptete, ich hätte ihr Leben zerstört. Ich muß dazu sagen, daß sie der Mahlzeit tüchtig zusprach, so daß ich mich nicht beunruhigt fühlte. Aber was für einen Mangel an Geschmack sie an den Tag legte! Der einzige Reiz der Vergangenheit liegt darin, daß sie vergangen ist. Aber Frauen wissen nie, wann der Vorhang gefallen ist. Sie wollen immer einen sechsten Akt, und sobald das Interesse an dem Stück ganz und gar erloschen ist, schlagen sie vor, es fortzusetzen. Ließe man ihnen ihren Willen, so fände jede Komödie ein tragisches Ende, und jede Tragödie gipfelte in einer Posse. Sie sind bezaubernd kunstreich, aber kunstsinnig sind sie nicht. Du hast mehr Glück als ich. Ich versichere dir, Dorian, keine einzige der Frauen, die ich gekannt habe, hätte um meinetwillen getan, was Sibyl Vane deinetwegen getan hat. Gewöhnliche Frauen trösten sich immer irgendwie. Manche begeistern sich für sentimentale Farben. Trau niemals einer Frau, die Mauve trägt, ganz gleich, wie alt sie ist, oder einer Frau über fünfunddreißig, die rosa Bänder liebt. Das bedeutet immer, daß sie eine Vergangenheit haben. Andere finden großen Trost darin, plötzlich die guten Eigenschaften ihrer Männer zu entdecken. Sie stellen ihr Eheglück stolz zur Schau, als wäre es die faszinierendste aller Sünden. Einige tröstet die Religion. Ihre Geheimnisse hätten durchaus den Reiz eines Flirts, erzählte mir einmal eine Frau; und das kann ich gut verstehen. Zudem macht einen nichts so eitel, als gesagt zu bekommen, man sei ein Sünder. Das Gewissen macht uns alle zu Egoisten. Ja, das moderne Leben bietet den Frauen geradezu unerschöpfliche Möglichkeiten, sich zu trösten. Dabei habe ich die wichtigste noch nicht einmal erwähnt.«

»Welche ist das, Harry?« fragte der junge Mann teilnahmslos.

»Oh, die nächstliegende, nämlich einer anderen Frau den Verehrer abspenstig machen, wenn man den eigenen verliert. In der guten Gesellschaft stellt dies das Ansehen jeder Frau wieder her. Aber wirklich, Dorian, wie sehr muß sich Sibyl Vane von all den Frauen unterschieden haben, die man sonst so kennenlernt! Ich finde, ihr Tod hat etwas sehr Schönes an sich. Ich bin froh, in einem Jahrhundert zu leben, in dem solche Wunder geschehen. Sie lassen einen an die Echtheit der Dinge glauben, mit denen wir alle spielen, wie Romantik, Leidenschaft und Liebe.«

»Ich habe mich ihr gegenüber schrecklich grausam benommen. Das vergißt du.«

»Ich fürchte, Frauen schätzen Grausamkeit, unverblümte Grausamkeit, mehr als alles andere. Sie haben erstaunlich primitive Instinkte. Wir haben sie in die Freiheit entlassen, aber sie bleiben dennoch Sklavinnen, die ihre Herren suchen. Sie lieben es, beherrscht zu werden. Ich bin überzeugt, du warst großartig. Ich habe dich noch nie wirklich und wahrhaftig wütend erlebt, aber ich kann mir vorstellen, wie wundervoll du aussahst. Und dann sagtest du vorgestern etwas zu mir, das ich zu jenem Zeitpunkt lediglich für Schwärmerei hielt; jetzt freilich sehe ich, daß es wirklich zutraf und den Schlüssel zu allem enthält.«

»Was war das, Harry?«

»Du sagtest, Sibyl Vane verkörpere für dich all die Heldinnen der großen Liebestragödien – einen Abend sei sie Desdemona, und am nächsten Ophelia; wenn sie als Julia sterbe, erwache sie als Imogen[3] zu neuem Leben.«

»Jetzt wird sie nie mehr zu neuem Leben erwachen«, sagte der junge Mann leise und verbarg das Gesicht in den Händen.

»Nein, sie wird nie mehr zu neuem Leben erwachen. Sie hat ihre letzte Rolle gespielt. Aber du mußt dir diesen einsamen Tod in der geschmacklos eingerichteten Garderobe schlicht als einen seltsamen, schaurigen Ausschnitt aus irgendeiner jakobinischen Tragödie vorstellen, als eine wunderbare Szene aus Webster oder Ford oder Cyril Tourneur.[4] Das Mädchen hat nie wirklich gelebt, also ist sie auch nie wirklich gestorben. Für dich zumindest war sie immer ein Traum, ein Phantasiewesen, das durch Shakespeares Stücke huschte und sie durch seine Anwesenheit noch herrlicher machte, eine Flöte, durch die Shakespeares Musik noch reicher und freudvoller erklang. In dem Augenblick, da sie mit dem wirklichen Leben in Berührung kam, zerstörte sie es und es sie, und so schied sie dahin. Trauere um Ophelia, wenn du willst. Bestreue dein Haupt mit Asche, weil man Cordelia erhängte. Klage den Himmel an, weil Brabantios Tochter[5] starb. Aber verschwende deine Tränen nicht an Sibyl Vane. Sie war weniger wirklich, als Shakespeares Geschöpfe es sind.«

Ein Schweigen entstand. Der Abend verdüsterte den Raum. Geräuschlos und auf silbernen Sohlen krochen die Schatten aus dem Garten herein. Aus allen Dingen wichen träge die Farben.

Nach einer Weile blickte Dorian Gray auf. »Du hast mich mir selbst erklärt, Harry«, sagte er leise und stieß gleichsam einen Seufzer der Erleichterung aus. »Ich habe all das empfunden, was du gesagt hast, doch irgendwie hatte ich davor Angst, und ich vermochte es nicht in Worte zu fassen. Wie gut du mich kennst! Aber wir wollen nicht mehr über das Geschehene sprechen. Es war eine wundervolle Erfahrung. Das ist alles. Ich frage mich, ob das Leben noch etwas so Wundervolles für mich bereithält.«

»Das Leben hält alles für dich bereit, Dorian. Es gibt nichts, was du, mit deinem außergewöhnlich guten Aussehen, nicht tun könntest.«

»Aber gesetzt, Harry, ich würde hager und alt und runzelig. Was dann?«

»Ah, dann«, sagte Lord Henry, während er sich erhob, um sich zu verabschieden – »dann, mein lieber Dorian, müßtest du dir deine Siege erkämpfen. Heute fallen sie dir gleichsam in den Schoß. Nein, du mußt dir dein gutes Aussehen bewahren. Wir leben in einer Zeit, die zuviel liest, um weise zu sein, und zuviel denkt, um schön zu sein. Wir können dich nicht entbehren. Und nun ziehst du dich besser um und fährst in den Klub. Wir sind ohnehin schon recht spät dran.«

»Ich glaube, ich werde dich erst in der Oper treffen, Harry. Ich bin zu müde, um etwas zu essen. Welche Nummer hat die Loge deiner Schwester?«

»Siebenundzwanzig, glaube ich. Sie ist in der ersten Logenreihe. Ihr Name steht an der Tür. Aber ich bedaure, daß du nicht mit mir zum Essen kommen willst.«

»Ich bin nicht in der Stimmung dazu«, sagte Dorian lustlos. »Aber ich bin dir schrecklich dankbar für alles, was du zu mir gesagt hast. Du bist fraglos mein bester Freund. Niemand hat mich je so verstanden wie du.«

»Wir stehen erst am Beginn unserer Freundschaft, Dorian«, antwortete Lord Henry und reichte ihm die Hand. »Adieu. Ich hoffe, ich sehe dich vor halb zehn. Denk daran, die Patti singt.«

Als er die Tür hinter sich schloß, läutete Dorian Gray, und wenige Minuten später erschien Victor mit den Lampen und ließ die Rouleaus herunter. Ungeduldig wartete er, daß der Diener wieder ging. Der Mann schien sich bei allem unendlich viel Zeit zu lassen.

Sowie er den Raum verlassen hatte, stürzte er zum Wandschirm und zog ihn zurück. Nein, das Bild wies keine weiteren Veränderungen auf. Es hatte die Nachricht von Sibyl Vanes Tod erhalten, ehe er selbst davon erfahren hatte. Es wußte schon um die Vorgänge in seinem Leben, während sie sich noch ereigneten. Die boshafte Grausamkeit, die die schöngeschwungenen Linien des Mundes entstellte, war zweifellos in dem Augenblick erschienen, in dem das Mädchen das Gift getrunken hatte, was immer es gewesen sein mochte. Oder waren ihm die Folgen gleichgültig? Nahm es nur zur Kenntnis, was in der Seele vorging? Das hätte er gern gewußt, und er hoffte, daß er eines Tages miterleben würde, wie sich die Veränderung vor seinen eigenen Augen vollzog – auch wenn ihn bei der Vorstellung schauderte.

Arme Sibyl! Was für eine Romanze war es gewesen! Auf der Bühne hatte sie den Tod oft nachgeahmt. Dann hatte der Tod sie tatsächlich berührt und sie mit sich genommen. Wie hatte sie diese schreckliche letzte Szene gespielt? Hatte sie ihn verflucht, als sie im Sterben lag? Nein, sie war aus Liebe zu ihm gestorben, und die Liebe würde ihm fortan stets etwas Geweihtes sein. Durch das Opfer, das sie mit ihrem Leben gebracht hatte, hatte sie alles gesühnt. Er würde nicht mehr daran denken, was er an jenem grauenvollen Abend im Theater ihretwegen durchgemacht hatte. Wenn er an sie dachte, würde er sie stets als eine wundervolle tragische Gestalt vor sich sehen, auf die Bühne der Welt entsandt, um die erhabene Wirklichkeit der Liebe zu zeigen. Eine wundervolle tragische Gestalt? Tränen traten ihm in die Augen, als er sich an ihr kindliches Aussehen erinnerte, an ihre heitere, wirklichkeitsfremde Art und ihre schüchterne, zitternde Anmut. Er wischte sie hastig fort und blickte wieder auf das Bild.

Er spürte, daß der Zeitpunkt unausweichlich gekommen war, da er seine Wahl treffen mußte. Oder war seine Wahl schon getroffen? Ja, das Leben hatte die Entscheidung für ihn gefällt – das Leben und seine eigene grenzenlose Neugier auf das Leben. Ewige Jugend, grenzenlose Leidenschaft, erlesene und geheimnisvolle Genüsse, hemmungslose Freuden und noch hemmungslosere Sünden – all diese Dinge sollte er haben. Das Porträt sollte die Last seiner Schande tragen: Das war alles.

Ein schmerzliches Gefühl überkam ihn, als er an die Entweihung dachte, die dem schönen Antlitz auf der Leinwand bevorstand. Einmal hatte er, in kindlich-verspielter Nachahmung des Narziß[6], diese gemalten Lippen, die ihn nun so grausam anlächelten, geküßt oder so getan, als küsse er sie. Vormittag für Vormittag hatte er vor dem Bildnis gesessen, seine Schönheit bewundernd, ja beinahe in es verliebt, wie es ihm zuweilen schien. Würde es sich nun mit jeder Laune, der er nachgab, verändern? Würde es ein ungeheuerliches, widerwärtiges Ding werden, in einem verschlossenen Raum versteckt und dem Sonnenlicht entzogen, das der wallenden Pracht seines Haars so oft einen noch leuchtenderen Goldton verliehen hatte? Welch ein Jammer! Welch ein Jammer!

Einen Moment lang spielte er mit dem Gedanken, darum zu beten, daß die grauenvolle Seelenverwandtschaft, die zwischen ihm und dem Bildnis bestand, aufhören möge. Auf ein Gebet hin hatte es sich verändert; vielleicht würde es auf ein weiteres Gebet hin unverändert bleiben. Und doch, welcher Mensch, der auch nur ein bißchen etwas vom Leben wußte, würde sich die Möglichkeit entgehen lassen, immer jung zu bleiben, ganz gleich, wie phantastisch diese Möglichkeit oder mit welch verhängnisvollen Folgen sie verknüpft sein mochte? Außerdem, stand es denn wirklich in seiner Macht? War es tatsächlich das Gebet gewesen, das die Wechselwirkung ausgelöst hatte? Könnte es für das Ganze nicht doch irgendeine ausgefallene wissenschaftliche Ursache geben? Wenn das Denken seinen Einfluß auf einen lebenden Organismus auszuüben vermochte, war es dann nicht möglich, daß das Denken tote, anorganische Dinge ebenfalls beeinflußte? Ja, wäre es nicht möglich, daß außerhalb unserer Person liegende Dinge ohne eigenes Denken und bewußtes Wollen in Einklang mit unseren Stimmungen und Leidenschaften in Schwingung geraten, wobei sich ein Atom dem anderen Atom in heimlicher Liebe oder seltsamer Wesensverwandtschaft mitteilt? Doch die Ursache war ohne Belang. Er würde nie wieder mit einem Gebet irgendeine schreckliche Macht herausfordern. Wenn das Bildnis sich verändern mußte, dann mußte es sich verändern. Das war alles. Warum die Sache zu eingehend untersuchen?

Denn es würde ihm wahren Genuß bereiten, die Veränderung zu beobachten. Er würde imstande sein, seinem Geist bis in die verborgensten Winkel zu folgen. Dieses Bild würde für ihn ein wahrhaftiger Zauberspiegel sein. So, wie es ihm seinen Körper offenbart hatte, würde es ihm auch seine Seele offenbaren. Und wenn der Winter über es hereinbrach, stünde er noch immer an der Schwelle, an der der Frühling zögernd in den Sommer übergeht. Wenn das Blut aus seinem Gesicht wich und eine bleiche Kreidemaske mit matten Augen zurückließ, bliebe ihm die bezaubernde Schönheit der Jugend erhalten. Nicht eine Blüte seines Liebreizes würde je welken. Nicht ein Pulsschlag seines Lebens würde jemals schwächer werden. Wie die Götter der Griechen würde er stark, behende und heiter bleiben. Was machte es schon, was mit dem gemalten Bildnis auf der Leinwand geschah? Er würde unversehrt bleiben. Das war das einzig Wichtige.

Lächelnd rückte er den Wandschirm wieder an seinen Platz vor dem Bild und ging dann in sein Schlafzimmer hinüber, wo sein Diener schon auf ihn wartete. Eine Stunde später war er in der Oper, und Lord Henry lehnte sich über seinen Stuhl.

Kapitel 9

Als er am nächsten Morgen beim Frühstück saß, wurde Basil Hallward ins Zimmer geführt.

»Ich bin ja so froh, daß ich dich antreffe, Dorian«, sagte er ernst. »Ich kam gestern abend vorbei, und man sagte mir, du seist in der Oper. Natürlich wußte ich, daß das unmöglich war. Aber ich wünschte, du hättest hinterlassen, wo du wirklich hingegangen bist. Ich habe einen schrecklichen Abend verbracht, denn ich befürchtete schon, auf die eine Tragödie könnte eine weitere folgen. Du hättest mir telegraphieren können, als du davon erfuhrst. Ich las es rein zufällig in einer Spätausgabe des *Globe,* in die ich im Klub einen Blick warf. Ich eilte sofort hierher und war unglücklich, weil ich dich nicht antraf. Ich kann dir gar nicht sagen, wie untröstlich ich über die ganze Sache bin. Ich weiß, was du durchmachen mußt. Aber wo warst du? Hast du die Mutter des Mädchens aufgesucht? Einen Augenblick lang dachte ich daran, dir dorthin zu folgen. Die Adresse stand in der Zeitung. Irgendwo in der Euston Road, nicht wahr? Doch ich wollte mich nicht aufdrängen in einem Leid, das ich nicht zu lindern vermag. Die arme Frau! In was für einer Verfassung muß sie sein! Und auch noch ihr einziges Kind! Was hat sie zu all dem gesagt?«

»Mein lieber Basil, woher soll ich das wissen?« antwortete Dorian Gray, der aus einem herrlichen, mit Goldperlen verzierten Pokal aus venezianischem Glas blaßgelben Wein nippte und entsetzlich gelangweilt dreinblickte. »Ich war in der Oper. Du hättest hinkommen sollen. Ich habe Lady Gwendolen kennengelernt, Harrys Schwester. Wir waren in ihrer Loge. Sie ist äußerst bezaubernd; und die Patti sang göttlich. Sprich nicht von grauenvollen Dingen. Wenn man über etwas nicht spricht, ist es gar nicht geschehen. Erst wenn man ihnen Ausdruck verleiht, werden die Dinge Wirklichkeit, wie Harry sagt. Ich darf darauf hinweisen, daß sie nicht das einzige Kind der Frau war. Da ist noch ein Sohn, ein reizender Bursche, glaube ich. Aber er ist nicht beim Theater. Er ist Seemann oder so. Und jetzt erzähl mir von dir und was du gerade malst.«

»Du bist in die Oper gegangen?« sagte Hallward sehr langsam und mit einem gequälten Ton in der Stimme. »Du bist in die Oper gegangen, während Sibyl Vane tot in irgendeinem schmutzigen, armseligen Zimmer lag? Du kannst davon sprechen, daß andere Frauen bezaubernd sind und die Patti göttlich sang, noch ehe das Mädchen, das du geliebt hast, in Frieden in seinem Grab ruht? Mein Gott, Mann, diesen zierlichen weißen Körper erwartet Grauenvolles!«

»Halt, Basil! Ich will das nicht hören!« rief Dorian und sprang auf. »Du sollst darüber nicht sprechen. Was geschehen ist, ist geschehen. Was vergangen ist, ist vergangen.«

»Du bezeichnest gestern als Vergangenheit?«

»Was hat die tatsächlich verstrichene Zeit damit zu tun? Nur oberflächliche Menschen brauchen Jahre, um über ein Gefühl hinwegzukommen. Ein Mann, der sich in der Gewalt hat, kann dem Kummer ebenso leicht ein Ende setzen, wie er sich einen Genuß ausdenken kann. Ich will meinen Gefühlen nicht auf Gedeih und Verderb ausgeliefert sein. Ich möchte sie einsetzen, sie genießen und sie beherrschen.«

»Dorian, das ist entsetzlich! Irgend etwas hat dich vollkommen verändert. Äußerlich bist du noch genau der gleiche wundervolle Junge, der Tag für Tag in mein Atelier zu kommen pflegte, um für sein Bildnis Modell zu sitzen. Doch damals warst du arglos, natürlich und herzlich. Du warst das unverdorbenste Geschöpf auf Erden. Jetzt aber weiß ich nicht, was über dich gekommen ist. Du sprichst, als hättest du kein Herz, kein Mitgefühl. Das ist allein Harrys Einfluß. Das ist mir klar.«

Der junge Mann errötete, trat ans Fenster und blickte ein paar Augenblicke auf den grünen, flirrenden, sonnendurchfluteten Garten hinaus. »Ich verdanke Harry eine Menge, Basil«, sagte er schließlich, »mehr, als ich dir verdanke. Du hast mich nur gelehrt, eitel zu sein.«

»Nun, dafür bin ich bestraft, Dorian – oder werde es eines Tages sein.«

»Ich weiß nicht, was du meinst, Basil«, rief er, sich umwendend. »Ich weiß nicht, was du willst. Was willst du?«

»Ich möchte den Dorian Gray, den ich malte«, sagte der Künstler bedrückt.

»Basil«, erwiderte der junge Mann, ging zu ihm hinüber und legte ihm die Hand auf die Schulter, »du kommst zu spät. Gestern, als ich erfuhr, daß Sibyl Vane sich das Leben genommen hat –«

»Sich das Leben genommen hat! Großer Gott! Steht das zweifelsfrei fest?« rief Hallward und starrte Dorian voller Entsetzen an.

»Mein lieber Basil! Du glaubst doch wohl nicht, es handle sich um einen gewöhnlichen Unfall? Natürlich hat sie sich das Leben genommen.«

Der Ältere verbarg das Gesicht in den Händen. »Wie furchtbar!« murmelte er, und ein Schauder durchlief seinen Körper.

»Nein«, widersprach Dorian Gray, »es ist ganz und gar nicht furchtbar. Es ist eine der großen romantischen Tragödien unserer Zeit. In der Regel führen Leute, die Theater spielen, ein ganz alltägliches Leben. Sie sind gute

Ehemänner oder treue Gattinnen oder sonst etwas Langweiliges. Du weißt, was ich meine – Mittelstandstugend und all das. Wie anders war Sibyl! Sie lebte ihre schönste Tragödie. Sie war immer eine Heldin. Am letzten Abend, an dem sie auf der Bühne stand – an dem Abend, als du sie sahst –, spielte sie schlecht, weil sie die Wirklichkeit der Liebe kennengelernt hatte. Als sie ihre Unwirklichkeit erkannte, starb sie, so wie Julia vielleicht gestorben ist. Sie kehrte in das Reich der Kunst zurück. Etwas von einer Märtyrerin umgibt sie. Ihr Tod weist all die Merkmale der ergreifenden Sinnlosigkeit von Märtyrertum auf, all seine vergeudete Schönheit. Aber wie ich schon sagte, du darfst nicht glauben, ich hätte nicht gelitten. Wärst du gestern in einem ganz bestimmten Augenblick gekommen – gegen halb sechs vielleicht, oder Viertel vor sechs –, hättest du mich in Tränen gefunden. Selbst Harry, der hier war – er war es nämlich, der mir die Nachricht überbrachte –, ahnte nicht, was ich durchmachte. Ich litt unsäglich. Dann ging es vorbei. Ich kann ein Gefühl nicht wiederholen. Niemand kann das, außer Leute mit einem Hang zur Sentimentalität. Und du bist schrecklich ungerecht, Basil. Du kommst hierher, um mich zu trösten. Das ist reizend von dir. Du siehst mich getröstet und bist darüber aufgebracht. Das ist typisch für einen mitfühlenden Menschen! Du erinnerst mich an eine Geschichte, die Harry mir über einen Philanthropen erzählt hat, der sich zwanzig Jahre seines Lebens hindurch bemühte, irgendeinen Mißstand zu beseitigen oder ein ungerechtes Gesetz zu ändern – ich weiß nicht mehr, worum es genau ging. Schließlich hatte er Erfolg, und nichts konnte größer sein als seine Enttäuschung. Er hatte absolut nichts mehr zu tun, starb beinahe vor *ennui*[1] und wurde ein überzeugter Misanthrop. Und außerdem, mein lieber alter Basil, wenn du mich wirklich trösten willst, lehr mich lieber zu vergessen, was geschehen ist, oder es von einem angemessenen künstlerischen Standpunkt aus zu betrachten. War es nicht Gautier[2], der über *la consolation des arts*[3] zu schreiben pflegte? Ich erinnere mich, in deinem Atelier einmal ein kleines, in feinstes Pergament gebundenes Bändchen aufgeschlagen und dabei zufällig diese köstliche Wendung gelesen zu haben. Nun, ich bin nicht wie jener junge Mann, von dem du mir erzähltest, als wir zusammen in Marlow waren, jener junge Mann, der zu behaupten pflegte, gelber Atlas könne einen über alles Ungemach im Leben hinwegtrösten. Ich liebe schöne Dinge, die man berühren und benutzen kann. Alte Brokatstoffe, grüne Bronzestatuen, Lackarbeiten, Elfenbeinschnitzereien, ein erlesenes Ambiente, Luxus, Pracht, all das vermag einem viel zu geben. Doch die künstlerische Atmosphäre, die sie schaffen oder zumindest offenbaren, bedeutet mir noch mehr. Zum Betrachter des eigenen Lebens zu werden heißt, wie Harry sagt, allem Ungemach des Lebens zu entfliehen. Ich weiß, du bist überrascht, daß ich so mit dir rede. Du hast nicht bemerkt, wie ich mich entwickelt habe. Ich war ein Schuljunge, als du mich kennenlerntest. Jetzt bin ich ein Mann. Ich habe neue Leidenschaften, neue Gedanken, neue Ideen. Ich bin ein anderer geworden, aber deswegen darfst du mich nicht weniger gern haben. Ich habe mich verändert, dennoch mußt du immer mein Freund sein. Natürlich mag ich Harry sehr. Aber ich weiß, daß du besser bist als er. Du bist nicht stärker – du hast zu große Angst vor dem Leben –, aber du bist besser. Und wie glücklich wir zusammen waren! Verlaß mich nicht, Basil, und hadre nicht mit mir. Ich bin, wie ich bin. Mehr ist dazu nicht zu sagen.«

Der Maler war eigenartig berührt. Der junge Mann war ihm unendlich teuer, und seine Persönlichkeit hatte den großen Wendepunkt in seiner Kunst herbeigeführt. Der Gedanke, ihm weiter Vorwürfe zu machen, wurde ihm unerträglich. Schließlich war seine Gleichgültigkeit wohl nur eine vorübergehende Laune. Es war ja so viel Gutes, so viel Edles in ihm.

»Gut, Dorian«, sagte er nach einer Weile mit traurigem Lächeln, »künftig werde ich diese grauenvolle Geschichte dir gegenüber nicht mehr erwähnen. Ich hoffe nur, daß dein Name in diesem Zusammenhang nicht genannt wird. Die Leichenschau soll heute nachmittag stattfinden. Hat man dich vorgeladen?«

Dorian schüttelte den Kopf, und ein verdrießlicher Ausdruck glitt bei dem Wort »Leichenschau« über sein Antlitz. Derartige Dinge hatten ausnahmslos etwas so Rohes und Gemeines. »Man kennt meinen Namen nicht«, antwortete er.

»Aber sie kannte ihn doch sicherlich?«

»Nur meinen Vornamen, und ich bin mir ganz sicher, daß sie ihn anderen gegenüber nie erwähnt hat. Sie erzählte mir einmal, die anderen wären alle recht begierig zu erfahren, wer ich sei, und sie habe ihnen stets gesagt, mein Name sei ›Märchenprinz‹. Das war nett von ihr. Du mußt mir eine Zeichnung von Sibyl anfertigen, Basil. Ich möchte gern etwas mehr von ihr haben als die Erinnerung an ein paar Küsse und ein paar zusammenhanglose, gefühlvolle Worte.«

»Ich will versuchen, etwas zustande zu bringen, Dorian, wenn es dir Freude macht. Aber du mußt mir unbedingt wieder Modell sitzen. Ohne dich komme ich nicht voran.«

»Ich kann dir nie mehr Modell sitzen, Basil. Es ist unmöglich!« stieß er zurückzuckend hervor.

Der Maler starrte ihn an. »Mein lieber Junge, was für ein Unsinn!« rief er. »Willst du damit etwa sagen, daß dir das Bild nicht gefällt, das ich von dir gemalt habe? Wo ist es? Warum hast du den Wandschirm davor gestellt? Laß es mich anschauen. Es ist das Beste, was ich je gemacht habe. Nimm doch den Wandschirm weg, Dorian. Es ist einfach schändlich von deinem Diener, mein Werk so zu verstecken. Ich spürte gleich beim Eintreten, daß etwas im Zimmer anders war.«

»Mein Diener hat damit nichts zu tun, Basil. Du glaubst doch nicht, ich gestattete ihm, mein Zimmer nach eigenem Gutdünken umzuräumen? Manchmal arrangiert er meine Blumen für mich – das ist alles. Nein, ich selbst habe es getan. Auf das Porträt fiel zu starkes Licht.«

»Zu starkes Licht! Das kann doch nicht sein, mein Lieber? Es ist ein bewundernswerter Platz für das Bild. Laß es mich sehen.« Und Hallward schritt auf die Ecke des Zimmers zu.

Ein Schrei des Entsetzens entfuhr Dorian Grays Lippen, und hastig trat er zwischen Maler und Wandschirm. »Basil«, sagte er, kreidebleich im Gesicht, »du darfst es nicht ansehen. Ich will es nicht.«

»Mein eigenes Werk nicht ansehen! Das meinst du nicht im Ernst. Warum sollte ich es nicht ansehen?« erwiderte Hallward lachend.

»Wenn du versuchst, es anzusehen, werde ich mein Leben lang nie wieder mit dir sprechen, Basil. Darauf gebe ich dir mein Ehrenwort. Ich meine es völlig ernst. Ich werde dir keine Erklärung geben, und du sollst mich um keine bitten. Aber denk daran: wenn du diesen Wandschirm berührst, ist zwischen uns alles aus.«

Hallward war wie vom Donner gerührt. Er starrte Dorian Gray vollkommen verdutzt an. Noch nie hatte er ihn so gesehen. Der junge Mann war tatsächlich blaß vor Wut. Seine Hände waren zu Fäusten geballt, die Pupillen seiner Augen erinnerten an blaue Feuerräder. Er zitterte am ganzen Körper.

»Dorian!«

»Sag nichts!«

»Aber was ist denn los? Natürlich werde ich es nicht anschauen, wenn du es nicht willst«, sagte er recht kühl, drehte sich auf dem Absatz um und ging zum Fenster hinüber. »Aber es kommt mir ziemlich absurd vor, daß ich mein eigenes Werk nicht sehen soll, vor allem, da ich es doch im Herbst in Paris ausstellen werde. Wahrscheinlich werde ich es vorher ein zweites Mal firnissen müssen, also muß ich es mir irgendwann ansehen. Warum nicht gleich heute?«

»Es ausstellen? Du willst es ausstellen?« rief Dorian Gray, den ein Gefühl ungewöhnlichen Entsetzens überkam. Sollte der Welt sein Geheimnis enthüllt werden? Sollten fremde Leute das Geheimnis seines Lebens anstarren? Das war unmöglich. Etwas – was, wußte er nicht – mußte sofort unternommen werden.

»Ja. Ich nehme nicht an, daß du etwas dagegen hast. George Petit hat vor, meine besten Werke zu einer Sonderausstellung in der Rue de Sèze zusammenzutragen, die in der ersten Oktoberwoche eröffnet wird. Das Porträt wird nur einen Monat fort sein. Ich meine, für diesen Zeitraum kannst du es leicht entbehren. Du wirst dann wohl ohnehin gar nicht in der Stadt sein. Und wenn du es immer hinter einem Wandschirm verbirgst, kannst du dir ja nicht viel daraus machen.«

Dorian Gray fuhr sich mit der Hand über die Stirn, auf der sich Schweißperlen gebildet hatten. Er spürte, daß er am Rande einer grauenvollen Gefahr stand. »Vor einem Monat sagtest du, daß du es niemals ausstellen würdest«, rief er. »Warum hast du es dir anders überlegt? Ihr, die ihr euch auf eure Konsequenz etwas zugute haltet, habt genauso viele Launen wie andere Menschen auch. Der einzige Unterschied ist, daß eure Launen ziemlich unsinnig sind. Du kannst doch nicht vergessen haben, daß du mir feierlichst versichert hast, nichts auf der Welt könne dich dazu bewegen, es zu irgendeiner Ausstellung zu schicken. Zu Harry hast du genau das gleiche gesagt.« Er hielt unvermittelt inne, und ein Leuchten trat in seine Augen. Ihm war eingefallen, was Lord Henry einmal halb im Ernst, halb im Scherz zu ihm gesagt hatte: »Verlangt es dich einmal danach, eine ungewöhnliche Viertelstunde zu verbringen, dann veranlasse Basil dazu, dir zu erzählen, warum er dein Bildnis nicht ausstellen will. Mir hat er es erzählt, und es war eine Offenbarung für mich.« Ja, vielleicht hatte auch Basil sein Geheimnis. Er würde ihn fragen und versuchen, es herauszubekommen.

»Basil«, begann er, während er dicht zu ihm trat und ihm offen ins Gesicht blickte, »jeder von uns hat ein Geheimnis. Erzähl mir deines, und ich werde dich in meines einweihen. Aus welchem Grund hast du es abgelehnt, mein Bild auszustellen?«

Der Maler erschauderte unwillkürlich. »Dorian, wenn ich dir das sagte, würdest du mich vielleicht weniger mögen als jetzt, und ganz bestimmt würdest du mich auslachen. Ich könnte weder das eine noch das andere ertragen. Wenn du wünschst, daß ich dein Bild nie mehr ansehe, werde ich mich damit zufriedengeben. Ich kann ja dich jederzeit anschauen. Wenn du wünschst, daß das beste Werk, das ich je schuf, vor der Welt verborgen werden soll, so will ich mich darein fügen. Deine Freundschaft ist mir teurer als Ruhm oder Ansehen.«

»Nein, Basil, du mußt es mir sagen«, beharrte Dorian Gray. »Ich denke, ich habe ein Recht, es zu erfahren.« Das Gefühl des Entsetzens war gewichen und hatte der Neugier Platz gemacht. Er war entschlossen, Basil Hallwards Geheimnis zu erkunden.

»Setzen wir uns, Dorian«, sagte der Maler mit beunruhigter Miene. »Setzen wir uns. Und beantworte mir nur eine einzige Frage. Hast du an dem Bild etwas Eigenartiges bemerkt? Etwas, das dir zunächst wahrscheinlich gar nicht auffiel, sich dir dann aber plötzlich offenbarte.«

»Basil!« rief der junge Mann, umklammerte mit bebenden Händen die Armlehnen seines Sessels und starrte sein Gegenüber mit verstörtem, bestürztem Blick an.

»Ich sehe, du hast. Sag nichts. Warte, bis du hörst, was ich zu sagen habe. Dorian, von dem Augenblick an, da ich dir zum erstenmal begegnet bin, übte deine Persönlichkeit einen ganz außergewöhnlichen Einfluß auf mich aus. Du beherrschtest mich – meine Seele, meinen Verstand und meine Schaffenskraft. Du wurdest für mich die sichtbare Verkörperung jenes ungeschauten Ideals, das uns Künstler in Gedanken wie ein köstlicher Traum verfolgt. Ich betete dich an. Ich wurde eifersüchtig auf jeden, mit dem du sprachst. Ich wollte dich ganz für mich haben. Ich war nur glücklich, wenn ich mit dir zusammen war. Warst du nicht bei mir, so warst du doch in meiner Kunst gegenwärtig ... Natürlich habe ich dir gegenüber nie etwas davon erwähnt. Es wäre unmöglich gewesen. Du hättest es nicht verstanden. Ich verstand es ja selbst kaum. Ich wußte nur, daß ich die Vollkommenheit von Angesicht zu Angesicht erblickt hatte und daß die Welt in meinen Augen wunderbar geworden war – zu wunderbar vielleicht, denn in so vorbehaltloser Anbetung lauert eine Gefahr, die Gefahr nämlich, sie zu verlieren, ebenso wie die Gefahr, sie sich zu bewahren ... Woche um Woche verstrich, und ich geriet immer mehr in deinen Bann. Dann trat eine neue Entwicklung ein. Ich hatte dich als Paris[4] in schmucker Rüstung gezeichnet, und als Adonis[5] im Jagdgewand und mit glänzendem Eberspeer. Gekrönt mit großen Lotosblüten saßest du am Bug von Hadrians Barke und blicktest über den träge dahinfließenden grünen Nil.[6] Du beugtest dich über den stillen Teich einer griechischen Waldlandschaft und sahst in des Wassers unbewegtem Silber das Wunder deines eigenen Antlitzes.[7] Und alles war genauso gewesen, wie Kunst sein sollte – unbewußt, ideal und unnahbar. Eines Tages – eines verhängnisvollen Tages, denke ich manchmal – beschloß ich, ein herrliches Porträt von dir zu malen, wie du wirklich bist, nicht in der Tracht längst vergangener Jahrhunderte, sondern in deiner eigenen Kleidung und in deiner eigenen Zeit. Ob es am Realismus der Methode lag oder am bloßen Wunder deiner Persönlichkeit, die sich mir so unmittelbar, so gänzlich unverschleiert und ungetrübt darbot, kann ich nicht sagen. Doch ich weiß, daß mir, während ich daran arbeitete, war, als gäbe jeder Farbtupfer und jeder Pinselstrich mein Geheimnis preis. Ich begann zu fürchten, andere könnten meine abgöttische Verehrung erkennen. Ich spürte, Dorian, daß ich zu viel verraten, daß ich zu viel von mir selbst hineingelegt hatte. Damals faßte ich den Entschluß, nicht zuzulassen, daß das Bild jemals ausgestellt würde. Du warst ein wenig verärgert; aber du wußtest ja nicht, was es mir alles bedeutete. Harry, mit dem ich darüber sprach, lachte mich aus. Aber das machte mir nichts. Als das Bild fertig war und ich allein davor saß, war ich überzeugt, daß ich recht hatte ... Nun, nach ein paar Tagen verließ es mein Atelier, und sowie ich von der unerträglichen Faszination seiner Gegenwart befreit war, schien mir, es sei töricht von mir gewesen, mir einzubilden, ich hätte mehr darin entdeckt, als daß du ungemein gut aussiehst und ich malen kann. Selbst jetzt kann ich mich des Gefühls nicht erwehren, daß es ein Irrtum ist zu glauben, die während des Schaffensprozesses empfundene Leidenschaft finde in dem geschaffenen Werk jemals tatsächlich Ausdruck. Kunst ist immer abstrakter, als wir meinen. Form und Farbe erzählen uns von Form und Farbe – das ist alles. Oft scheint mir, die Kunst verbirgt den Künstler weit mehr, als sie ihn jemals offenbart. Und als ich nun dieses Angebot aus Paris erhielt, beschloß ich, dein Porträt zum Mittelpunkt meiner Ausstellung zu machen. Es kam mir nicht in den Sinn, daß du etwas dagegen haben könntest. Ich sehe jetzt, daß du recht hattest. Das Bild kann nicht gezeigt werden. Du darfst mir nicht übelnehmen, was ich dir gesagt habe, Dorian. Wie ich einmal zu Harry sagte: Du bist geschaffen, um angebetet zu werden.«

Dorian Gray atmete tief durch. Die Farbe kehrte in seine Wangen zurück, und ein Lächeln umspielte seine Lippen. Die Gefahr war vorüber. Für den Augenblick war er sicher. Dennoch konnte er sich eines Gefühls unendlichen Mitleids für den Maler nicht erwehren, der eben dieses sonderbare Geständnis abgelegt hatte, und er fragte sich, ob er sich wohl jemals von der Persönlichkeit eines Freundes derart dominieren ließe. Lord Henry verfügte durchaus über den Zauber, der einem sehr gefährlich werden konnte. Doch das war alles. Er war zu klug und zu zynisch, als daß man ihn wirklich lieben konnte. Würde es jemals einen Menschen geben, der ihn mit einer ungewöhnlichen Verehrung erfüllen würde? War das eines der Dinge, die das Leben noch für ihn bereithielt?

»Es erscheint mir ganz außerordentlich, Dorian«, fuhr Hallward fort, »daß du dies im Porträt gesehen hast. Hast du es wirklich gesehen?«

»Ich habe etwas darin gesehen«, antwortete er, »etwas, was mir sehr sonderbar vorkam.«

»Nun, du hast doch nichts dagegen, wenn ich mir das Ding jetzt ansehe?«

Dorian schüttelte den Kopf. »Darum darfst du mich

nicht bitten, Basil. Ich kann dich unmöglich vor dieses Bild treten lassen.«

»Aber doch sicher später irgendwann einmal?«

»Nie.«

»Na ja, vielleicht hast du recht. Und nun leb wohl, Dorian. Du bist der einzige Mensch in meinem Leben, der meine Kunst wirklich beeinflußt hat. Was immer ich Gutes geschaffen habe, verdanke ich dir. Ach, du weißt nicht, was es mich gekostet hat, dir all das zu erzählen, was ich dir eben erzählt habe.«

»Mein lieber Basil«, sagte Dorian, »was hast du mir denn erzählt? Doch nur, daß du das Gefühl hattest, du bewundertest mich zu sehr. Das ist nicht einmal ein Kompliment.«

»Es sollte auch kein Kompliment sein. Es war ein Geständnis. Nun, da ich es abgelegt habe, kommt es mir vor, als hätte ich etwas verloren. Vielleicht sollte man seine Verehrung nie in Worte fassen.«

»Es war ein sehr enttäuschendes Geständnis.«

»Warum? Was hast du erwartet, Dorian? Du hast nicht noch etwas anderes in dem Bild entdeckt, oder? Es gab doch sonst nichts darin zu sehen?«

»Nein, sonst gab es nichts darin zu sehen. Warum fragst du? Aber du darfst nicht von Verehrung sprechen. Das ist töricht. Du und ich, wir sind Freunde, Basil, und wir müssen immer Freunde bleiben.«

»Du hast Harry«, sagte der Maler traurig.

»Ach, Harry!« rief der junge Mann mit einem leisen Lachen. »Harry verbringt seine Tage damit, Unglaubliches zu sagen, und seine Abende damit, Unwahrscheinliches zu tun. Genau die Art von Leben, das ich gern führen würde. Aber trotzdem glaube ich nicht, daß ich zu Harry ginge, wenn ich mich in Schwierigkeiten befände. Ich käme lieber zu dir, Basil.«

»Wirst du mir wieder sitzen?«

»Unmöglich!«

»Mit deiner Weigerung zerstörst du mein Leben als Künstler, Dorian. Kein Mensch begegnet in seinem Leben zwei vollkommenen Dingen. Wenigen begegnet eines.«

»Ich kann es dir nicht erklären, Basil, aber ich darf dir nie mehr Modell sitzen. Ein Porträt hat etwas Verhängnisvolles an sich. Es hat ein Eigenleben. Ich werde dich besuchen und Tee mit dir trinken. Das wird genauso erfreulich sein.«

»Für dich erfreulicher, fürchte ich«, murmelte Hallward bedauernd. »Und nun leb wohl. Es tut mir leid, daß du mich das Bild nicht mehr ansehen lassen willst. Aber da kann man nichts machen. Ich verstehe deine Gefühle vollkommen.«

Als der Maler den Raum verließ, lächelte Dorian Gray vor sich hin. Armer Basil! Wie wenig ahnte er den wahren Grund! Und wie seltsam war es, daß es ihm, anstatt sich gezwungen zu sehen, sein eigenes Geheimnis zu enthüllen, beinahe zufällig gelungen war, seinem Freund ein Geheimnis zu entreißen! Die absurden Eifersuchtsanfälle des Malers, seine schwärmerische Ergebenheit, seine übertriebenen Lobeshymnen, seine sonderbare Zurückhaltung – all das verstand er nun, und es betrübte ihn. In einer so von Romantik gefärbten Freundschaft schien ihm etwas Tragisches zu liegen.

Er seufzte und betätigte die Glocke. Das Bild mußte um jeden Preis unauffindbar versteckt werden. Er durfte nicht noch einmal Gefahr laufen, daß sein Geheimnis entdeckt wurde. Es war Wahnsinn von ihm gewesen, das Ding auch nur eine Stunde in einem Raum zu lassen, zu dem alle seine Freunde Zutritt hatten.

Kapitel 10

Als sein Diener eintrat, blickte er ihn unverwandt an und fragte sich, ob dieser wohl auf die Idee gekommen war, hinter den Wandschirm zu spähen. Der Mann stand völlig gleichmütig da und wartete auf seine Befehle. Dorian zündete sich eine Zigarette an, ging zum Spiegel hinüber und schaute hinein. Er konnte darin das Abbild von Victors Gesicht deutlich sehen. Es glich einer regungslosen Maske der Unterwürfigkeit. Von dieser Seite war nichts zu befürchten. Dennoch hielt er es für das beste, auf der Hut zu sein.

Sehr langsam sprechend, trug er ihm auf, der Haushälterin zu bestellen, er wünsche sie zu sehen, und dann zum Rahmenmacher zu gehen und ihn zu bitten, sofort zwei seiner Leute herzuschicken. Ihm war, als habe der Mann beim Verlassen des Raums einen Blick in die Richtung des Wandschirms geworfen. Oder hatte er sich das nur eingebildet?

Kurz darauf eilte Mrs. Leaf in ihrem schwarzen Seidenkleid, die zerfurchten Hände in altmodischen zwirnenen Halbhandschuhen, geschäftig in die Bibliothek. Er bat sie um den Schlüssel zum Schulzimmer.

»Das alte Schulzimmer, Mr. Dorian?« rief sie. »Aber das ist doch voller Staub. Ich muß es aufräumen und saubermachen lassen, bevor Sie hineingehen. So können Sie es nicht sehen, Sir. Wirklich nicht.«

»Ich will nicht, daß es saubergemacht wird, Leaf. Ich will lediglich den Schlüssel.«

»Aber, Sir, Sie werden mit Spinnweben überzogen werden, wenn Sie da hineingehen. Es ist doch seit fast fünf Jahren nicht geöffnet worden, nicht, seit Seine Lordschaft tot ist.«

Bei der Erwähnung seines Großvaters zuckte er zusammen. Er hatte verhaßte Erinnerungen an ihn. »Das macht nichts«, erwiderte er. »Ich will den Raum einfach sehen – das ist alles. Geben Sie mir den Schlüssel.«

»Hier ist der Schlüssel, Sir«, sagte die alte Dame, während sie ihren Schlüsselbund mit zittrig-unsicheren Händen durchging. »Hier ist der Schlüssel. Ich werde ihn gleich vom Bund losgemacht haben. Aber Sie haben doch nicht vor, da oben zu wohnen, wo Sie es hier so behaglich haben?«

»Nein, nein«, rief er gereizt. »Danke, Leaf. Das ist alles.«

Sie blieb noch ein paar Augenblicke und ließ sich wortreich über irgendeine nebensächliche Haushaltsangelegenheit aus. Er seufzte und forderte sie auf, die Dinge so zu regeln, wie sie es für am besten hielt. Das ganze Gesicht zu einem einzigen Lächeln gekräuselt, verließ sie den Raum.

Als sich die Tür schloß, steckte Dorian den Schlüssel in die Tasche und sah sich im Zimmer um. Sein Blick fiel auf eine große purpurrote und reich mit Gold bestickte Atlasdecke, ein prachtvolles Stück venezianischer Handarbeit aus dem späten siebzehnten Jahrhundert, die sein Großvater in einem Kloster bei Bologna entdeckt hatte. Ja, darin konnte er das schreckliche Ding einwickeln. Vielleicht hatte sie des öfteren als Bahrtuch gedient. Nun sollte sie etwas verbergen, dem eine Verwesung eigener Art anhing, schlimmer noch als selbst die Verwesung des Todes – etwas, das Grauen gebären und doch nie sterben würde. Was der Wurm für den Leichnam war, würden seine Sünden für das gemalte Bildnis auf der Leinwand sein. Sie würden seine Schönheit zerstören, seine Anmut zerfressen. Sie würden es beflecken und es anstößig machen. Und doch würde das Ding immer weiter leben. Es würde immer lebendig bleiben.

Ihn schauderte, und einen Augenblick lang bedauerte er, daß er Basil nicht den wahren Grund genannt hatte, weshalb er das Bild versteckt halten wollte. Basil hätte ihm geholfen, sich Lord Henrys Einfluß zu widersetzen und auch den noch verderblicheren Einflüssen, die von seinem eigenen Charakter ausgingen. Die Liebe, die er für ihn hegte – denn es war wirklich Liebe –, hatte nichts an sich, das nicht edel und geistig gewesen wäre. Es war nicht jene rein physische Bewunderung für Schönheit, die aus den Sinnen geboren wird und die stirbt, wenn die Sinne überdrüssig werden. Es war eine Liebe, wie Michelangelo[1] sie gekannt hatte und Montaigne[2] und Winckelmann[3] und auch Shakespeare. Ja, Basil hätte ihn retten können. Doch jetzt war es zu spät. Die Vergangenheit konnte immer für nichtig erklärt werden. Reue, Leugnen oder Vergessen waren dazu in der Lage. Doch die Zukunft war unausweichlich. In ihm waren Leidenschaften, die ihr schreckliches Ventil finden würden, Träume, die den Schatten ihres Unheils Wirklichkeit werden ließen.

Er nahm den prächtigen purpur-goldnen Überwurf vom Sofa und ging damit hinter den Wandschirm. War das Gesicht auf der Leinwand niederträchtiger als zuvor? Es schien ihm unverändert; und doch war seine Abscheu davor noch heftiger geworden. Das goldblonde Haar, die blauen Augen und rosenroten Lippen – all das war da. Nur der Ausdruck hatte sich verändert. Der war furchtbar in seiner Grausamkeit. Wie oberflächlich waren Basils Vorhaltungen wegen Sibyl Vane gewesen, verglichen mit dem, was er darin an Mißbilligung oder Vorwurf sah! Wie oberflächlich und wie belanglos! Seine eigene Seele blickte ihn von der Leinwand herunter an und stellte ihn vor Gericht. Ein schmerzlicher Ausdruck breitete sich auf seinen Zügen aus, und er warf die kostbare Decke über das Bild. In diesem Augenblick klopfte es an die Tür. Er kam hinter dem Wandschirm hervor, als sein Diener eintrat.

»Die Leute sind hier, Monsieur.«

Er spürte, daß er den Mann sofort loswerden mußte. Er durfte nicht wissen, wohin das Bild gebracht wurde. Etwas Hinterhältiges war an ihm, und er hatte einen aufmerksamen, verschlagenen Blick. Dorian setzte sich an den Schreibtisch und kritzelte eine Nachricht an Lord Henry, in der er diesen bat, ihm etwas zu lesen herüberzuschicken, und ihn daran erinnerte, daß sie sich abends um Viertel nach acht treffen wollten.

»Warten Sie auf Antwort«, sagte er zu ihm, als er ihm das Schreiben aushändigte, »und führen Sie die Männer herein.«

Zwei, drei Minuten später klopfte es erneut, und Mr. Hubbard höchstpersönlich, der berühmte Rahmenmacher aus der South Audley Street, trat zusammen mit einem etwas ungeschliffen wirkenden jungen Gehilfen ein. Mr. Hubbard war ein rotgesichtiger kleiner Mann mit rotem Backenbart, dessen Bewunderung für die Kunst durch die chronische Mittellosigkeit der meisten Künstler, mit denen er zu tun hatte, beträchtlich gedämpft wurde. Für gewöhnlich verließ er seinen Laden nie. Er erwartete, daß die Leute zu ihm kamen. Bei Dorian Gray indes machte er stets eine Ausnahme. Dorian hatte etwas an sich, das jeden bezauberte. Allein ihn zu sehen, war ein Vergnügen.

»Was kann ich für Sie tun, Mr. Gray?« fragte er und rieb dabei seine fetten, sommersprossigen Hände. »Ich dachte, ich erweise mir die Ehre und komme persönlich her. Ich habe gerade ein Prachtstück von einem Rahmen, Sir. Hab ihn auf einer Versteigerung aufgelesen. Altflorentinisch. Stammt aus Fonthill[4], glaub ich. Vortrefflich geeignet für ein religiöses Thema, Mr. Gray.«

»Es tut mir leid, daß Sie sich die Mühe gemacht haben, selbst herzukommen, Mr. Hubbard. Ich werde bestimmt vorbeischauen, um mir den Rahmen anzusehen – obwohl ich mir gegenwärtig nicht gerade viel aus religiöser Kunst mache –, aber heute möchte ich nur ein Bild nach oben tragen lassen. Es ist recht schwer, und deshalb dachte ich, ich bitte Sie, mir zwei Ihrer Leute zur Verfügung zu stellen.«

»War wirklich keine Mühe, Mr. Gray. Stets erfreut, Ihnen zu Diensten sein zu können. Welches ist das Kunstwerk, Sir?«

»Das da«, antwortete Dorian und zog den Wandschirm beiseite. »Können Sie es so nehmen, wie es ist, samt Decke und allem? Ich möchte nicht, daß es beim Hinauftragen zerkratzt wird.«

»Kein Problem, Sir«, sagte der zuvorkommende Rahmenmacher, während er, mit Unterstützung seines Gehilfen, schon begann, das Bild von der langen Messingkette abzuhängen, an der es befestigt war. »Und wohin sollen wir es nun tragen, Mr. Gray?«

»Ich werde Ihnen den Weg zeigen, Mr. Hubbard, wenn Sie mir freundlichst folgen wollen. Oder vielleicht gehen Sie besser voraus. Leider muß es ganz nach oben. Wir werden die Vordertreppe hinaufgehen, sie ist breiter.«

Er hielt ihnen die Tür auf, und sie gingen in die Halle hinaus und machten sich an den Aufstieg. Der kunstvoll gearbeitete Rahmen hatte das Bild äußerst unhandlich gemacht, und trotz der beflissenen Proteste Mr. Hubbards, der die lebhafte Abneigung des wahren Handwerkers dagegen empfand, einen Gentleman etwas Nützliches tun zu sehen, legte Dorian von Zeit zu Zeit Hand an, um ihnen zu helfen.

»Hat ein ganz schönes Gewicht, Sir«, keuchte der kleine Mann, als sie den obersten Treppenabsatz erreichten. Und er wischte sich über die glänzende Stirn.

»Ich fürchte, es ist ziemlich schwer«, murmelte Dorian, während er die Tür zu dem Raum aufschloß, der das merkwürdige Geheimnis seines Lebens für ihn bewahren und seine Seele vor den Augen der Menschen verbergen sollte.

Er hatte das Zimmer seit über vier Jahren nicht mehr betreten – genaugenommen nicht mehr, seit er zunächst als Kind darin gespielt und es dann, als er älter wurde, als Studierzimmer benutzt hatte. Es war ein großer, gutgeschnittener Raum; der letzte Lord Kelso hatte ihn eigens für seinen kleinen Enkel ausbauen lassen, den er wegen seiner außergewöhnlichen Ähnlichkeit mit seiner Mutter und auch aus anderen Gründen immer gehaßt hatte und von sich fernzuhalten bemüht gewesen war. Er schien Dorian kaum verändert. Da stand der riesige italienische *cassone*[5] mit seinen phantastisch bemalten Füllungen und seinen angelaufenen erhabenen Goldleisten, in dem er sich als kleiner Junge so oft versteckt hatte. Da war der mit seinen Schulbüchern voller Eselsohren gefüllte Bücherschrank aus Satinholz. An der Wand dahinter hing noch immer der gleiche zerschlissene flämische Wandteppich, auf dem ein verblaßter König und eine verblaßte Königin in einem Garten Schach spielten, während eine Gruppe von Falknern vorbeiritt, die auf ihren behandschuhten Händen bekappte Vögel trugen. Wie gut er sich an alles erinnerte! Jeder Augenblick seiner einsamen Kindheit wurde in ihm lebendig, als er sich umblickte. Er entsann sich der makellosen Reinheit seines Knabenlebens, und es schien ihm entsetzlich, daß das verhängnisvolle Porträt ausgerechnet hier versteckt werden sollte. Wie wenig hatte er in jenen längst vergangenen Tagen daran gedacht, was ihn im Leben noch erwarten mochte!

Doch es gab im ganzen Haus keinen anderen Ort, der vor neugierigen Blicken so sicher war wie dieser. Er hatte den Schlüssel, und außer ihm konnte niemand hinein. Unter dem purpurnen Tuch mochte das auf die Leinwand gemalte Antlitz entmenscht, aufgedunsen und verderbt werden. Was machte es schon? Niemand konnte es sehen. Nicht einmal er selbst würde es sehen. Warum sollte er die gräßliche Verwesung seiner Seele mitansehen? Er behielt seine Jugend – das genügte. Und außerdem, war es denn nicht möglich, daß sich sein Charakter zum Besseren veränderte? Es gab keinen Grund, daß die Zukunft so schmachvoll sein mußte. Liebe könnte in sein Leben treten und ihn läutern und ihn vor den Sünden bewahren, die sich in Geist und Körper schon zu regen schienen – jenen merkwürdigen, unausgemalten Sünden, deren geheimnisumwittertes Dunkel ihnen gerade ihre Erlesenheit und ihren Reiz verlieh. Vielleicht würde eines Tages der grausame Ausdruck um den scharlachroten, sinnlichen Mund verschwunden sein, und er könnte der Welt Basil Hallwards Meisterwerk zeigen.

Nein, das war unmöglich. Stunde um Stunde, Woche um Woche würde das Wesen auf der Leinwand älter werden. Es mochte der Widerwärtigkeit der Sünde entgehen, doch die Widerwärtigkeit des Alterns stand ihm bevor. Die Wangen würden hohl oder schlaff werden. Gelbe Krähenfüße würden die sich trübenden Augen umranden und sie grauenvoll aussehen lassen. Das Haar würde seinen Glanz verlieren, der Mund offenstehen oder erschlaffen, lächerlich oder anstößig wirken, wie es die Münder alter Männer taten. Es würde den gleichen runzeligen Hals, die kalten, blaugeäderten Hände, den verkrümmten Körper haben, wie er es von seinem Großvater in Erinnerung hatte, der in seiner Kindheit so streng mit ihm gewesen war. Das Bild mußte verborgen werden. Daran führte kein Weg vorbei.

»Bringen Sie es bitte herein, Mr. Hubbard«, sagte er gequält und drehte sich zu ihm um. »Entschuldigen Sie, daß ich Sie so lange warten ließ. Ich habe an etwas anderes gedacht.«

»Immer froh über eine Ruhepause, Mr. Gray«, antwortete der Rahmenmacher, noch immer nach Luft ringend. »Wohin soll es, Sir?«

»Ach, irgendwohin. Hierher: das genügt. Ich möchte nicht, daß es aufgehängt wird. Stellen Sie es einfach an die Wand. Danke.«

»Darf man das Kunstwerk sehen, Sir?«

Dorian zuckte zusammen. »Es würde Sie nicht interessieren, Mr. Hubbard«, sagte er, den Blick unverwandt auf den Mann gerichtet. Er wäre bereit gewesen, sich auf ihn zu stürzen und ihn zu Boden zu stoßen, hätte er es gewagt, die prächtige Decke anzuheben, die das Geheimnis seines Lebens verbarg. »Ich will Sie nicht weiter bemühen. Ich bin Ihnen sehr verbunden, daß Sie so freundlich waren herzukommen.«

»Nicht der Rede wert, Mr. Gray, nicht der Rede wert. Jederzeit gern zu Ihren Diensten, Sir.« Und Mr. Hubbard stapfte mit schwerem Schritt die Treppe hinunter, gefolgt von seinem Gehilfen, der sich noch einmal umblickte und Dorian mit einem Ausdruck schüchterner Bewunderung auf seinem derben, unansehnlichen Gesicht musterte. Er hatte noch nie einen so wunderschönen Menschen gesehen.

Als ihre Schritte verhallt waren, sperrte Dorian die Tür ab und steckte den Schlüssel in die Tasche. Jetzt fühlte er sich sicher. Kein Mensch würde dieses grauenvolle Ding jemals zu Gesicht bekommen. Kein Auge außer dem seinen würde je seine Schande sehen.

Beim Betreten der Bibliothek stellte er fest, daß es kurz nach fünf und der Tee bereits serviert war. Auf einem Tischchen aus dunklem, wohlriechendem Holz mit reicher Perlmutteinlegearbeit, einem Geschenk von Lady Radley, der Gattin seines Vormunds, einer geradezu schon professionellen Kranken, die den vergangenen Winter in Kairo verbracht hatte, lag eine Mitteilung von Lord Henry und daneben ein in gelbe Pappe gebundenes Buch; der Einband war etwas eingerissen und der Schnitt angeschmutzt. Auf dem Teetablett war ein Exemplar der dritten Ausgabe der *St James's Gazette* zurechtgelegt. Offensichtlich war Victor zurückgekommen. Er fragte sich, ob er den Männern in der Eingangshalle begegnet war, als diese das Haus verließen, und ihnen entlockt hatte, was sie getan hatten. Er würde das Bild sicher vermissen – hatte es zweifellos schon vermißt, als er den Teetisch deckte. Der Wandschirm war noch nicht zurückgestellt worden, und der leere Platz an der Wand war unübersehbar. Vielleicht ertappte er ihn eines Nachts dabei, wie er die Treppe hinaufschlich und versuchte, die Tür zu dem Raum gewaltsam zu öffnen. Es war etwas Grauenvolles, einen Spion im Haus zu haben. Er hatte von reichen Männern gehört, die ihr ganzes Leben lang von irgendeinem Dienstboten erpreßt worden waren, der einen Brief gelesen oder ein Gespräch belauscht oder eine Visitenkarte aufgehoben oder unter dem Kissen eine verwelkte Blume oder ein Stückchen zerknitterter Spitze gefunden hatte.

Er seufzte und öffnete, nachdem er sich eine Tasse Tee eingegossen hatte, Lord Henrys Schreiben. Dieser teilte ihm darin lediglich mit, daß er ihm die Abendzeitung und ein Buch schicke, das ihn vielleicht interessiere, und daß er um acht Uhr fünfzehn im Klub sein würde. Lustlos schlug er die *St James's* auf und blätterte sie durch.

Eine rot markierte Stelle auf der fünften Seite fiel ihm ins Auge. Sie lenkte seine Aufmerksamkeit auf den folgenden Absatz:

»GERICHTLICHE UNTERSUCHUNG DES TODES EINER SCHAUSPIELERIN. – Eine gerichtliche Untersuchung wurde heute vormittag von Mr. Danby, dem Bezirksleichenbeschauer, in der Bell-Taverne, Hoxton Road, an der Leiche von Sibyl Vane, einer zuletzt am Royal Theatre in Holborn engagierten jungen Schauspielerin, durchgeführt. Es wurde auf Tod durch Unglücksfall erkannt. Rege Anteilnahme wurde der Mutter der Verstorbenen entgegengebracht, die während ihrer eigenen Aussage sowie der Aussage von Dr. Birrell, der die Obduktion der Toten vorgenommen hatte, sehr mitgenommen war.«

Er runzelte die Stirn, riß die Zeitung entzwei, ging durch das Zimmer und warf die Papierfetzen fort. Wie häßlich das alles war! Und wie grauenvoll wirklich die Häßlichkeit die Dinge machte! Er ärgerte sich ein wenig über Lord Henry, weil er ihm den Bericht geschickt hatte. Und es war zweifellos dumm von ihm gewesen, ihn mit Rotstift anzustreichen. Victor könnte ihn gelesen haben. Dazu verstand der Mann mehr als genug Englisch.

Vielleicht hatte er ihn tatsächlich gelesen und bereits begonnen, irgendwelche Mutmaßungen anzustellen. Aber was machte das schon? Was hatte Dorian Gray mit Sibyl Vanes Tod zu tun? Er hatte nichts zu befürchten. Dorian Gray hatte sie nicht getötet.

Sein Blick fiel auf das gelbe Buch[6], das Lord Henry ihm geschickt hatte. Er fragte sich, was es wohl sein mochte. Er ging zu dem perlfarbenen achteckigen Tischchen, das ihm schon immer vorgekommen war wie das Werk seltsamer ägyptischer Bienen, die Silber verarbeiteten, nahm den Band zur Hand, ließ sich in einen Lehnstuhl fallen und begann zu blättern. Nach wenigen Minuten war er in die Lektüre vertieft. Es war das ungewöhnlichste Buch, das er je gelesen hatte. Ihm war, als zögen, in kostbaren Gewändern und zu zarten Flötenklängen, die Sünden der Welt in stummem Zug an ihm vorüber. Dinge, von denen er dunkel geträumt hatte, wurden auf einmal Wirklichkeit für ihn. Dinge, von denen er noch nicht einmal geträumt hatte, offenbarten sich ihm nach und nach.

Es war ein Roman ohne Handlung und mit nur einer einzigen Person, ja, es war einfach eine psychologische Studie über einen gewissen jungen Pariser, der sein Leben in dem Bemühen zubrachte, im neunzehnten Jahrhundert all die Leidenschaften und Denkweisen zu verwirklichen, die allen Jahrhunderten außer seinem eigenen angehörten, und gleichsam die verschiedenen Stimmungen in sich zu vereinen, die der Weltgeist jemals durchlebt hatte, und der jene Selbstverleugnung, die die Menschen törichterweise Tugend genannt haben, ihrer bloßen Künstlichkeit wegen ebenso liebte wie jenes natürliche Aufbegehren, das Weise noch immer Sünde nennen. Verfaßt war er in jenem eigenartigen ausgeschmückten Stil, der, lebendig und düster zugleich, voller Argots[7] und Archaismen, Fachausdrücke und kunstvoller Umschreibungen, das Werk einiger der herausragendsten Künstler der französischen Symbolistenschule auszeichnet. Es gab darin Metaphern, ungeheuerlich wie Orchideen und ebenso betörend in den Farben. Das Leben der Sinne wurde in den Begriffen der mystischen Philosophie geschildert. Zuweilen wußte man kaum, ob man die geistigen Ekstasen eines mittelalterlichen Heiligen las oder die morbiden Bekenntnisse eines modernen Sünders. Es war ein zersetzendes Buch. Der schwere Duft von Weihrauch schien an seinen Seiten zu haften und den Verstand zu umnebeln. Der bloße Rhythmus der Sätze, die ausgeklügelte Monotonie ihres Wohlklangs voller komplizierter Refrains und kunstvoll wiederholter Elemente ließen den jungen Mann, während er von Kapitel zu Kapitel weiterlas, in eine Art Träumerei verfallen, eine Krankheit des Träumens, die ihn nicht merken ließ, daß der Tag zur Neige ging und die Schatten länger wurden.

Wolkenlos und lediglich von einem einzigen, einsamen Stern durchbrochen, schimmerte ein kupfergrüner Himmel durch die Fenster. In seinem fahlen Licht las er weiter, bis er nicht mehr lesen konnte. Dann, nachdem ihn sein Diener mehrmals an die vorgerückte Stunde erinnert hatte, erhob er sich, ging ins Nebenzimmer, legte das Buch auf das Florentinertischchen, das immer neben seinem Bett stand, und begann sich zum Abendessen umzukleiden.

Es war fast neun Uhr, als er im Klub eintraf; er fand Lord Henry allein und mit höchst gelangweilter Miene im Lesezimmer.

»Es tut mir wirklich leid, Harry«, rief er, »aber es ist ganz allein deine Schuld. Das Buch, das du mir geschickt hast, hat mich derart gefesselt, daß ich gar nicht merkte, wie die Zeit verging.«

»Ja, ich dachte mir, daß es dir gefallen würde«, antwortete sein Gastgeber und erhob sich.

»Ich sagte nicht, daß es mir gefallen hat, Harry. Ich sagte, daß es mich gefesselt hat. Das ist ein großer Unterschied.«

»Ach, das hast du also herausgefunden?« murmelte Lord Henry. Und sie gingen hinüber in den Speisesaal.

Kapitel 11

Jahrelang vermochte sich Dorian Gray nicht vom Einfluß dieses Buches freizumachen. Oder vielleicht wäre es zutreffender zu sagen, daß er nie versuchte, sich davon zu befreien. Er besorgte sich nicht weniger als neun ungefalzte und ungeschnittene Exemplare der Erstausgabe und ließ sie in verschiedenen Farben binden, damit sie seinen jeweiligen Stimmungen und den wechselnden Launen einer Natur entsprachen, über die er zuweilen jegliche Kontrolle verloren zu haben schien. Der Held, der wundervolle junge Pariser, in dem romantische und wissenschaftliche Veranlagung auf so ungewöhnliche Weise miteinander verschmolzen, wurde für ihn zu einer Art vorweggenommenem Abbild seiner selbst. Und in der Tat schien ihm das ganze Buch die Geschichte seines eigenen Lebens zu enthalten, aufgezeichnet, bevor er es gelebt hatte.

In einer Hinsicht war er allerdings glücklicher dran als der Phantasieheld des Romans. Er hatte nie jene etwas groteske Angst vor Spiegeln, glänzenden Metalloberflächen und stillen Wassern kennengelernt – hatte freilich auch nie Anlaß gehabt, sie kennenzulernen –, die den jungen Pariser so früh im Leben befiel und durch den jähen Verfall einer Schönheit ausgelöst wurde, die offenbar einmal äußerst bemerkenswert gewesen war. Mit beinahe grausamer Freude – und vielleicht hat bei nahezu jeder Freude die Grausamkeit ebenso ihren Platz, wie sie ihn zweifellos bei jedem Genuß hat – pflegte er die zweite Hälfte des Buches zu lesen mit seiner wirklich tragischen, wenn auch etwas überspitzten Schilderung des Leids und der Verzweiflung eines Menschen, der das verloren hatte, was er an anderen und an der Welt am höchsten geschätzt hatte.

Denn ihn schien die wunderbare Schönheit, die Basil Hallward und viele andere außer ihm so fasziniert hatte, nie zu verlassen. Selbst diejenigen, die die übelsten Dinge über ihn gehört hatten, und von Zeit zu Zeit machten seltsame Gerüchte über seinen Lebenswandel in London die Runde und wurden zum Klatsch in den Klubs, konnten nichts Unehrenhaftes von ihm glauben, wenn sie ihn sahen. Er wirkte immer wie ein Mensch, der sich unbefleckt von der Welt bewahrt hatte. Männer, die anzügliche Bemerkungen machten, verstummten, sobald Dorian Gray den Raum betrat. In der Reinheit seines Antlitzes lag etwas, das sie zurechtwies. Seine bloße Gegenwart schien in ihnen die Erinnerung an die Unschuld wachzurufen, die sie befleckt hatten. Sie fragten sich, wie jemand, der so bezaubernd und anmutig war wie er, dem Makel einer Zeit hatte entgehen können, die schmutzig und sinnlich zugleich war.

Wenn er von einer jener geheimnisvollen, ausgedehnten Abwesenheiten zurückkehrte, die zu so seltsamen Mutmaßungen unter jenen Anlaß gaben, die seine Freunde waren oder sich dafür hielten, schlich er oft die Treppe zu dem verschlossenen Zimmer hinauf, öffnete die Tür mit dem Schlüssel, den er nun ständig bei sich trug, stellte sich mit einem Spiegel vor das Porträt, das Basil Hallward von ihm gemalt hatte, und betrachtete bald das verderbte, alternde Gesicht auf der Leinwand, bald das schöne junge Antlitz, das ihm aus dem polierten Glas entgegenlachte. Gerade die Schärfe des Gegensatzes steigerte stets aufs neue den Genuß, den er bei dem Anblick empfand. Immer heftiger verliebte er sich in seine eigene Schönheit, immer stärker fesselte ihn die Zersetzung seiner Seele. Mit minuziöser Aufmerksamkeit und zuweilen auch mit unnatürlichem und schrecklichem Entzücken begutachtete er die gräßlichen Linien, die sich in die faltig werdende Stirn brannten oder sich um den schwerfälligen, sinnlichen Mund ausbreiteten, und fragte sich dabei mitunter, was grauenvoller war: die Spuren der Sünde oder die Spuren des Alters. Er legte seine weißen Hände neben die plumpen, aufgedunsenen Hände auf dem Bild und lächelte. Er verhöhnte den unförmigen Körper und die allmählich versagenden Glieder.

Es gab freilich auch Augenblicke, in denen er, wenn er des Nachts schlaflos in seinem eigenen, mit zarten Wohlgerüchen parfümierten Zimmer oder in der schmutzigen Kammer der berüchtigten kleinen Spelunke in der Nähe der Docks lag, die er unter falschem Namen und in Verkleidung häufig aufzusuchen pflegte, über das Verderben nachgrübelte, das er über seine Seele gebracht hatte, erfüllt von einem Bedauern, das ihn um so mehr peinigte, als es reines Selbstmitleid war. Solche Augenblicke waren indes selten. Jene Neugier auf das Leben, die Lord Henry damals in ihm geweckt hatte, als sie im Garten ihres Freundes beisammen saßen, schien mit ihrer Befriedigung noch zuzunehmen. Je mehr er wußte, um so mehr begehrte er zu wissen. Er verspürte einen Heißhunger, der nur noch quälender wurde, wenn er ihn stillte.

Dennoch ließ er sich nicht wirklich gehen, zumindest vernachlässigte er seine gesellschaftlichen Verpflichtungen nicht. Im Winter öffnete er der vornehmen Welt ein-, zweimal pro Monat und während der gesamten Saison jeden Mittwochabend sein herrliches Haus und engagierte die gefeiertsten Musiker der Zeit, damit sie seine Gäste mit den Wundern ihrer Kunst verzauberten. Seine kleinen Diners, bei deren Vorbereitung Lord Henry ihm stets hilfreich zur Seite stand, waren ebenso berühmt für die sorgfältige Auswahl und Placierung der Geladenen wie für den erlesenen Geschmack, den die Tischdekoration mit ihren fein aufeinander abgestimmten Arrangements von exotischen Blumen, gestickten Decken und altem Tafelgeschirr aus Gold und Silber bewies. Tatsächlich gab es viele, zumal unter den sehr jungen Männern, die in Dorian Gray die wahrhaftige Verkörperung eines Menschentyps sahen oder zu sehen glaubten, von dem sie während ihrer Zeit in Eton oder Oxford oft geträumt hatten, eines Menschentyps, der etwas von der wahren Kultur des Gelehrten mit all dem Charme, der Vornehmheit und der vollendeten Lebensart eines Weltbürgers in sich vereinigte. In ihren Augen schien er der Gesellschaft jener anzugehören, die laut Dantes Schilderung danach gestrebt hatten, »durch die Anbetung des Schönen Vollkommenheit zu erlangen«[1]. Wie Gautier war er ein Mensch, für den »die sichtbare Welt existierte«[2].

Und zweifellos war für ihn das Leben selbst die vornehmste, die großartigste der Künste, und all die anderen Künste schienen lediglich eine Vorbereitung darauf. Die Mode, durch die eigentlich Unbeständiges, Launenhaftes einen Augenblick lang allgemeingültig wird, und das Dandytum, das, auf seine Weise, einen Versuch darstellt, die uneingeschränkte Modernität der Schönheit geltend zu machen, hatten natürlich ihren Reiz für ihn. Seine Art, sich zu kleiden, und der jeweilige persönliche Stil, den er gerade bevorzugte, übten einen unübersehbaren Einfluß auf die jungen Stutzer auf den Mayfair-Bällen und an den Fenstern der Pall-Mall-Klubs aus, die ihn in allem, was er tat, kopierten und sich bemühten, den ungezwungenen Charme seiner anmutigen, von ihm selbst allerdings nicht ganz ernstgenommenen Extravaganzen nachzuahmen.

Denn wenn er auch nur zu bereitwillig die gesellschaftliche Stellung einnahm, die ihm mit dem Erreichen der Volljährigkeit beinahe unverzüglich zufiel, und wenn er auch ein heimliches Vergnügen bei dem Gedanken empfand, er könnte für das zeitgenössische London tatsächlich das werden, was für das kaiserliche Rom Neros der Verfasser des *Satyrikon*[3] einst gewesen war, so verlangte es ihn doch im Innersten seines Herzens danach, etwas mehr zu sein als ein bloßer *arbiter elegantiarum*, den man zu Rate zog, wenn es um das Tragen eines Edelsteins, das Binden einer Krawatte oder das Halten eines Spazierstocks ging. Er war bestrebt, eine neue Lebensauffassung zu erarbeiten, die über eine wohldurchdachte Philosophie und geordnete Grundsätze verfügte und in der Vergeistigung der Sinne ihre höchste Verwirklichung fände.

Der Kult der Sinne ist oft und sehr zu Recht geschmäht worden, weil die Menschen instinktiv vor Leidenschaften und Gefühlen zurückschrecken, die stärker zu sein scheinen als sie selbst und die sie, wie sie sehr wohl wissen, mit weniger hoch entwickelten Lebensformen gemein haben. Dorian Gray jedoch schien es, daß die wahre Natur der Sinne noch nie wirklich verstanden worden sei und daß sie nur deshalb primitiv und animalisch geblieben seien, weil die Welt danach getrachtet hatte, sie durch Auszehrung zu unterdrücken oder durch Schmerz abzutöten, anstatt darauf hinzuwirken, sie zu Elementen einer neuen Geistigkeit zu machen, deren vorherrschendes Merkmal ein feiner Instinkt für Schönheit sein sollte. Wenn er auf den Weg des Menschen durch die Geschichte zurückblickte, stellte sich stets ein Gefühl des Verlustes ein. So viel war preisgegeben worden! Und so sinnlos! Es hatte unsinnige, bereitwillige Verweigerungen gegeben, ungeheuerliche Formen von Selbstquälerei und Selbstverleugnung, deren Ursprung Angst und deren Folge eine unendlich schrecklichere Erniedrigung war als jene eingebildete Erniedrigung, der die Menschen in ihrer Unwissenheit zu entkommen getrachtet hatten. Die Natur in ihrer wunderbaren Ironie treibt den Anachoreten[4] hinaus, damit er sich mit den wilden Tieren der Wüste nähre, und gibt dem Einsiedler die Tiere des Feldes zu Gefährten.

Ja, es mußte, wie Lord Henry es prophezeit hatte, ein neuer Hedonismus entstehen, der das Leben neu gestalten und es vor jenem strengen, unerfreulichen Puritanismus retten sollte, der in unseren Tagen seine sonderbare Wiedergeburt erlebt. Natürlich sollte er auf die Dienste des Intellekts nicht verzichten; doch durfte er nie eine Theorie oder eine Lehre billigen, die den Verzicht auf irgendeine Form leidenschaftlicher Erfahrung beinhaltete. Ja, sein Ziel sollte die Erfahrung selbst sein, und nicht die Früchte der Erfahrung, mochten sie süß oder bitter sein. Die die Sinne abtötende Askese sollte ihm ebenso fremd sein wie die vulgäre Lasterhaftigkeit, die sie abstumpft. Doch sollte er den Menschen lehren, sich auf die Augenblicke eines Lebens zu konzentrieren, das selbst nur ein Augenblick ist.

Nur wenige von uns sind nicht schon zuweilen vor Tagesanbruch aufgewacht, entweder nach einer dieser traumlosen Nächte, die uns beinahe in den Tod verliebt machen, oder nach einer jener Nächte des Grauens und der entstellten Lust, wenn durch die Kammern des Gehirns Phantome huschen, schrecklicher als die Wirklichkeit selbst und erfüllt von jenem übersteigerten Leben, das in allem Grotesken lauert und das der gotischen Kunst ihre dauerhafte Lebenskraft verleiht, wobei man meinen könnte, diese Kunst sei vor allem die Kunst jener, deren Geist von der Krankheit des Träumens in Aufruhr versetzt wurde. Langsam schieben sich weiße Finger zwischen den Vorhängen hindurch, und sie scheinen zu zittern. In schwarzen, phantastischen Formen kriechen stumme Schatten in die Zimmerecken und kauern sich dort nieder. Draußen hört man das Rascheln der Vögel im Laub oder die Geräusche der Menschen auf dem Weg zur Arbeit oder das Seufzen und Stöhnen des Windes, der von den Hügeln herunterweht und um das stille Haus streift, als fürchte er, die Schlafenden zu wecken, und müsse doch notgedrungen den Schlaf aus seiner purpurnen Höhle vertreiben. Schleier um Schleier hebt sich die dünne, dunkle Gaze, und nach und nach erhalten die Dinge ihre Formen und Farben zurück, und wir schauen zu, wie die Dämmerung die Welt in ihrer alten Gestalt wiedererstehen läßt. Die fahlen Spiegel erwachen erneut zu mimischem Leben. Die flammenlosen Kerzen stehen dort, wo wir sie zurückgelassen hatten, und neben ihnen liegt das halbaufgeschnittene Buch, in dem wir gelesen, oder die mit Draht verstärkte Blume, die wir auf dem Ball getragen, oder der Brief, den zu lesen wir uns gefürchtet oder den wir zu oft gelesen hatten. Nichts scheint uns verändert. Aus den unwirklichen Schatten der Nacht kehrt das wirkliche Leben zurück, das wir kannten. Wir müssen es da wiederaufnehmen, wo wir aufgehört haben, und uns beschleicht eine schreckliche Ahnung von der Unumgänglichkeit des fortgesetzten Einsatzes unserer Energie in demselben ermüdenden Kreislauf stereotyper Gewohnheiten, oder vielleicht auch ein unbändiges Verlangen, unsere Augenlider mögen sich eines Morgens öffnen und eine Welt erblicken, die während der Dunkelheit zu unserem Wohlgefallen umgestaltet wurde, eine Welt, in der die Dinge neue Formen und Farben aufweisen und verwandelt sind oder andere Geheimnisse bergen, eine Welt, in der die Vergangenheit wenig oder gar keinen Platz hat oder zumindest in keiner bewußten Form der Verpflichtung oder Reue weiterlebt, weil selbst das Andenken an die Freude nicht ohne Bitterkeit, die Erinnerungen an den Genuß nicht ohne Qual sind.

Die Erschaffung von Welten wie dieser, das hielt Dorian Gray für das wahre Ziel oder eines der wahren Ziele des Lebens; und auf seiner Suche nach Empfindungen, die zugleich neu und köstlich waren und jenes Element der Fremdartigkeit besaßen, das für alles Romantische so wesentlich ist, machte er sich häufig gewisse Denkweisen zu eigen, von denen er wußte, daß sie seinem Wesen eigentlich fremd waren, überließ sich ihren subtilen Einflüssen und gab sie dann, nachdem er gleichsam ihren Charakter durchschaut und seine intellektuelle Neugier befriedigt hatte, mit jener sonderbaren Gleichgültigkeit auf, die nicht unvereinbar ist mit echter Inbrunst des Gemüts, ja nach Ansicht gewisser moderner Psychologen sogar oft eine Voraussetzung dafür ist.

Einmal hieß es, er sei im Begriff, zur römisch-katholischen Glaubensgemeinschaft überzutreten; und zweifellos hatte der römische Ritus schon immer große Anziehungskraft auf ihn ausgeübt. Das tägliche Meßopfer, im Grunde genommen schrecklicher als alle Opfer der Antike, bewegte ihn ebensosehr durch seine stolze Zurückweisung der Welt der Sinne wie durch die urtümliche Schlichtheit seiner Elemente und das ewige Pathos der menschlichen Tragödie, die es zu symbolisieren trachtete. Er liebte es, auf dem kalten Marmorboden niederzuknien und den Priester in seinem steifen, blumengeschmückten Meßgewand dabei zu beobachten, wie er langsam und mit weißen Händen den Vorhang des Tabernakels zur Seite schob oder die edelsteinbesetzte, laternenförmige Monstranz mit jener weißlichen Oblate hochhob, von der man gern glauben möchte, sie sei zuweilen tatsächlich das *panis caelestis*, das Himmelsbrot, oder wie er, angetan mit den Gewändern der Passion Christi, die Hostie in den Abendmahlskelch brach und sich ob seiner Sünden an die Brust schlug. Die dampfenden Weihrauchfässer, die die ernsten Jungen in Spitze und Scharlachrot gleich großen goldnen Blumen durch die Luft schwangen, hatten einen geheimen Zauber für ihn. Beim Hinausgehen pflegte er mit Bewunderung die schwarzen Beichtstühle zu betrachten, und es verlangte ihn danach, im düstren Schatten eines dieser Stühle zu sitzen und Männern und Frauen zu lauschen, die durch das abgenutzte Gitter die wahre Geschichte ihres Lebens flüsterten.

Er verfiel jedoch nie in den Fehler, seine intellektuelle Entwicklung durch die förmliche Anerkennung eines Glaubens oder einer Lehre aufzuhalten oder ein Haus, in dem man lebt, mit einem Gasthof zu verwechseln, der lediglich ein geeigneter Aufenthaltsort für eine Nacht oder ein paar Stunden einer Nacht ist, in der keine Sterne am Himmel stehen und der Mond in Geburtswehen liegt. Der Mystizismus mit seiner wunderbaren Macht, uns ganz alltägliche Dinge fremdartig erscheinen zu lassen, und der subtile Antinomismus[5], der offenbar stets mit ihm einhergeht, bewegte ihn eine Saison lang; eine weitere Saison neigte er zur materialistischen Doktrin der deutschen Darwinismus-Bewegung[6] und empfand ein merkwürdiges Vergnügen dabei, die Gedanken und Leidenschaften der Menschen auf irgendeine perlförmige Zelle im Gehirn oder irgendeinen weißen Nerv im Körper zurückzuführen, wobei ihn die Vorstellung der vollkommenen Abhängigkeit des Geistes von bestimmten physischen Bedingungen – gebrechlich oder gesund, normal oder krank – besonders entzückte. Doch wie schon erwähnt, schien für ihn keine Theorie über das Leben im Vergleich mit dem Leben selbst von irgendwelcher Bedeutung zu sein. Ihm war lebhaft bewußt, wie unfruchtbar jede intellektuelle Spekulation ist, wenn sie losgelöst von Handeln und Experiment stattfindet. Er wußte, daß die Sinne, nicht weniger als die Seele, ihre geistigen Geheimnisse zu offenbaren haben.

Und so begann er, Duftstoffe und die Rätsel ihrer Herstellung zu studieren, indem er stark duftende Öle destillierte und wohlriechende Gummiharze aus dem fernen Osten verbrannte. Er erkannte, daß es keine Gemütsstimmung gab, die nicht ihr Gegenstück im Sinnenleben hatte, und machte sich daran, ihre wahren Beziehungen zu erforschen. Er fragte sich, wie es kam, daß Weihrauch einen mystisch stimmte und Ambra Leidenschaften weckte, daß Veilchen Erinnerungen an längstvergangene Romanzen wachriefen, Moschus den Verstand verwirrte und Champak die Phantasie befleckte; und immer wieder bemühte er sich, eine regelrechte Psychologie der Duftstoffe zu erarbeiten und die verschiedenen Einflüsse wohlriechender Wurzeln und duftender, pollenbeladener Blüten oder aromatischer Harze und dunkler, würziger Hölzer einzuschätzen, der Narde, die krank, der Hovenia, die wahnsinnig macht, und der Aloe, die angeblich die Schwermut aus der Seele zu vertreiben vermag.

Dann wieder widmete er sich ausschließlich der Musik, und in einem langen, vergitterten Raum mit zinnoberrot-goldener Decke und olivgrün lackierten Wänden pflegte er sonderbare Konzerte zu geben, bei denen wilde Zigeuner kleinen Zithern leidenschaftliche Klänge entlockten oder ernste, in gelbe Tücher gehüllte Tunesier die straff gespannten Saiten riesiger Lauten zupften, während grinsende Neger monoton auf kupferne Trommeln schlugen und schmächtige, turbantragende Inder, die auf scharlachroten Matten kauerten, auf langen Rohr- oder Messingpfeifen spielten und große Kobras und grauenvolle Hornvipern beschworen oder doch so taten. Die mißtönenden Intervalle und schrillen Dissonanzen barbarischer Musik erregten ihn zuweilen, wenn Schuberts Anmut, Chopins schöner Kummer und selbst die mächtigen Harmonien Beethovens unbeachtet an sein Ohr drangen. Aus der ganzen Welt trug er die seltsamsten Instrumente zusammen, die aufzutreiben waren, sei es in den Gräbern ausgestorbener Völker oder bei den wenigen wilden Stämmen, die den Kontakt mit der westlichen Zivilisation überlebt hatten, und er liebte es, sie zu berühren und auszuprobieren. Er besaß die geheimnisvolle *juruparis* der Indianer vom Rio Negro, deren Anblick Frauen nicht gestattet ist und die auch die jungen Männer erst sehen dürfen, wenn sie sich Fasten und Züchtigungen unterworfen haben, und die irdenen Krüge der Peruaner, die wie schrille Vogelschreie klingen, und Flöten aus Menschenknochen, wie Alfonso de Ovalle sie in Chile hörte, und die tönenden grünen Jaspissteine, die in der Umgebung von Cuzco zu finden sind und einen Ton von einzigartiger Süße hervorbringen. Er besaß bemalte, mit Kieselsteinen gefüllte Kürbisse, die rasselten, wenn sie geschüttelt wurden; den langen *clarin* der Mexikaner, in den der Spieler nicht hineinbläst, sondern durch den er die Luft einzieht; die grell klingende *ture* der Amazonas-Stämme, die von den den ganzen Tag über auf hohen Bäumen sitzenden Wachposten geblasen wird und noch in einer Entfernung von drei Meilen zu hören sein soll; die *teponaztli,* die zwei vibrierende hölzerne Zungen hat und mit Stöcken geschlagen wird, welche mit einer aus milchigem Pflanzensaft gewonnenen elastischen Masse bestrichen sind; die *yotl*-Schellen der Azteken, die wie Trauben zusammenhängen; und eine riesige, mit den Häuten großer Schlangen bespannte zylindrische Trommel wie jene, die Bernal Diaz[7] sah, als er mit Cortez[8] in den mexikanischen Tempel ging, und von deren klagendem Klang er uns eine so eindringliche

Schilderung hinterlassen hat. Der wunderliche Charakter dieser Instrumente faszinierte ihn, und er empfand ein seltsames Vergnügen bei dem Gedanken, daß die Kunst, wie die Natur, ihre Ausgeburten hervorbringt, Dinge von garstiger Gestalt und mit scheußlichen Stimmen. Doch nach einiger Zeit wurde er ihrer überdrüssig, und dann saß er in seiner Opernloge, allein oder mit Lord Henry, lauschte hingerissen dem *Tannhäuser* und sah im Vorspiel zu diesem großen Kunstwerk eine Darstellung der Tragödie seiner eigenen Seele.

Bei anderer Gelegenheit wandte er sich dem Studium der Edelsteine zu und erschien auf einem Maskenball als Anne de Joyeuse, Admiral von Frankreich,[9] in einem mit fünfhundertsechzig Perlen übersäten Kostüm. Diese Vorliebe fesselte ihn jahrelang, ja, man kann sagen, sie hat ihn nie verlassen. Oft brachte er einen ganzen Tag damit zu, die verschiedenen Steine, die er gesammelt hatte, in ihren Kästchen ein- und umzuordnen, Steine wie den olivgrünen Chrysoberyll, der im Lampenlicht eine rote Färbung annimmt, das Chrysoberyll-Katzenauge mit seiner drahtähnlichen Silberlinie, den pistazienfarbigen Peridot, rosenrote und weingelbe Topase, Karfunkelsteine von glühendem Scharlachrot mit zitternden vierstrahligen Sternen, feuerrote Zimtsteine, orange und violette Spinelle und Amethyste mit ihren alternierenden Schichten aus Rubin und Saphir. Er liebte das Rotgold des Sonnensteins und des Mondsteins perlgleiches Weiß und den gebrochenen Regenbogen des Milchopals. In Amsterdam erwarb er drei Smaragde von außergewöhnlicher Größe und Farbenpracht, und er besaß einen Türkis *de la vieille roche*[10], um den ihn jeder Kenner beneidete.

Auch wundersame Geschichten, die sich um Edelsteine rankten, spürte er auf. In Alphonsos *Clericalis Disci-*

plina[11] wurde eine Schlange mit Augen aus echtem Hyazinth erwähnt, und in der romantischen Geschichte Alexanders hieß es, der Eroberer von Emathia[12] habe im Jordantal Schlangen gefunden »mit Bändern aus echten Smaragden, die auf ihren Rücken wuchsen«. Im Gehirn des Drachen befand sich ein Edelstein, berichtete uns Philostratus[13], und »durch das Vorzeigen goldner Lettern und einer scharlachroten Robe« konnte das Ungeheuer in einen Zauberschlaf versetzt und erschlagen werden. Nach Aussage des großen Alchemisten Pierre de Boniface machte der Diamant einen Menschen unsichtbar, und der Achat aus Indien machte ihn beredt. Der Karneol besänftigte Zorn, der Hyazinth rief den Schlaf herbei, und der Amethyst verscheuchte die Nebel des Weines. Der Granat trieb Dämonen aus, und der Hydropicus beraubte den Mond seiner Farbe. Der Selenit nahm mit dem Mond zu und ab, und dem Meloceus, der Diebe überführt, konnte nur Zickleinblut etwas anhaben. Leonardus Camillus hatte zugesehen, wie man dem Hirn einer eben erst getöteten Kröte einen weißen Stein entnahm, der ein zuverlässiges Mittel gegen Gift war. Der Magenstein, den man im Herzen eines arabischen Hirsches fand, war ein Zaubermittel, das die Pest zu heilen vermochte. In den Nestern arabischer Vögel fanden sich Aspilate, die nach Demokrit[14] den Träger vor jeglicher Feuergefahr bewahrten.

Der König von Ceilan ritt bei den Feierlichkeiten anläßlich seiner Krönung mit einem großen Rubin in der Hand durch seine Stadt. Die Tore des Palastes von Johannes dem Priester[15] waren »aus blutrotem Karneol, in den das Horn der Hornviper eingearbeitet war, auf daß kein Mensch Gift hineintrage«. Über dem Giebel waren »zwei goldene Äpfel, in denen sich zwei Karfunkelsteine befanden«, damit das Gold bei Tag leuchte und die Karfunkel bei Nacht. In Lodge' eigentümlicher Romanze *Eine Perle aus Amerika*[16] hieß es, im Gemach der Königin könne man »alle keuschen Damen der Welt aus getriebenem Silber« sehen, »die in schöne Spiegel aus Chrysolithen, Karfunkelsteinen, Saphiren und grünen Smaragden blickten«. Marco Polo[17] hatte beobachtet, wie die Bewohner von Zipangu[18] rosafarbene Perlen in die Münder der Toten legten. Ein Seeungeheuer war in die Perle verliebt gewesen, die der Taucher König Perozes brachte, und hatte den Dieb getötet und sieben Monde den Verlust der Perle betrauert. Als dann die Hunnen den König in den großen Abgrund lockten, warf er sie fort – Prokopios[19] erzählt die Geschichte –, und sie wurde nie mehr gefunden, obgleich Kaiser Anastasios zehn Zentner Goldstücke dafür aussetzte. Der König von Malabar[20] hatte einem gewissen Venezianer eine Gebetsschnur aus dreihundertundvier Perlen gezeigt, eine für jeden Gott, den er anbetete.

Als der Herzog von Valentinois, der Sohn Alexanders VI.[21], Ludwig XII. von Frankreich[22] besuchte, war sein Pferd, wie Brantôme[23] berichtet, mit Goldblättern beladen und sein Barett mit Doppelreihen von Rubinen geschmückt, von denen ein wunderbares Licht ausging. Karl von England[24] war in Steigbügeln geritten, die mit vierhunderteinundzwanzig Diamanten besetzt waren. Richard II. besaß einen auf dreißigtausend Mark geschätzten Mantel, der mit Balasrubinen übersät war. Nach Halls[25] Schilderung trug Heinrich VIII. auf dem Weg zum Tower vor seiner Krönung »ein Wams aus getriebenem Gold, dessen Brustplatte mit Diamanten und anderen kostbaren Steinen geschmückt war, und um den Hals ein herrliches Wehrgehänge aus großen Balasrubinen«. Die Günstlinge Jakobs I. trugen in Goldfiligran gefaßte Smaragde als Ohrringe. Eduard II. schenkte

Piers Gaveston[26] eine mit Hyazinthsteinen reich verzierte Rüstung aus Rotgold, einen mit Türkisen besetzten Halskragen aus goldenen Rosen und ein Käppchen, *parsemé*[27] mit Perlen. Heinrich II. trug bis zum Ellbogen reichende edelsteinbesetzte Handschuhe und besaß zur Falkenjagd einen Handschuh, auf den zwölf Rubine und zweiundfünfzig große glänzende Perlen aufgenäht waren. Der Herzogshut Karls des Kühnen[28], des letzten Herzogs von Burgund seines Geschlechts, war mit birnenförmigen Perlen behängt und mit Saphiren übersät.

Wie erlesen war das Leben doch einst gewesen! Wie herrlich in seinem Pomp und Gepränge! Allein vom Luxus der Toten zu lesen, war wundervoll.

Dann wandte er seine Aufmerksamkeit den Stickereien und Wandteppichen zu, die in den feuchtkalten Räumen der Völker Nordeuropas die Rolle der Fresken übernahmen. Als er sich näher mit dem Gegenstand befaßte – und er besaß stets die außergewöhnliche Fähigkeit, sich für den Augenblick ganz und gar in das zu vertiefen, womit er sich gerade beschäftigte –, stimmte ihn der Gedanke an die Zerstörung, die die Zeit über schöne und wundervolle Dinge brachte, beinahe traurig. Er jedenfalls war ihr entgangen. Sommer folgte auf Sommer, und die gelben Narzissen blühten und verblühten viele Male, und Nächte des Grauens wiederholten die Geschichte ihrer Schande, doch er war unverändert. Kein Winter entstellte sein Gesicht, befleckte seine blumengleiche Frische. Wie anders war das doch mit materiellen Dingen! Wohin waren sie entschwunden? Wo war das prächtige krokusfarbene Gewand, von braunen Mädchen zur Freude Athenes[29] gewebt, auf dem die Götter mit den Giganten kämpften? Wo das riesige Velarium[30], das Nero über das Kolosseum in Rom breitete, jenes Titanensegel aus Purpur, auf dem der Sternenhimmel abgebildet war und Apollo[31], der einen von weißen Streitrossen mit goldenem Zaumzeug gezogenen Kampfwagen lenkte? Es verlangte ihn, die für den Sonnenpriester[32] gewebten kunstvollen Tafeltücher zu sehen, auf denen all die Lekkerbissen und Köstlichkeiten dargestellt waren, die man sich bei einem Festmahl nur wünschen konnte; das Leichentuch König Chilperics[33] mit seinen dreihundert goldenen Bienen; die wundersamen Gewänder, die die Empörung des Bischofs von Pontus hervorgerufen hatten und mit »Löwen, Panthern, Bären, Hunden, Wäldern, Felsen, Jägern – ja allem, was ein Maler der Natur abschauen kann« geschmückt waren; und den Mantel, den Karl von Orleans[34] einst trug, auf dessen Ärmel die Verse eines mit den Worten »Madame, je suis tout joyeux«[35] beginnenden Liedes bestickt waren, während die Begleitmelodie mit Goldfäden gewirkt und jede Note, in der damals üblichen viereckigen Form, aus vier Perlen gebildet war. Er las von dem Gemach, das man im Palast zu Reims für Königin Johanna von Burgund eingerichtet hatte und das ausgekleidet war mit »dreizehnhunderteinundzwanzig gestickten Papageien, die das Wappen des Königs trugen, und fünfhunderteinundsechzig Schmetterlingen, deren Flügel entsprechend das Wappen der Königin zierte, alles in Gold gearbeitet«. Katharina von Medici[36] hatte sich ein Trauerbett aus schwarzem Samt anfertigen lassen, der mit Halbmonden und Sonnen übersät war. Die Vorhänge waren aus Damast, mit Laubkränzen und Blumengirlanden auf goldenem und silbernem Grund und an den Rändern mit Perlenstickerei gesäumt, und es stand in einem Raum, dessen Wände mit Silbertuch, verziert mit den aus schwarzem Samt geschnittenen Symbolen der Königin, ausgeschlagen waren. Ludwig XIV.[37] hatte fünfzehn Fuß hohe goldumwirkte Karyatiden[38] in seinen Gemächern. Das Prunkbett Sobieskis, des Königs von Polen,[39] war aus Smyrnaer Goldbrokat gefertigt, auf dem mit Türkisen Koranverse eingestickt waren. Die Pfosten waren aus vergoldetem Silber, wunderschön ziseliert und verschwenderisch verziert mit emaillierten und edelsteinbesetzten Medaillons. Es stammte aus dem türkischen Feldlager vor Wien, und unter dem zitternden Gold seines Baldachins hatte das Banner Mohammeds gestanden.

So war er ein ganzes Jahr lang bestrebt, die erlesensten Proben von Stoffen und Stickereien zusammenzutragen, die er auftreiben konnte. Er erstand feine Musseline aus Dehli, zart durchwirkt mit Palmetten[40] aus Goldfäden und mit buntschillernden Käferflügeln bestickt; Gaze aus Dakka, die im Osten wegen ihrer Durchsichtigkeit als »gewebte Luft«, »fließendes Wasser« und »Abendtau« bekannt ist; fremdartig gemusterte Stoffe aus Java; kunstvoll gearbeitete gelbe chinesische Wandbehänge; in gelbbraunen Atlas oder hellblaue Seide gebundene und mit *fleurs de lys*[41], Vögeln und Bildern verzierte Bücher; *lacis*-Schleier[42] aus ungarischer Nähspitze; sizilianische Brokate und steife spanische Samte; georgische Handarbeiten mit vergoldeten Münzen und japanische *Foukousas* mit ihrem grüngetönten Gold und ihren herrlich gefiederten Vögeln.

Auch für geistliche Gewänder hegte er, wie übrigens für alles, was mit dem Gottesdienst in Zusammenhang stand, eine besondere Vorliebe. In den langen Kisten aus Zedernholz, die sich in der Westgalerie seines Hauses aneinanderreihten, bewahrte er viele ausgefallene und schöne, der Braut Christi wahrlich angemessene Gewänder auf, die Purpur, Edelsteine und feines Leinen tragen muß, um den bleichen, ausgemergelten Leib zu verbergen, der erschöpft ist von selbstgewähltem Leid und gemartert von selbstauferlegter Pein. Er besaß einen wundervollen Chorrock aus karmesinroter Seide und golddurchwirktem Damast, verziert mit einem wiederkehrenden Muster aus goldnen Granatäpfeln, die in stilisierte sechsblättrige Blüten gefaßt und auf beiden Seiten von einem aus winzigen Stickperlen gearbeiteten Ananasmotiv umrahmt waren. Die goldbestickten Bordüren waren in Felder unterteilt, die Begebenheiten aus dem Leben der Heiligen Jungfrau zeigten, und die Krönung der Jungfrau war in farbigen Seidenfäden auf der Kapuze dargestellt. Dies war eine italienische Handarbeit aus dem fünfzehnten Jahrhundert. Ein anderer Chorrock war aus grünem Samt und mit herzförmig angeordneten Gruppen von Akanthusblättern bestickt, denen langstielige weiße Blüten entwuchsen, deren Details mit Silberfäden und gefärbten Kristallen herausgearbeitet waren. Die Brustspange trug den Kopf eines Seraphs[43] in erhabener Goldfiligranarbeit. Die Borten waren in einem rautenförmigen Muster aus roter und goldener Seide gewebt und mit Medaillons zahlreicher Heiliger und Märtyrer übersät, unter denen sich auch der heilige Sebastian[44] befand. Ferner besaß er Meßgewänder aus bernsteinfarbener Seide, aus blauer Seide und aus Goldbrokat, aus gelbem Seidendamast und aus goldenem Tuch, geschmückt mit Stationen des Leidensweges und der Kreuzigung Christi und bestickt mit Löwen, Pfauen und anderen Symbolen; liturgische Obergewänder aus weißem Atlas und rosafarbenem Seidendamast, verziert mit Tulpen, Delphinen und *fleurs de lys;* Altardecken aus karmesinrotem Samt und blauem Leinen; und viele Korporale[45], Kelchdecken und Schweißtücher. Die mystischen Zeremonien, zu denen derartige Dinge verwandt wurden, hatten etwas, das seine Phantasie beflügelte.

Denn diese Schätze und alles andere, das er in seinem herrlichen Haus sammelte, sollten für ihn Mittel zum

Vergessen sein, Möglichkeiten, mit deren Hilfe er eine Zeitlang der Angst zu entrinnen vermochte, die ihm zuweilen beinahe unerträglich schien. An die Wand des abgelegenen, verschlossenen Raumes, in dem er einen so großen Teil seiner Knabenzeit verbracht hatte, hatte er mit eigenen Händen das schreckliche Bildnis gehängt, dessen sich verändernde Züge ihm die tatsächliche Erniedrigung seines Lebens vor Augen führten, und davor hatte er das purpurne und goldene Bahrtuch als Vorhang drapiert. Wochenlang betrat er das Zimmer nicht, vergaß er das gräßliche gemalte Ding und gewann seine Leichtherzigheit, seine wunderbare Heiterkeit, sein leidenschaftliches Aufgehen im bloßen Dasein zurück. Dann schlich er sich plötzlich eines Nachts aus dem Haus, suchte grauenvolle Orte in der Nähe von Blue Gate Fields[46] auf und blieb dort Tag um Tag, bis es ihn wieder forttrieb. Nach seiner Rückkehr setzte er sich vor das Porträt und betrachtete es, zuweilen voller Ekel vor dem Bildnis und sich selbst, dann aber wieder erfüllt von jenem stolzen Individualismus, der die halbe Faszination der Sünde ausmacht, und belächelte mit heimlichem Vergnügen das verunstaltete Abbild, das die Last zu tragen hatte, die eigentlich die seine hätte sein sollen.

Nach einigen Jahren konnte er es nicht mehr ertragen, sich längere Zeit außerhalb Englands aufzuhalten, und er gab die Villa, die er in Trouville mit Lord Henry geteilt hatte, ebenso auf wie das von weißen Mauern umgebene kleine Haus in Algier, wo sie mehr als einmal den Winter verbracht hatten. Er haßte es, von dem Bildnis getrennt zu sein, das so sehr Teil seines Lebens war, und fürchtete zudem, während seiner Abwesenheit könnte sich, trotz der komplizierten Verriegelung, die er an der Tür hatte anbringen lassen, jemand Zugang zu dem Zimmer verschaffen.

Er war sich durchaus bewußt, daß das Bild keinem etwas verraten würde. Zwar wies es, bei aller Widerwärtigkeit und Häßlichkeit des Gesichts, noch immer eine unverkennbare Ähnlichkeit mit ihm auf, doch was ließ sich daraus schon entnehmen? Er würde jeden auslachen, der ihn zu verhöhnen suchte. Er hatte es nicht gemalt. Was berührte es ihn, wie gemein und schändlich es aussah? Und selbst wenn er die Wahrheit sagte, würde man ihm überhaupt glauben?

Dennoch hatte er Angst. Wenn er sich in seinem Herrenhaus in Nottinghamshire aufhielt, die eleganten jungen Männer seines Standes zu Gast hatte, mit denen er am häufigsten verkehrte, und die Grafschaft durch den verschwenderischen Luxus und aufwendigen Prunk seines Lebensstils in Erstaunen versetzte, kam es zuweilen vor, daß er plötzlich seine Gäste verließ und in die Stadt zurückeilte, um zu sehen, ob sich auch niemand an der Tür zu schaffen gemacht hatte und das Bild noch an seinem Platz hing. Was wäre, wenn es gestohlen würde? Schon beim Gedanken daran wurde ihm vor Entsetzen eiskalt. Zweifellos würde die Welt dann sein Geheimnis erfahren. Vielleicht ahnte sie es bereits.

Denn wenn er auch viele bezauberte, so gab es doch nicht wenige, die ihm mißtrauten. Um ein Haar wäre ihm die Mitgliedschaft in einem Westend-Klub verweigert worden, zu der ihn seine Herkunft und gesellschaftliche Stellung voll und ganz berechtigten, und einmal, als ein Freund ihn in das Raucherzimmer des ›Churchill‹ mitbrachte, sollen der Herzog von Berwick und ein anderer Herr demonstrativ aufgestanden und hinausgegangen sein. Merkwürdige Geschichten waren über ihn im Umlauf, nachdem er die fünfundzwanzig überschritten hatte. Es hieß, man habe ihn gesehen, wie er in einer üblen Spelunke in den abgelegensten Winkeln von Whitechapel mit ausländischen Matrosen gegrölt habe, er verkehre mit Dieben und Falschmünzern und sei in die Geheimnisse ihres Gewerbes eingeweiht. Seine ungewöhnlichen Abwesenheiten wurden allgemein bekannt, und wenn er danach wieder in der Gesellschaft auftauchte, flüsterten die Männer in Ecken miteinander oder gingen mit hämischem Grinsen an ihm vorbei oder musterten ihn mit kaltem, forschendem Blick, als seien sie entschlossen, sein Geheimnis zu entdecken.

Von solchen Unverschämtheiten und versuchten Brüskierungen nahm er natürlich keinerlei Notiz, und nach Ansicht der meisten Leute waren seine offene, liebenswürdige Art, sein bezauberndes jungenhaftes Lächeln und die unendliche Anmut jener wunderbaren Jugend, die ihn nie zu verlassen schien, eine hinreichende Antwort auf die – wie sie es nannten – Verleumdungen, die über ihn ausgestreut wurden. Es war indes festzustellen, daß einige derjenigen, die zu seinen engsten Freunden gezählt hatten, ihn nach einiger Zeit offenbar mieden. Man beobachtete, wie Frauen, die ihn einmal stürmisch verehrt und seinetwegen gesellschaftliche Mißbilligung in Kauf genommen und sich über Konventionen hinweggesetzt hatten, vor Scham oder Entsetzen erbleichten, wenn Dorian Gray den Raum betrat.

Doch diese geflüsterten Skandalgeschichten erhöhten in den Augen vieler seinen ungewöhnlichen und gefährlichen Charme nur noch. Sein großer Reichtum bot ihm eine gewisse Sicherheit. Die Gesellschaft, zumindest die zivilisierte Gesellschaft, zeigt nie eine sonderliche Neigung, Nachteiliges von Menschen zu glauben, die gleichermaßen wohlhabend und faszinierend sind. Sie spürt instinktiv, daß Manieren wichtiger sind als Moral, und in ihren Augen ist die höchste Ehrbarkeit weitaus weniger wert als der Besitz eines guten Kochs. Schließlich ist es ein sehr schwacher Trost zu erfahren, daß der Mann, der einem ein schlechtes Essen oder schlechten Wein vorgesetzt hat, ein untadeliges Privatleben führe. Selbst die Kardinaltugenden vermögen für halbkalte *entrées*[47] nicht zu entschädigen, wie Lord Henry in einer Diskussion über dieses Thema einmal bemerkte; und vermutlich läßt sich eine Menge zugunsten seiner Ansicht anführen. Denn die Gesetze der guten Gesellschaft sind die gleichen wie die Gesetze der Kunst – oder sollten es doch sein. Die Form ist für sie von grundlegender Bedeutung. Ihr sollte die Würde einer Zeremonie ebenso eigen sein wie deren Unwirklichkeit, und sie sollte den unaufrichtigen Charakter einer romantischen Zauberposse mit dem Witz und der Schönheit verbinden, die solche Theaterstücke für uns so vergnüglich machen. Ist Unaufrichtigkeit etwas so Schreckliches? Ich glaube nicht. Sie ist lediglich eine Methode, mit deren Hilfe wir unsere Persönlichkeit vervielfältigen können.

Dies war jedenfalls Dorian Grays Meinung. Er pflegte sich über die oberflächliche Psychologie jener zu wundern, die das menschliche Ego als etwas Einfaches, Beständiges, Verläßliches und Einheitliches betrachten. Für ihn war der Mensch ein Wesen mit unzähligen Leben und unzähligen Empfindungen, ein vielschichtiges, vielgestaltiges Geschöpf, das seltsame Vermächtnisse von Denken und Leidenschaft in sich trug und dessen Fleisch schon von den abscheulichen Krankheiten der Toten befallen war. Er liebte es, durch die düstere, kalte Gemäldegalerie seines Landhauses zu schlendern und die verschiedenen Bilder der Menschen zu betrachten, deren Blut in seinen Adern floß. Da war Philip Herbert, von Francis Osborne in seinen *Erinnerungen an die Herrschaft Königin Elisabeths und König Jakobs* als ein Mann beschrieben, dem »bei Hofe wegen seines hübschen Gesichts geschmeichelt wurde, das ihm nicht lang Gesellschaft leistete«. Führte er zuweilen das Leben des jungen Herbert? War ein seltsamer verderblicher Bazillus von Körper zu Körper geschlichen, bis er seinen eigenen erreicht hatte? Hatte eine dumpfe Ahnung von jener zerstörten Anmut ihn in Basil Hallwards Atelier so unvermittelt und beinahe grundlos zu diesem wahnwitzigen Stoßgebet veranlaßt, das sein Leben derart verändert hatte? Da stand, in goldbesticktem rotem Wams, edelsteinbesetztem Wappenrock und goldgesäumten Rüschen und Manschetten, Sir Anthony Sherard, die silbern-schwarze Rüstung zu seinen Füßen. Was war das Vermächtnis dieses Mannes? Hatte ihm der Geliebte Johannas von Neapel[48] ein Erbe von Sünd und Schande hinterlassen? Waren seine eigenen Taten nur die Träume, die der Tote nicht zu verwirklichen gewagt hatte? Dort lächelte Lady Elizabeth Devereux von der verblassenden Leinwand herab, in ihrer Haube aus Seidenflor, ihrem Perlenmieder und ihren rosa Schlitzärmeln. In der rechten Hand hielt sie eine Blume, und mit der linken umfaßte sie ein emailliertes Halsband mit weißen und Damaszenerrosen. Auf einem Tisch neben ihr lagen eine Mandoline und ein Apfel. Ihre kleinen spitzen Schuhe zierten große grüne Rosetten. Er kannte ihr Leben und auch die sonderbaren Geschichten, die man über ihre Liebhaber erzählte. Hatte er etwas von ihrem Charakter in sich? Diese ovalen Augen mit ihren schweren Lidern schienen ihn neugierig anzublicken. Was hatte er von George Willoughby mit seinem gepuderten Haar und seinen wundersamen Schönheitspflästerchen? Wie böse er aussah! Das Gesicht war düster und dunkelhäutig, und die sinnlichen Lippen schienen sich vor Verachtung zu verzerren. Zarte Spitzenmanschetten fielen über die mit Ringen so überladenen mageren gelben Hände. Er war ein Stutzer des achtzehnten Jahrhunderts und in seiner Jugend mit Lord Ferrars befreundet gewesen. Und wie stand es mit dem zweiten Lord Beckenham, dem Gefährten des Prinzregenten in dessen stürmischsten Tagen und einem der Zeugen bei der heimlichen Trauung mit Mrs. Fitzherbert?[49] Wie stolz und hübsch er aussah mit seinen kastanienbraunen Locken und in seiner kecken Pose! Welche Leidenschaften hatte er ihm vererbt? Die Welt hatte ihn für ehrlos gehalten. Er hatte die Orgien in Carlton House angeführt. Der Stern des Hosenbandordens funkelte auf seiner Brust. Neben ihm hing das Porträt seiner Gemahlin, einer farblosen, schmallippigen Frau in Schwarz. Auch ihr Blut regte sich in ihm. Wie sonderbar dies alles schien! Und seine Mutter mit ihrem Lady-Hamilton-Gesicht[50] und ihren feuchten, weinbenetzten Lippen – was er von ihr mitbekommen hatte, wußte er. Seine Schönheit hatte er von ihr und seine Leidenschaft für die Schönheit anderer. In ihrem losen Bacchantinnengewand lachte sie ihm zu. Weinlaub schmückte ihr Haar. Aus dem Becher in ihrer Hand ergoß sich die purpurrote Flüssigkeit. Die Fleischtöne des Gemäldes waren verblaßt, die Augen indes waren noch immer wunderschön in ihrer Tiefe und der Leuchtkraft ihrer Farbe. Ihr Blick schien ihm zu folgen, wohin er auch ging.

Doch nicht nur im eigenen Geschlecht, auch in der Literatur hatte man Vorfahren, von denen einem vielleicht manch einer in Wesen und Veranlagung nähersteht, gewiß aber einen Einfluß ausübt, dessen man sich deutlicher bewußt ist. Es gab Zeiten, da schien es Dorian Gray, als sei die gesamte Geschichte nichts anderes als die Aufzeichnung seines eigenen Lebens, nicht wie er es wirklich und wahrhaftig gelebt, sondern wie seine Phantasie es für ihn entworfen, wie es sich in seinem Kopf und in seinen Leidenschaften abgespielt hatte. Er spürte, daß er sie alle kannte, jene seltsamen, schrecklichen Gestalten, die einst über die Weltbühne gewandelt waren und die Sünde so wunderbar gemacht, dem Bösen so viel Raffinesse verliehen hatten. Ihm war, als sei auf irgendeine geheimnisvolle Weise ihr Leben sein eigenes gewesen.

Auch dem Helden des großartigen Romans, der sein Leben so beeinflußt hatte, war diese merkwürdige Einbildung nicht fremd. Im siebten Kapitel erzählt er, wie er, mit Lorbeer bekränzt, damit der Blitz ihn verschone,[51] als Tiberius[52] in einem Garten auf Capri saß und in den schändlichen Büchern des Elephantis[53] las, während Zwerge und Pfauen um ihn herumstolzierten und der Flötenspieler den Opferdiener, der das Räuchergefäß trug, verhöhnte; wie er als Caligula[54] mit grünbehemdeten Wagenlenkern in ihren Ställen zechte und mit einem Pferd, dessen Stirn edelsteingeschmückt war, an einer Elfenbeinkrippe zur Nacht aß, und als Domitian[55] durch eine von Marmorspiegeln gesäumte Säulenhalle wandelte und mit abgehärmtem Blick nach dem Spiegelbild des Dolches Ausschau hielt, der seinem Leben ein Ende setzen sollte, und krank war vor jener *ennui,* jenem schrecklichen *taedium vitae*[56], die jene befallen, denen das Leben nichts versagt; und wie er durch einen klaren Smaragd hindurch einen Blick auf die roten Fleischbänke des Zirkus warf und dann in einer von silberbehuften Mauleseln gezogenen Sänfte aus Perlen und Purpur durch die Granatapfelstraße zu einem Goldenen Haus[57] getragen wurde und die Menschen laut Nero Caesar rufen hörte, als er vorüberkam; und wie er als Elagabalus[58] sein Gesicht mit Farben bemalte und unter den Frauen mit dem Spinnrocken hantierte und den Mond aus Karthago holte und ihn in mystischer Vermählung der Sonne anheimgab.

Immer wieder las Dorian dieses wundersame Kapitel und auch die beiden unmittelbar darauffolgenden, in denen wie auf kunstvollen Wandbehängen oder von geschickten Händen gefertigten Emaillearbeiten die grauenvollen und schönen Gestalten derjenigen dargestellt waren, die Laster, Blut und Überdruß zu Ungeheuern gemacht oder in den Wahnsinn getrieben hatten: Filippo, der Herzog von Mailand,[59] der seine Gemahlin erschlug und ihre Lippen mit scharlachrotem Gift färbte, damit ihr Geliebter den Tod von dem verstorbenen Geschöpf sauge, das er so zärtlich liebkoste; Pietro Barbi, der Venezianer, bekannt als Paul der Zweite,[60] der in seiner Eitelkeit den Beinamen »der Schöne« annehmen wollte und dessen auf zweihunderttausend Florin geschätzte Tiara um den Preis einer furchtbaren Sünde erkauft wurde; Gian Maria Visconti[61], der mit Hunden Jagd auf lebende Menschen machte und dessen erschlagener Leib von einer Dirne, die ihn geliebt hatte, mit Rosen bedeckt wurde; der Borgia[62] auf seinem Schimmel, den Brudermord an seiner Seite und den Umhang befleckt vom Blut Perottos; Pietro Riario, der junge Kardinal und Erzbischof von Florenz, Kind und Günstling von Sixtus IV.,[63] dessen Schönheit nur seine Ausschweifungen gleichkamen und der Leonora von Aragon in einem Pavillon aus weißer und karmesinroter Seide voller Nymphen und Zentauren[64] empfing und einen Knaben vergoldete, damit er beim Festmahl als Ganymed oder Hylas[65] aufwarte; Ezzelino[66], dessen Schwermut nur durch das Schauspiel des Todes geheilt werden konnte und der eine Leidenschaft für rotes Blut hatte wie andere Männer für roten Wein – der Sohn des Satans, wie es hieß, und einer, der seinen Vater beim Würfeln betrogen hatte, als er mit ihm um seine eigene Seele spielte; Giambattista Cibo[67], der sich der Wahrheit zum Hohn den Namen

»Innozenz« zulegte und in dessen schlaffe Venen ein jüdischer Arzt das Blut dreier junger Männer einspritzte; Sigismondo Malatesta[68], der Geliebte Isottas und Gebieter über Rimini, der als Feind Gottes und der Menschen in Gestalt einer Puppe in Rom symbolisch verbrannt wurde, der Polyssena mit einem Mundtuch erdrosselte und Ginevra d'Este in einem Smaragdbecher Gift reichte und zu Ehren einer schändlichen Leidenschaft eine heidnische Kirche für christlichen Gottesdienst errichtete; Karl VI.[69], der seines Bruders Frau so rasend verehrte, daß ein Aussätziger ihn vor dem nahenden Wahnsinn warnte, und der, als sein Hirn krank und wirr geworden war, nur mit sarazenischen Spielkarten beruhigt werden konnte, auf denen Symbole für Liebe, Tod und Wahnsinn abgebildet waren; und in seinem herausgeputzten Wams, seinem juwelenbesetzten Barett und mit seinen akanthusgleichen Locken Grifonetto Baglioni[70], der Astorre samt seiner Braut und Simonetto samt seinem Pagen erschlug und dessen Schönheit derart war, daß die, welche ihn gehaßt hatten, sich der Tränen nicht erwehren konnten, als er auf der gelben Piazza von Perugia im Sterben lag, und Atlanta, die ihn einst verflucht hatte, ihn nun segnete.

Von ihnen allen ging eine schreckliche Faszination aus. Er sah sie des Nachts, und bei Tag suchten sie seine Phantasie heim. Die Renaissance kannte ungewöhnliche Wege, jemanden zu vergiften – mit Hilfe eines Helmes und einer brennenden Fackel, eines bestickten Handschuhs und eines edelsteingeschmückten Fächers, einer vergoldeten Parfümkugel und einer Bernsteinkette. Dorian Gray war durch ein Buch vergiftet worden. Es gab Augenblicke, in denen er das Böse lediglich als Mittel betrachtete, durch das er seine Vorstellung von Schönheit verwirklichen konnte.

Kapitel 12

Es war am neunten November, dem Vorabend seines achtunddreißigsten Geburtstags, wie er sich später oft erinnerte.

Er hatte gegen elf Uhr Lord Henrys Haus, wo er zu Abend gegessen hatte, verlassen und befand sich auf dem Heimweg. Er war in einen dicken Pelz gehüllt, da die Nacht kalt und neblig war. An der Ecke Grosvenor Square und South Audley Street kam ein Mann an ihm vorüber, der sehr schnell ausschritt und den Kragen seines grauen Ulsters[1] hochgeschlagen hatte. In der Hand trug er eine Tasche. Dorian erkannt ihn. Es war Basil Hallward. Ein seltsames Gefühl der Angst, das er sich nicht erklären konnte, überkam ihn. Er ließ sich nicht anmerken, daß er ihn erkannt hatte, und ging rasch weiter in Richtung seines eigenen Hauses.

Aber Hallward hatte ihn gesehen. Dorian hörte, wie er zunächst auf dem Gehsteig stehenblieb und ihm dann nacheilte. Wenige Augenblicke später spürte er Basils Hand auf seinem Arm.

»Dorian! Was für ein außerordentlich glücklicher Zufall! Seit neun Uhr habe ich in deiner Bibliothek auf dich gewartet. Schließlich hatte ich Mitleid mit deinem müden Diener und schickte ihn zu Bett, als er mich zur Tür hinausließ. Ich fahre mit dem Mitternachtszug nach Paris, und ich wollte dich vor meiner Abreise unbedingt noch sprechen. Ich dachte mir, daß du es bist, oder vielmehr dein Pelzmantel, als du an mir vorbeigingst. Aber ich war mir nicht ganz sicher. Hast du mich denn nicht erkannt?«

»Bei diesem Nebel, mein lieber Basil? Ich vermag ja nicht einmal Grosvenor Square zu erkennen. Ich glaube, mein Haus befindet sich irgendwo hier in der Nähe, aber ganz sicher bin ich mir keineswegs. Es tut mir leid, daß du verreist, ich habe dich seit einer Ewigkeit nicht mehr gesehen. Aber du wirst doch sicherlich bald zurückkommen?«

»Nein, ich werde die nächsten sechs Monate nicht in England sein. Ich beabsichtige, mir in Paris ein Atelier zu mieten und mich dort einzuschließen, bis ich ein großes Bild fertiggestellt habe, das ich im Geiste schon vor mir sehe. Doch ich wollte nicht über mich reden. Das hier ist deine Haustür. Laß mich einen Augenblick mit hineinkommen. Ich muß dir etwas sagen.«

»Mit dem größten Vergnügen. Aber wirst du nicht deinen Zug versäumen?« sagte Dorian Gray schleppend, während er die Stufen hinaufging und die Tür mit seinem Hausschlüssel aufschloß.

Das Lampenlicht durchdrang mit Mühe den Nebel, und Hallward blickte auf seine Uhr. »Ich habe noch eine Menge Zeit«, erwiderte er. »Der Zug fährt erst um null Uhr fünfzehn, und jetzt ist es gerade elf. Tatsächlich war ich eben auf dem Weg zum Klub, um zu sehen, ob du dort bist, als ich dich traf. Siehst du, ich brauche mich nicht mit irgendwelchem Gepäck aufzuhalten, da ich meine schweren Sachen vorausgeschickt habe. Alles, was ich bei mir habe, ist in dieser Tasche, und von hier aus kann ich mühelos in zwanzig Minuten am Victoria-Bahnhof sein.«

Dorian sah ihn an und lächelte. »Welch eine Art zu reisen für einen mondänen Maler! Eine Reisetasche und ein Ulster! Komm herein, sonst dringt der Nebel noch ins Haus. Und sprich bloß nicht von etwas Ernstem. Nichts ist heutzutage ernst. Zumindest sollte nichts ernst sein.«

Kopfschüttelnd trat Hallward ein und folgte Dorian in

die Bibliothek. In dem großen offenen Kamin loderte ein helles Holzfeuer. Die Lampen waren angezündet, und auf einem intarsienverzierten Tischchen stand eine geöffnete holländische Silberschatulle mit Spirituosen neben einigen Syphons mit Sodawasser und großen geschliffenen Trinkgläsern.

»Du siehst, dein Diener hat dafür gesorgt, daß ich mich ganz wie zu Hause fühlte, Dorian. Er brachte mir alles, was ich brauchte, sogar deine besten Zigaretten mit Goldmundstück. Er ist ein äußerst gastfreundlicher Mensch. Ich mag ihn viel lieber als den Franzosen, den du früher hattest. Was ist eigentlich aus dem Franzosen geworden?«

Dorian zuckte mit den Schultern. »Ich glaube, er hat Lady Radleys Zofe geheiratet und sie in Paris als englische Schneiderin etabliert. Wie man hört, ist *Anglomanie* dort zur Zeit sehr in Mode. Es scheint töricht von den Franzosen, findest du nicht? Aber weißt du, er war keineswegs ein schlechter Diener. Ich mochte ihn zwar nie, aber ich hatte nichts an ihm auszusetzen. Man bildet sich oft Dinge ein, die völlig absurd sind. Er war mir wirklich sehr ergeben, und er schien recht bekümmert, als er ging. Noch einen Brandy mit Soda? Oder möchtest du einen Rheinwein mit Selterswasser? Ich trinke immer Rheinwein mit Selters. Im Zimmer nebenan ist bestimmt welcher.«

»Danke, ich möchte gar nichts mehr«, sagte der Maler, während er Hut und Mantel ablegte und auf die Tasche warf, die er in der Ecke abgestellt hatte. »Und nun, mein Lieber, möchte ich ernsthaft mir dir reden. Schau mich nicht so finster an. Du machst es mir damit nur noch schwerer.«

»Worum geht es denn?« rief Dorian in seiner schmollenden Art und ließ sich auf das Sofa fallen. »Hoffentlich nicht um mich. Ich bin heute abend meiner überdrüssig. Ich wäre gern jemand anders.«

»Es geht um dich«, antwortete Hallward mit seiner ernsten, tiefen Stimme, »und ich muß es dir sagen. Ich werde deine Zeit nur eine halbe Stunde in Anspruch nehmen.«

Dorian seufzte und zündete sich eine Zigarette an. »Eine halbe Stunde!« murmelte er.

»Das ist nicht viel verlangt, Dorian, und wenn ich mit dir rede, so nur, weil es zu deinem Besten ist. Meiner Meinung nach solltest du erfahren, daß in London die gräßlichsten Dinge über dich erzählt werden.«

»Ich will davon nichts wissen. Ich liebe Skandalgeschichten über andere Leute, aber Klatsch, der mich selbst betrifft, interessiert mich nicht. Ihm fehlt der Reiz des Neuen.«

»Er muß dich interessieren, Dorian. Jedem Gentleman ist an seinem guten Ruf gelegen. Du willst doch nicht, daß die Leute dich als niederträchtig und heruntergekommen bezeichnen, wenn sie von dir sprechen. Natürlich hast du deine gesellschaftliche Stellung und deinen Reichtum und all das. Aber gesellschaftliche Stellung und Reichtum sind nicht alles. Wohlgemerkt, ich schenke diesen Gerüchten keinerlei Glauben. Zumindest kann ich sie nicht glauben, wenn ich dich sehe. Sünde ist etwas, was im Gesicht eines Menschen Spuren hinterläßt. Sie läßt sich nicht verbergen. Zuweilen hört man Leute von geheimen Lastern reden. So etwas gibt es nicht. Hat irgendein erbärmlicher Mensch ein Laster, so zeigt es sich in den Linien um seinen Mund, im Erschlaffen seiner Augenlider, ja sogar in der Form seiner Hände. Letztes Jahr kam jemand – ich werde seinen Namen nicht nennen, aber du kennst ihn – zu mir, der sich malen lassen wollte. Ich hatte ihn bis dahin nie gesehen und bis zu jenem Zeitpunkt auch noch nie etwas von ihm gehört, obgleich mir seitdem eine Menge über ihn zu Ohren gekommen ist. Er bot mir eine übertrieben hohe Summe. Ich lehnte ab. Etwas an der Form seiner Finger war mir zutiefst zuwider. Heute weiß ich, daß ich mit meinen Vermutungen über ihn völlig recht hatte. Sein Leben ist entsetzlich. Aber von dir, Dorian, mit deinem reinen, heiteren, unschuldigen Gesicht und deiner wunderbaren, ungetrübten Jugend – von dir kann ich nichts Nachteiliges glauben. Und doch sehe ich dich nur sehr selten, und du kommst mittlerweile gar nicht mehr zu mir ins Atelier hinunter, und wenn ich nicht bei dir bin und all diese gräßlichen Dinge höre, die die Leute über dich tuscheln, weiß ich nicht, was ich sagen soll. Wie kommt es, Dorian, daß ein Mann wie der Herzog von Berwick im Klub einen Raum verläßt, wenn du ihn betrittst? Wie kommt es, daß so viele Herren der Londoner Gesellschaft weder dein Haus aufsuchen, noch dich in ihres einladen? Du warst doch mit Lord Staveley befreundet. Ich traf ihn letzte Woche beim Abendessen. In der Unterhaltung fiel zufällig dein Name – im Zusammenhang mit den Miniaturen, die du als Leihgabe für die Ausstellung in der Dudley-Galerie zur Verfügung gestellt hast. Staveley verzog den Mund und erklärte, du mögest ja vielleicht den erlesensten künstlerischen Geschmack haben, seist aber ein Mann, mit dem kein unschuldiges Mädchen Umgang haben dürfe und keine anständige Frau im selben Zimmer sitzen sollte. Ich erinnerte ihn daran, daß ich mit dir befreundet bin, und fragte ihn, was er damit meine. Er sagte es mir. Er sagte es mir offen und unverblümt vor allen Leuten. Es war grauenvoll! Warum ist deine Freundschaft so verhängnisvoll für junge Männer? Da war dieser unglückliche Junge bei der Garde, der Selbstmord beging. Du warst eng mit ihm befreundet.

Da war Sir Henry Ashton, der England mit beflecktem Ruf verlassen mußte. Du und er, ihr beide wart doch unzertrennlich. Und was ist mit Adrian Singleton und seinem furchtbaren Ende? Was mit Lord Kents einzigem Sohn und seiner Karriere? Ich traf seinen Vater gestern in der St James's Street. Er schien vor Scham und Kummer gebrochen. Was ist mit dem jungen Herzog von Perth? Was für ein Leben führt er nun? Welcher Gentleman verkehrt noch mit ihm?«

»Halt, Basil. Du redest über Dinge, von denen du nichts verstehst«, sagte Dorian Gray mit einem Unterton grenzenloser Verachtung in der Stimme und biß sich auf die Lippen. »Du fragst mich, warum Berwick einen Raum verläßt, wenn ich ihn betrete. Das tut er deshalb, weil ich alles über sein Leben weiß, nicht, weil er etwas über das meine weiß. Wie könnte bei dem Blut, das in seinen Adern fließt, seine Vergangenheit makellos sein? Du fragst mich nach Henry Ashton und dem jungen Perth. Habe ich dem einen seine Laster, dem anderen sein ausschweifendes Leben beigebracht? Was geht es mich an, wenn Kents einfältiger Sohn sich seine Frau von der Straße holt? Wenn Adrian Singleton den Namen seines Freundes auf einen Wechsel schreibt, bin ich denn sein Aufpasser? Ich weiß, wie die Leute in England klatschen. Die Mittelschicht tut ihre moralischen Vorurteile an ihren unkultivierten Eßtischen kund und tuschelt über das, was sie als die Lasterhaftigkeit der besseren Kreise bezeichnet, bemüht vorzugaukeln, sie verkehre in der feinen Gesellschaft und stünde mit den Leuten, die sie verleumdet, auf vertrautem Fuße. In diesem Land braucht ein Mann nur vornehm und geistreich zu sein, damit jeder x-beliebige sich den Mund über ihn zerreißt. Und was für ein Leben führen diese Leute selbst, die sich so moralisch geben? Mein lieber Freund, du vergißt, daß wir uns im Heimatland des Heuchlers befinden.«

»Dorian«, rief Hallward, »darum geht es nicht. England ist schlimm genug, ich weiß, und die englische Gesellschaft ist völlig verkehrt. Deshalb möchte ich ja, daß dein Verhalten tadellos ist. Dein Verhalten war nicht tadellos. Es ist durchaus zulässig, einen Menschen nach der Wirkung zu beurteilen, die er auf seine Freunde ausübt. Deine scheinen jegliches Ehrgefühl, jedes Gefühl für Güte und Reinheit zu verlieren. Du hast sie mit einer wahnwitzigen Genußsucht erfüllt. Sie sind in den Abgrund gestiegen. Du hast sie dorthin geführt. Ja, du hast sie dorthin geführt, und dennoch kannst du lächeln, wie du jetzt lächelst. Und es kommt noch schlimmer. Ich weiß, du und Henry, ihr seid unzertrennlich. Und allein aus diesem Grund, wenn schon aus keinem anderen, hättest du den Namen seiner Schwester nicht ins Gerede bringen dürfen.«

»Sei auf der Hut, Basil. Du gehst zu weit.«

»Ich muß reden, und du mußt zuhören. Du wirst zuhören. Bis du Lady Gwendolen kennenlerntest, war noch niemals auch nur der Schatten eines Skandals auf sie gefallen. Gibt es heute eine einzige anständige Frau in London, die mit ihr im Park ausfahren würde? Ja, nicht einmal ihre Kinder dürfen jetzt bei ihr leben. Es gibt auch noch andere Geschichten – Geschichten, die behaupten, man habe beobachtet, wie du dich bei Tagesanbruch aus schrecklichen Häusern stahlst und verkleidet in die übelsten Spelunken in London schlichst. Sind sie wahr? Können sie wahr sein? Als ich sie zum erstenmal hörte, lachte ich. Höre ich sie jetzt, lassen sie mich erschaudern. Was ist mit deinem Landhaus und dem Leben, das dort geführt wird? Dorian, du weißt nicht, was man über dich erzählt. Ich werde nicht sagen, ich wolle dir keine Predigt halten. Ich erinnere mich, daß Harry einmal bemerkte, jeder, der sich gerade als Amateurseelsorger betätige, beginne immer mit dieser Versicherung, um danach sein Wort zu brechen. Ich will dir eine Predigt halten. Ich möchte, daß du ein Leben führst, das dir die Achtung der Welt sichert. Ich möchte, daß du einen unbescholtenen Namen und eine makellose Vergangenheit hast. Ich möchte, daß du dich von den schrecklichen Leuten trennst, mit denen du verkehrst. Zuck nicht so mit den Achseln. Sei nicht so gleichgültig. Du vermagst einen erstaunlichen Einfluß auszuüben. Laß es zum Guten sein, nicht zum Bösen. Es heißt, du verdirbst jeden, mit dem du näher befreundet bist, und du brauchst nur ein Haus zu betreten, um in irgendeiner Form Schande über es zu bringen. Ich weiß nicht, ob das zutrifft oder nicht. Wie sollte ich es wissen? Aber man behauptet es. Ich habe Dinge erfahren, die ich offenbar unmöglich in Zweifel ziehen kann. Lord Gloucester war einer meiner besten Freunde in Oxford. Er zeigte mir einen Brief, den seine Frau ihm geschrieben hatte, als sie in ihrer Villa in Mentone einsam im Sterben lag. Dein Name spielte in dem entsetzlichsten Geständnis eine Rolle, das ich je gelesen habe. Ich sagte ihm, daß das absurd sei – daß ich dich durch und durch kenne und du zu etwas Derartigem nicht imstande wärst. Dich kennen? Ich frage mich, ob ich dich wirklich kenne. Bevor ich das beantworten könnte, müßte ich deine Seele sehen.«

»Meine Seele sehen!« stieß Dorian Gray leise hervor und sprang vom Sofa auf, nahezu weiß vor Angst.

»Ja«, antwortete Hallward ernst und mit tiefer Sorge in der Stimme, »deine Seele sehen. Aber das kann allein Gott.«

Ein bitteres Hohngelächter entrang sich den Lippen des Jüngeren. »Du sollst sie mit eigenen Augen sehen, noch heute nacht!« rief er und nahm eine Lampe vom Tisch. »Komm: es ist das Werk deiner eigenen Hände. Warum solltest du es dir nicht ansehen? Danach kannst du der Welt jede Einzelheit schildern, wenn du das willst. Niemand würde dir glauben. Würden dir die Leute aber doch Glauben schenken, so liebten sie mich wegen dieser Sache nur noch mehr. Ich kenne unsere Zeit besser als du, auch wenn du dich noch so langatmig darüber ausläßt. Komm, sage ich dir. Du hast genug über Verderbtheit geredet. Jetzt sollst du ihr von Angesicht zu Angesicht gegenübertreten.«

Aus jedem Wort, das er sprach, klang unbändiger Hochmut. In seiner jungenhaft trotzigen Art stampfte er mit dem Fuß auf den Boden. Er empfand ein schreckliches Vergnügen bei dem Gedanken, daß jemand sein Geheimnis mit ihm teilen sollte und daß dem Mann, der das Porträt, diesen Quell all seiner Schmach, gemalt hatte, für den Rest seines Lebens die Last der gräßlichen Erinnerung an das, was er getan hatte, aufgebürdet würde.

»Ja«, fuhr er fort, während er sich ihm näherte und ihm unverwandt in die ernsten Augen blickte. »Ich werde dir meine Seele zeigen. Du sollst das Ding sehen, das deiner Meinung nach nur Gott sehen kann.«

Hallward zuckte zurück. »Das ist Gotteslästerung, Dorian!« rief er. »So etwas darfst du nicht sagen. Es ist furchtbar, und es ergibt keinen Sinn.«

»So, meinst du?« Er lachte erneut.

»Ich weiß es. Und was ich dir heute abend gesagt habe, war nur zu deinem Besten. Du weißt, ich bin dir immer ein treuer Freund gewesen.«

»Werde bloß nicht rührselig. Sag, was du zu sagen hast, und komm zum Ende.«

Ein schmerzlicher Ausdruck huschte über das Gesicht des Malers. Er hielt einen Augenblick inne, und ein Gefühl tiefsten Mitleids ergriff ihn. Welches Recht hatte er eigentlich, sich in Dorian Grays Leben einzumischen? Wenn er nur ein Zehntel von dem getan hatte, was die Gerüchte ihm zuschrieben, wie sehr mußte er gelitten haben! Dann richtete er sich auf, ging zum Kamin hinüber, blieb davor stehen und blickte auf die brennenden Holzscheite mit ihrer an Rauhreif erinnernden Asche und ihren zitternden Flammenherzen.

»Ich warte, Basil«, sagte der junge Mann mit harter, klarer Stimme.

Er wandte sich um. »Was ich zu sagen habe, ist folgendes«, rief er. »Du mußt mir eine Antwort auf diese schrecklichen Anschuldigungen geben, die gegen dich erhoben werden. Wenn du mir sagst, daß sie von vorn bis hinten völlig unzutreffend sind, werde ich dir glauben. Weise sie zurück, Dorian, weise sie zurück! Kannst du denn nicht sehen, was ich durchmache? Mein Gott! Sag mir nicht, daß du schlecht, verderbt und niederträchtig bist.«

Dorian Gray lächelte. Seine Lippen verzogen sich verächtlich. »Komm mit nach oben, Basil«, sagte er ruhig. »Ich führe ein Tagebuch über jeden Tag meines Lebens, und es verläßt nie den Raum, in dem es geschrieben wird. Ich werde es dir zeigen, wenn du mit mir kommst.«

»Ich werde mit dir kommen, Dorian, wenn du es wünschst. Ich sehe, ich habe meinen Zug versäumt. Das macht nichts. Ich kann morgen fahren. Aber bitte mich nicht, heute nacht etwas zu lesen. Alles, was ich will, ist eine klare Antwort auf meine Frage.«

»Die wirst du oben erhalten. Ich könnte sie dir hier nicht geben. Du wirst nicht lange zu lesen haben.«

Kapitel 13

Er ging aus dem Zimmer und begann, gefolgt von Basil Hallward, hinaufzusteigen. Sie traten leise auf, wie man es des Nachts unwillkürlich tut. Die Lampe warf phantastische Schatten auf Wand und Treppe. Ein aufkommender Wind ließ einige der Fenster klappern.

Als sie den obersten Treppenabsatz erreichten, stellte Dorian die Lampe auf den Boden, holte den Schlüssel heraus, steckte ihn ins Schloß und drehte ihn um. »Du bestehst noch immer darauf, es zu erfahren, Basil?« fragte er mit leiser Stimme.

»Ja.«

»Das freut mich«, erwiderte er lächelnd. Dann fügte er etwas schroff hinzu: »Du bist der einzige Mensch auf der Welt, der Anspruch darauf hat, alles über mich zu wissen. Du hast mehr mit meinem Leben zu tun, als du glaubst.« Er nahm die Lampe auf, öffnete die Tür und trat ein. Ein kalter Luftstrom kam ihnen entgegen, und das Licht flackerte einen Augenblick lang in einer dunkelorangen Flamme hoch auf. Ihn schauderte. »Schließ die Tür hinter dir«, flüsterte er, während er die Lampe auf dem Tisch abstellte.

Hallward blickte sich mit verwirrter Miene um. Der Raum machte den Eindruck, als sei er seit Jahren unbewohnt. Ein verblichener flämischer Wandteppich, ein verhängtes Bild, ein alter italienischer *cassone* und ein fast leerer Bücherschrank – das war alles, was er, außer einem Tisch und einem Stuhl, zu enthalten schien. Als Dorian Gray eine halb heruntergebrannte Kerze anzündete, die auf dem Kaminsims stand, sah er, daß der ganze Raum staubbedeckt und der Teppich voller Löcher war.

Eine Maus huschte hinter der Wandtäfelung hin und her. In der Luft lag feuchter Modergeruch.

»Du bist also der Meinung, nur Gott sehe die Seele, Basil? Zieh den Vorhang da zurück, und du wirst meine sehen.«

Die Stimme, die das sagte, war kalt und grausam. »Du bist verrückt, Dorian, oder du spielst Theater«, murmelte Hallward stirnrunzelnd.

»Du willst nicht? Dann muß ich es selbst tun«, sagte der junge Mann; und er riß den Vorhang von der Stange und schleuderte ihn auf den Boden.

Ein Ausruf des Grauens entfuhr den Lippen des Malers, als er im matten Lichtschein das gräßliche Gesicht erblickte, das ihn von der Leinwand herunter angrinste. In seinem Ausdruck war etwas, das ihn mit Abscheu und Ekel erfüllte. Gütiger Himmel! Das war ja Dorian Grays Gesicht, das er da vor sich sah! Das Grauenvolle, was immer es auch sein mochte, hatte diese wunderbare Schönheit noch nicht völlig zerstört. Noch lag ein Goldschimmer auf dem sich lichtenden Haar und ein Hauch von Scharlachrot auf dem sinnlichen Mund. Die verquollenen Augen hatten sich etwas von der Lieblichkeit ihres Blaus bewahrt, der edle Schwung war noch nicht völlig aus den feingeschnittenen Nasenflügeln und dem plastisch wirkenden Hals gewichen. Ja, es war Dorian. Aber wer hatte das Porträt gemalt? Er glaubte seinen eigenen Pinselstrich zu erkennen, und den Rahmen hatte er selbst entworfen. Der Gedanke war zwar ungeheuerlich, dennoch verspürte er Angst. Er ergriff die brennende Kerze und hielt sie vor das Bild. In der linken Ecke stand sein eigener Name, in großen, leuchtend zinnoberroten Buchstaben schwungvoll hingeschrieben.

Es war eine schändliche Parodie, eine niederträchtige, gemeine Satire. Das hatte er niemals gemalt. Und doch, es war sein eigenes Bild! Er wußte es, und ihm war, als hätte sich sein Blut innerhalb eines Augenblicks von Feuer in träge fließendes Eis verwandelt. Sein eigenes Bild! Was hatte das zu bedeuten? Warum hatte es sich verändert? Er wandte sich um und sah Dorian Gray mit den Augen eines Kranken an. Sein Mund zuckte, und seine ausgedörrte Zunge schien außerstande, Worte zu formen. Er strich sich mit der Hand über die Stirn. Sie war feucht von kaltem Schweiß.

Der junge Mann lehnte am Kaminsims und beobachtete ihn mit jenem seltsamen Ausdruck, wie man ihn auf den Gesichtern von Menschen sieht, die ganz gebannt ein Theaterstück verfolgen, wenn ein großartiger Künstler auf der Bühne steht. Es lag weder wirklicher Kummer noch wirkliche Freude darin. Es war schlicht die Leidenschaft des Zuschauers, verbunden vielleicht mit einem Aufflackern von Triumph in seinem Blick. Er hatte die Blume aus dem Knopfloch genommen und roch daran oder tat zumindest so.

»Was bedeutet das?« rief Hallward schließlich. Seine eigene Stimme klang schrill und sonderbar in seinen Ohren.

»Vor Jahren, als ich noch ein Junge war«, sagte Dorian Gray und zerdrückte dabei die Blume in seiner Hand, »hast du mich kennengelernt, mir geschmeichelt und mich gelehrt, mir auf mein gutes Aussehen etwas einzubilden. Eines Tages stelltest du mich einem deiner Freunde vor, der mich über das Wunder der Jugend aufklärte, und du vollendetest das Porträt von mir, das mir das Wunder der Schönheit enthüllte. In einem wahnwitzigen Augenblick, von dem ich bis heute nicht weiß, ob ich ihn bedaure oder nicht, äußerte ich einen Wunsch, vielleicht würdest du es ein Gebet nennen ...«

»Ich erinnere mich daran! Oh, wie gut ich mich daran

erinnere! Nein! Das ist unmöglich. Der Raum ist feucht. Die Leinwand wurde von Schimmel befallen. Die Farben, die ich verwendet habe, enthielten irgendein übles giftiges Mineral. Ich sage dir, das ist unmöglich.«

»Ach, was ist unmöglich?« murmelte der junge Mann, ging zum Fenster hinüber und lehnte die Stirn gegen das kalte, nebelbeschlagene Glas.

»Du hast mir erzählt, du hättest es zerstört.«

»Das war ein Irrtum. Es hat mich zerstört.«

»Ich glaube nicht, daß das mein Bild ist.«

»Kannst du dein Ideal nicht darin sehen?« sagte Dorian bitter.

»Mein Ideal, wie du es nennst ...«

»Wie du es nanntest.«

»In ihm war nichts Böses, nichts Schändliches. Du warst für mich ein Ideal, wie ich ihm nie mehr begegnen werde. Dies ist das Gesicht eines Satyrs[1].«

»Es ist das Antlitz meiner Seele.«

»Mein Gott! Welch ein Wesen muß ich angebetet haben! Es hat die Augen eines Teufels.«

»Jeder von uns trägt Himmel und Hölle in sich, Basil«, rief Dorian mit einer ungestümen Geste der Verzweiflung.

Hallward wandte sich abermals dem Porträt zu und starrte es an. »Mein Gott!« rief er. »Wenn das wahr und dies der Ausdruck dessen ist, was du aus deinem Leben gemacht hast, dann mußt du ja noch schlimmer sein, als die Leute glauben, die schlecht über dich reden!« Wieder hielt er das Licht vor die Leinwand und prüfte sie eingehend. Die Oberfläche schien völlig unversehrt und genauso wie damals, als er die Arbeit an dem Bild beendet hatte. Offenbar waren Verruchtheit und Grauenhaftigkeit von innen heraus gekommen. Durch irgendeine eigenartige Stimulierung zu einem Seelenleben zerfraß der Aussatz der Sünde das Ding allmählich. Die Zersetzung eines Leichnams in einem nassen Grab war nicht so furchtbar.

Seine Hand zitterte, die Kerze fiel aus dem Halter auf den Boden und blieb dort flackernd liegen. Er trat sie mit dem Fuß aus. Dann ließ er sich auf den wackeligen Stuhl fallen, der neben dem Tisch stand, und verbarg das Gesicht in den Händen.

»Guter Gott, Dorian, was für eine Lektion! Was für eine fürchterliche Lektion!« Es kam keine Antwort, doch er konnte den jungen Mann am Fenster schluchzen hören. »Bete, Dorian, bete«, murmelte er. »Wie war das noch, was uns in der Kindheit zu sagen beigebracht wurde? ›Führe uns nicht in Versuchung. Vergib uns unsere Sünden. Wasch uns von unsern Missetaten rein.‹ Laß uns das zusammen sprechen. Das Gebet deines Stolzes ist erhört worden. Auch das Gebet deiner Reue wird erhört werden. Ich habe dich zu sehr angebetet. Dafür werde ich bestraft. Du hast dich selbst zu sehr angebetet. Wir werden beide bestraft.«

Dorian Gray wandte sich langsam um und blickte ihn mit tränengetrübten Augen an. »Es ist zu spät, Basil«, erwiderte er stockend.

»Es ist nie zu spät, Dorian. Laß uns niederknien und versuchen, ob wir uns nicht an ein Gebet erinnern können. Steht nicht irgendwo der Vers: ›Wären eure Sünden auch rot wie Scharlach, so will ich sie dennoch weiß machen wie Schnee‹?«[2]

»Diese Worte bedeuten mir heute nichts mehr.«

»Pst! Sag das nicht. Du hast in deinem Leben genug Böses getan. Mein Gott, siehst du nicht, wie dieses verfluchte Ding uns hämisch angrinst?«

Dorian Gray warf einen Blick auf das Bild, und plötzlich überkam ihn ein unbeherrschbares Gefühl des Hasses auf Basil Hallward, als sei es ihm von dem Bildnis auf der Leinwand eingegeben, von diesen grinsenden Lippen in sein Ohr geflüstert worden. Die irrsinnige Erregung eines gehetzten Tieres kam über ihn, und er verabscheute den Mann, der da am Tisch saß, mehr, als er jemals in seinem ganzen Leben irgend etwas verabscheut hatte. Mit wildem Blick sah er sich um. Oben auf der bemalten Truhe, die ihm genau gegenüberstand, schimmerte etwas. Sein Blick fiel darauf. Er wußte, was es war. Es war ein Messer, das er einige Tage zuvor mit heraufgebracht hatte, um ein Stück Schnur abzuschneiden, und das er vergessen hatte, wieder mitzunehmen. Langsam bewegte er sich, an Hallward vorbei, darauf zu. Sowie er hinter ihm war, ergriff er es und drehte sich um. Hallward bewegte sich auf dem Stuhl, als wolle er aufstehen. Er stürzte sich auf ihn, stieß das Messer in die große Ader, die hinter dem Ohr verläuft, drückte den Kopf des Mannes auf den Tisch und stach immer wieder zu.

Ein schwaches Stöhnen war zu vernehmen und das grauenvolle Gurgeln eines Menschen, der am eigenen Blut erstickt. Dreimal schossen die ausgestreckten Arme krampfartig nach oben, groteske, steiffingrige Hände zuckten durch die Luft. Er stach noch zweimal auf den Mann ein, doch er bewegte sich nicht mehr. Etwas begann auf den Boden zu tropfen. Er wartete einen Augenblick, während er den Kopf noch immer nach unten drückte. Dann warf er das Messer auf den Tisch und lauschte.

Außer dem regelmäßigen Tropfen auf den fadenscheinigen Teppich war nichts zu hören. Er öffnete die Tür und trat auf den Treppenabsatz hinaus. Im Haus herrschte vollkommene Stille. Niemand war wach. Einige Sekunden lang blieb er über das Geländer gebeugt stehen und starrte hinunter in den schwarzen, brodelnden

Schlund der Dunkelheit. Dann zog er den Schlüssel heraus, kehrte in das Zimmer zurück und schloß sich darin ein.

Das Wesen saß noch immer auf dem Stuhl, mit gebeugtem Kopf, gekrümmtem Rücken und langen, gespenstischen Armen lag es über den Tisch hingestreckt. Wären da nicht der rote, ausgefranste Riß im Hals und die dunkle Blutlache gewesen, die sich langsam auf dem Tisch ausbreitete, hätte man meinen können, der Mann schlafe nur.

Wie schnell war alles vollbracht gewesen! Er fühlte sich eigenartig ruhig. Er ging zur Balkontür hinüber, öffnete sie und trat hinaus. Der Wind hatte den Nebel fortgeblasen, und der Himmel erinnerte an ein riesiges, mit unzähligen goldenen Augen übersätes Pfauenrad. Er blickte hinunter und sah den Polizisten, der gerade seine Runde machte und den langen Lichtstrahl seiner Laterne auf die Türen der stillen Häuser richtete. Das rote Licht einer langsam dahinrollenden Droschke leuchtete an der Ecke auf und verschwand dann. Eine Frau mit flatterndem Umhangtuch schlich langsam an den Zaungittern entlang und torkelte beim Gehen. Von Zeit zu Zeit blieb sie stehen und warf einen Blick zurück. Einmal begann sie mit heiserer Stimme zu singen. Der Polizist schlenderte hinüber und sagte etwas zu ihr. Lachend stolperte sie davon. Ein scharfer Windstoß fegte über den Platz. Die Gaslaternen flackerten und wurden blau, und die laublosen Bäume schwangen ihre schwarzen ehernen Äste hin und her. Er fröstelte, ging wieder hinein und schloß die Balkontür hinter sich.

Als er die Zimmertür erreicht hatte, drehte er den Schlüssel um und öffnete sie. Er warf nicht einmal mehr einen flüchtigen Blick auf den Ermordeten. Er spürte, daß das Geheimnis der ganzen Sache darin lag, sich die

Situation gar nicht klarzumachen. Der Freund, der das verhängnisvolle Porträt gemalt hatte, dem er sein ganzes Unglück verdankte, war aus seinem Leben verschwunden. Das genügte.

Dann erinnerte er sich an die Lampe. Es handelte sich um ein recht ausgefallenes Stück maurischer Handwerkskunst, gefertigt aus mattem Silber und mit Arabesken aus poliertem Stahl und ungeschliffenen Türkisen verziert. Sein Diener könnte sie vielleicht vermissen, und Fragen würden gestellt. Er zögerte einen Augenblick, dann drehte er sich um und nahm sie vom Tisch. Er konnte nicht umhin, das tote Wesen zu sehen. Wie reglos es war! Wie entsetzlich weiß die langen Hände aussahen! Es glich einer grauenvollen Wachsfigur.

Nachdem er die Tür hinter sich verschlossen hatte, schlich er leise die Treppe hinunter. Das Holz knarrte, es schien aufzuschreien, als hätte es Schmerzen. Er hielt mehrmals inne und wartete. Nein: alles war ruhig. Es war nur das Geräusch seiner eigenen Schritte.

Beim Betreten der Bibliothek sah er die Tasche und den Mantel in der Ecke. Sie mußten irgendwo versteckt werden. Er schloß einen in die Wandtäfelung eingelassenen Geheimschrank auf, einen Schrank, in dem er seine eigenen sonderbaren Verkleidungen aufbewahrte, und legte sie hinein. Er konnte sie später in aller Ruhe verbrennen. Dann zog er seine Uhr heraus. Es war zwanzig vor zwei.

Er setzte sich und begann nachzudenken. Jedes Jahr – ja, jeden Monat beinahe – wurden Menschen in England für eine Tat wie die seine gehängt. Eine wahnwitzige Mordlust hatte in der Luft gelegen. Irgendein roter Stern war der Erde zu nahe gekommen ... Doch was gab es denn an Beweisen gegen ihn? Basil Hallward hatte das Haus um elf verlassen. Niemand hatte ihn zurückkommen sehen. Die meisten Dienstboten waren in Selby Royal. Sein Kammerdiener war schon zu Bett gegangen ... Paris! Ja. Basil war nach Paris gefahren, und zwar mit dem Mitternachtszug, wie er es vorgehabt hatte. Bei seinen seltsam zurückhaltenden Gewohnheiten würde es Monate dauern, ehe irgendein Verdacht aufkam. Monate! Bis dahin konnten längst alle Spuren beseitigt sein.

Plötzlich kam ihm ein Gedanke. Er zog seinen Pelzmantel an, setzte den Hut auf und ging in die Eingangshalle. Dort blieb er stehen, als er den langsamen, schweren Schritt des Polizisten auf dem Gehsteig hörte und den Widerschein der aufblitzenden Blendlaterne im Fenster sah. Er wartete mit angehaltenem Atem.

Einige Augenblicke später schob er den Riegel zurück, schlüpfte zur Tür hinaus und schloß sie ganz behutsam hinter sich. Dann begann er zu läuten. Nach etwa fünf Minuten erschien sein Diener, halb angezogen und völlig verschlafen dreinblickend.

»Es tut mir leid, daß ich Sie wecken mußte, Francis«, sagte er, während er ins Haus trat, »aber ich habe meinen Schlüssel vergessen. Wie spät ist es?«

»Zehn nach zwei, Sir«, antwortete der Mann, der blinzelnd auf die Uhr sah.

»Zehn nach zwei? Wie entsetzlich spät! Sie müssen mich morgen um neun wecken. Ich habe einiges zu erledigen.«

»Sehr wohl, Sir.«

»War heute abend jemand hier?«

»Mr. Hallward, Sir. Er blieb bis elf; dann ging er, weil er seinen Zug erreichen wollte.«

»Oh! Es tut mir leid, daß ich ihn nicht gesehen habe. Hat er eine Nachricht hinterlassen?«

»Nein, Sir, außer daß er Ihnen aus Paris schreiben würde, falls er Sie im Klub nicht träfe.«

»Das ist alles, Francis. Vergessen Sie nicht, mich morgen um neun zu wecken.«

»Nein, Sir.«

Der Mann schlurfte in seinen Pantoffeln den Korridor hinunter.

Dorian Gray warf Hut und Mantel auf den Tisch und ging in die Bibliothek. Eine Viertelstunde lang schritt er in dem Raum auf und ab, biß sich auf die Lippen und dachte nach. Dann nahm er das Blaubuch aus einem der Regale und begann darin zu blättern. »Alan Campbell, 152 Hertford Street, Mayfair.« Ja, das war der Mann, den er brauchte.

Kapitel 14

Um neun Uhr am nächsten Morgen kam sein Diener mit einer Tasse Schokolade auf einem Tablett herein und öffnete die Fensterläden. Dorian schlief noch ganz friedlich; er lag auf der rechten Seite, eine Hand unter der Wange. Er sah aus wie ein Junge, der vom Spielen oder Lernen erschöpft war.

Der Mann mußte ihn zweimal an der Schulter berühren, ehe er aufwachte, und als er die Augen aufschlug, glitt ein schwaches Lächeln über seine Lippen, als sei er in einen köstlichen Traum versunken gewesen. Dabei hatte er gar nicht geträumt. Seine Nachtruhe war durch keinerlei Bilder der Lust oder des Leids gestört worden. Doch die Jugend lächelt auch ohne Grund. Das ist einer ihrer größten Reize.

Er drehte sich um, stützte sich auf den Ellbogen und begann an seiner Schokolade zu nippen. Die milde Novembersonne strömte ins Zimmer. Der Himmel war klar, und eine wohltuende Wärme lag in der Luft. Es war fast wie ein Morgen im Mai.

Nach und nach schlichen sich die Ereignisse der vergangenen Nacht auf leisen, blutbefleckten Sohlen in sein Hirn und bauten sich dort mit schrecklicher Deutlichkeit erneut vor ihm auf. Er wand sich bei der Erinnerung an all das, was er durchlitten hatte, und einen Augenblick lang kehrte dasselbe eigenartige Gefühl des Abscheus vor Basil Hallward zurück, das ihn dazu getrieben hatte, ihn zu töten, als er auf dem Stuhl saß, und ihm wurde kalt vor Erregung. Und der Tote saß noch immer dort, und jetzt im hellen Sonnenlicht. Wie grauenvoll das war! Solch gräßliche Dinge waren für die Dunkelheit bestimmt, nicht für den Tag.

Er spürte, daß er krank oder wahnsinnig werden würde, wenn er darüber nachgrübelte, was er durchgemacht hatte. Es gab Sünden, deren Reiz mehr in der Erinnerung an sie lag als darin, sie zu begehen; seltsame Triumphe, die den Stolz mehr befriedigten als die Leidenschaften und dem Intellekt ein gesteigertes Lustgefühl verschafften, größer als alle Lust, die sie den Sinnen verschafften oder jemals zu verschaffen vermochten. Aber diese Sünde zählte nicht dazu. Sie war etwas, das es aus den Gedanken zu verdrängen, mit Mohn zu betäuben und zu ersticken galt, auf daß es einen nicht selbst ersticke.

Als die Uhr die halbe Stunde schlug, fuhr er sich mit der Hand über die Stirn, stand dann rasch auf und kleidete sich mit noch größerer Sorgfalt an als gewöhnlich, wobei er der Wahl von Halsbinde und Krawattennadel ein gut Teil Aufmerksamkeit widmete und seine Ringe mehr als einmal wechselte. Auch für das Frühstück nahm er sich lange Zeit, kostete von den verschiedenen Gerichten, sprach mit seinem Kammerdiener über neue Livreen, die er für die Dienstboten in Selby anfertigen zu lassen gedachte, und sah seine Korrespondenz durch. Über einige der Briefe lächelte er. Drei langweilten ihn. Einen las er mehrere Male durch und zerriß ihn dann mit leicht verärgerter Miene. »Ein fürchterliches Ding, das Gedächtnis einer Frau!« wie Lord Henry einmal gesagt hatte.

Nachdem er seine Tasse schwarzen Kaffee getrunken hatte, wischte er sich mit einer Serviette langsam über die Lippen, gab seinem Diener ein Zeichen, daß er warten sollte, ging zum Tisch hinüber, setzte sich und schrieb zwei Briefe. Einen steckte er in die Tasche, den anderen übergab er dem Kammerdiener.

»Bringen Sie das in die Hertford Street 152, Francis, und sollte sich Mr. Campbell nicht in der Stadt aufhalten, erfragen Sie seine Adresse.«

Sowie er allein war, zündete er sich eine Zigarette an und begann, auf einem Stück Papier ein paar Skizzen zu entwerfen. Zuerst zeichnete er Blumen und architektonische Details, dann menschliche Gesichter. Plötzlich fiel ihm auf, daß jedes Gesicht, das er zeichnete, eine wundersame Ähnlichkeit mit Basil Hallward aufzuweisen schien. Er runzelte die Stirn, stand auf, ging zum Bücherschrank hinüber und nahm wahllos einen Band heraus. Er war entschlossen, nicht an das Geschehene zu denken, bis es absolut unumgänglich wurde, daß er daran dachte.

Als er sich auf dem Sofa ausgestreckt hatte, warf er einen Blick auf die Titelseite des Buches. Es war Gautiers *Émaux et Camées*[1], die Charpentier-Ausgabe auf Japanpapier mit Radierungen von Jacquemart. Der Einband war aus zitronengrünem Leder, verziert mit einem goldenen Gitterornament und punktierten Granatäpfeln. Er hatte es von Adrian Singleton geschenkt bekommen. Beim Blättern fiel sein Blick auf ein Gedicht über Lacenaires Hand, jene kalte gelbe Hand »du supplice encore mal lavée«[2], mit ihrem feinen roten Flaum und ihren »doigts de faune«[3]. Er starrte auf seine eigenen weißen, spitz zulaufenden Finger und schauderte dabei unwillkürlich ein wenig, dann blätterte er weiter, bis er zu jenen herrlichen Strophen über Venedig kam:

Sur une gamme chromatique,
  Le sein de perles ruisselant,
La Vénus de l'Adriatique
  Sort de l'eau son corps rose et blanc.

Les dômes, sur l'azur des ondes
  Suivant la phrase au pur contour,
S'enflent comme des gorges rondes
  Que soulève un soupir d'amour.

L'esquif aborde et me dépose,
Jetant son amarre au pilier,
Devant une façade rose,
Sur le marbre d'un escalier.[4]

Wie köstlich sie waren! Wenn man sie las, war es, als glitte man auf den grünen Wasserstraßen der blaßrosa und perlweißen Stadt in einer schwarzen Gondel mit silbernem Bug und wehenden Vorhängen dahin. Schon die Zeilen kamen ihm vor wie jene geraden türkisblauen Linien, die einem folgen, wenn man zum Lido hinausgleitet. Das plötzliche Aufblitzen der Farben erinnerte ihn an das Schillern der Vögel mit den opal- und regenbogenfarbenen Hälsen, die den hohen, honigwabenartigen Campanile umflattern oder mit so würdevoller Anmut durch die düsteren, staubbedeckten Arkaden stolzieren. Mit halbgeschlossenen Augen zurückgelehnt, wiederholte er ein ums andere Mal:

»Devant une façade rose,
Sur le marbre d'un escalier.«

Ganz Venedig war in diesen beiden Versen eingefangen. Er dachte an den Herbst, den er dort verbracht, und der wunderbaren Liebe, die ihn zu wahnwitzigen, köstlichen Torheiten verleitet hatte. Romantik gab es überall. Aber Venedig hatte sich, wie Oxford, den Hintergrund für Romantik bewahrt, und für den wahren Romantiker war der Hintergrund alles oder doch fast alles. Einen Teil der Zeit war auch Basil da gewesen und hatte sich leidenschaftlich für Tintoretto[5] begeistert. Armer Basil! Was für eine grauenvolle Art zu sterben!

Er seufzte, nahm den Band wieder auf und versuchte zu vergessen. Er las von den Schwalben, die in dem kleinen Café in Smyrna ein und aus fliegen, wo die Hadschis sitzen und die Bernsteinperlen an ihren Gebetsschnüren zählen und die turbantragenden Kaufleute ihre langen, quastengeschmückten Pfeifen rauchen und ernste Gespräche führen;[6] er las vom Obelisken auf der Place de la Concorde, der in seinem einsamen, sonnenlosen Exil Tränen aus Granit weint und sich an den heißen, lotosblütenbedeckten Nil zurücksehnt, wo es Sphinxe gibt und rosarote Ibisse und weiße Geier mit goldenen Krallen und Krokodile mit kleinen Beryllaugen, die durch den grünen, dampfenden Schlamm kriechen;[7] er begann über jene Verse nachzugrübeln, die, dem kußbefleckten Marmor Musik entlockend, von jener seltsamen Statue erzählen, die Gautier mit einer tiefen Altstimme vergleicht, vom »monstre charmant«[8], das im Porphyrsaal des Louvre kauert. Nach einer Weile indes fiel ihm das Buch aus der Hand. Er wurde nervös, und eine entsetzliche Angst bemächtigte sich seiner. Was war, wenn Alan Campbell sich gar nicht in England aufhielt? Es konnten Tage vergehen, ehe er zurückkam. Vielleicht würde er sich auch weigern zu kommen. Was konnte er dann tun? Jeder Augenblick war von entscheidender Bedeutung. Sie waren einmal eng befreundet, ja beinahe unzertrennlich gewesen – fünf Jahre war das jetzt her. Dann hatte ihre Freundschaft ein jähes Ende gefunden. Begegneten sie sich heute in der Gesellschaft, lächelte nur Dorian Gray, Alan Campbell nie.

Er war ein außerordentlich kluger junger Mann, auch wenn er die schönen Künste nicht wirklich zu würdigen wußte und das bißchen Gefühl für die Schönheit der Poesie, das er besaß, ausschließlich Dorian zu verdanken hatte. Seine vornehmliche intellektuelle Leidenschaft war die Wissenschaft. In Cambridge hatte er einen Großteil seiner Zeit mit Arbeiten im Laboratorium verbracht und beim naturwissenschaftlichen Examen seines Jahrgangs gute Noten erzielt. Tatsächlich widmete er sich noch immer dem Studium der Chemie und besaß ein eigenes Laboratorium, in dem er sich den ganzen Tag lang einzuschließen pflegte, sehr zum Verdruß seiner Mutter, deren Herzenswunsch es war, er möge für das Parlament kandidieren, und die die vage Vorstellung hatte, ein Chemiker sei jemand, der Rezepturen zusammenstelle. Er war indes auch ein hervorragender Musiker und spielte besser Geige und Klavier als die meisten Dilettanten. Ja, es war die Musik gewesen, die ihn und Dorian Gray ursprünglich zusammengeführt hatte – die Musik und jene undefinierbare Anziehungskraft, die Dorian offenbar auszuüben vermochte, wann immer er wollte, häufig allerdings auch ausübte, ohne sich dessen bewußt zu sein. Sie hatten sich an jenem Abend bei Lady Berkshire kennengelernt, an dem Rubinstein[9] dort spielte, und danach pflegte man sie stets zusammen in der Oper und überall dort zu sehen, wo gute Musik geboten wurde. Achtzehn Monate lang währte ihre enge Freundschaft. Campbell hielt sich ständig in Selby Royal oder am Grosvenor Square auf. Für ihn, wie für viele andere, war Dorian Gray die Verkörperung all dessen, was im Leben wunderbar und faszinierend ist. Ob es zwischen ihnen zu einem Streit gekommen war oder nicht, erfuhr man nie. Doch plötzlich fiel den Leuten auf, daß sie kaum noch miteinander sprachen, wenn sie sich trafen, und daß Campbell anscheinend jede Gesellschaft früh verließ, wenn Dorian Gray anwesend war. Auch hatte er sich verändert – war zuweilen seltsam schwermütig, schien beinahe eine Abneigung dagegen zu haben, Musik zu hören, und wollte selbst nicht mehr spielen. Wurde er dazu aufgefordert, so führte er als Entschuldigung an, die Wissenschaft nehme ihn so in Anspruch, daß ihm keine Zeit zum Üben bleibe. Und das entsprach zweifellos der

Wahrheit. Mit jedem Tag schien ihn die Biologie mehr zu fesseln, und ein-, zweimal tauchte sein Name im Zusammenhang mit gewissen sonderbaren Experimenten in wissenschaftlichen Zeitschriften auf.

Das war der Mann, auf den Dorian Gray wartete. Jede Sekunde blickte er auf die Uhr. Als die Minuten verstrichen, wurde er entsetzlich nervös. Schließlich stand er auf und begann im Zimmer auf und ab zu gehen; er glich einem schönen, in einem Käfig eingesperrten Tier. Er machte große, leise Schritte. Seine Hände waren eigenartig kalt.

Die Spannung wurde unerträglich. Die Zeit schien ihm mit bleiernen Füßen dahinzuschleichen, während er von ungeheuren Sturmwinden auf den zerklüfteten Rand eines schwarzen Schlunds oder Abgrunds zugewirbelt wurde. Er wußte, was ihn dort erwartete, ja, er sah es deutlich vor sich, und schaudernd preßte er die feuchten Hände gegen die brennenden Lider, als wollte er dem Hirn die Sicht rauben und die Augäpfel in ihre Höhlen zurückdrängen. Es war vergebens. Das Hirn hatte seine eigene Nahrung, von der es zehrte, und die Phantasie, vor Entsetzen ins Groteske getrieben, entstellt und verzerrt wie ein sich in Schmerzen windendes menschliches Wesen, tanzte gleich einer garstigen Marionette auf einem Podest und grinste ihn durch wechselnde Masken hindurch an. Dann plötzlich blieb die Zeit für ihn ganz stehen. Ja, dieses blinde, langsam atmende Ding kroch nicht mehr weiter, und nun, da die Zeit tot war, drängten sich grauenvolle Gedanken hurtig in den Vordergrund und zerrten eine abstoßende Zukunft aus ihrem Grab und zeigten sie ihm. Er starrte sie an. Ihre Grauenhaftigkeit ließ ihn zu Stein werden.

Endlich ging die Tür auf, und sein Diener trat ein. Dorian sah ihn mit glasigen Augen an.

»Mr. Campbell, Sir«, sagte der Mann.

Ein Seufzer der Erleichterung entfuhr seinen ausgedörrten Lippen, und in seine Wangen kehrte die Farbe zurück.

»Bitten Sie ihn unverzüglich herein, Francis.« Er spürte, daß er wieder er selbst war. Der Anfall von Feigheit war vorüber.

Der Diener verbeugte sich und zog sich zurück. Wenige Augenblicke später kam Alan Campbell herein. Er sah sehr ernst und recht blaß aus, wobei seine Blässe durch sein kohlschwarzes Haar und die dunklen Augenbrauen noch betont wurde.

»Alan! Das ist lieb von dir. Ich danke dir, daß du gekommen bist.«

»Ich hatte mir vorgenommen, Ihr Haus nie mehr zu betreten, Gray. Aber Sie sagten, es gehe um Leben und Tod.« Seine Stimme war hart und kalt. Er sprach langsam und bedächtig. In dem festen, forschenden Blick, den er auf Dorian richtete, lag ein verächtlicher Ausdruck. Er ließ die Hände in den Taschen seines Breitschwanzmantels und schien die Geste, mit der er begrüßt worden war, nicht bemerkt zu haben.

»Ja, es geht um Leben und Tod, Alan, und das für mehr als einen Menschen. Setz dich.«

Campbell nahm auf einem Stuhl am Tisch Platz, und Dorian setzte sich ihm gegenüber. Die Blicke der beiden Männer trafen sich. In Dorians Augen lag unendliches Mitleid. Er wußte, daß er etwas Furchtbares vorhatte.

Nach einem Augenblick gespannten Schweigens beugte er sich vor und sagte vollkommen ruhig, aber die Wirkung jedes Wortes auf den Zügen desjenigen, nach dem er geschickt hatte, beobachtend: »Alan, in einem verschlossenen Raum unter dem Dach dieses Hauses, einem Raum, zu dem außer mir niemand Zugang hat, sitzt ein

Toter an einem Tisch. Er ist jetzt seit zehn Stunden tot. Rühr dich nicht und schau mich nicht so an. Wer der Mann ist, warum er starb und wie er starb, sind Dinge, die dich nichts angehen. Alles, was du zu tun hast, ist –«

»Halt, Gray. Ich will nichts weiter wissen. Ob das, was Sie mir eben erzählt haben, wahr ist oder nicht, ist mir gleichgültig. Ich weigere mich entschieden, mich in Ihr Leben hineinziehen zu lassen. Behalten Sie Ihre grauenvollen Geheimnisse für sich. Sie interessieren mich nicht mehr.«

»Alan, sie werden dich interessieren müssen. Dieses eine wird dich interessieren müssen. Es tut mir schrecklich leid für dich, Alan, aber ich kann mir selbst nicht helfen. Du bist der einzige Mensch, der mich retten kann. Ich bin gezwungen, dich in die Sache hineinzuziehen. Ich habe keine andere Wahl. Alan, du bist naturwissenschaftlich bewandert. Du kennst dich in Chemie und solchen Dingen aus. Du hast Experimente gemacht. Was du zu tun hast, ist, den Toten da oben zu beseitigen – so zu beseitigen, daß keine Spur von ihm übrigbleibt. Niemand hat diesen Mann ins Haus kommen sehen. Ja, man nimmt an, daß er sich zur Zeit in Paris aufhält. Man wird ihn monatelang nicht vermissen. Wird er dann aber vermißt, darf hier keine Spur von ihm gefunden werden. Du, Alan, mußt ihn und alles, was ihm gehört, in eine Handvoll Asche verwandeln, die ich in die Luft streuen kann.«

»Du bist verrückt, Dorian.«

»Ah! Ich habe darauf gewartet, daß du mich Dorian nennst.«

»Du bist verrückt, sage ich dir – zu glauben, ich rührte einen Finger, um dir zu helfen, verrückt, dieses ungeheuerliche Geständnis abzulegen. Ich will nichts mit dieser Sache zu tun haben, worum es sich auch immer handeln mag. Glaubst du, ich werde meinen guten Ruf deinetwegen aufs Spiel setzen? Was geht es mich an, welches Teufelswerk du vorhast?«

»Es war Selbstmord, Alan.«

»Da bin ich froh. Aber wer hat ihn dazu getrieben? Du vermutlich.«

»Weigerst du dich immer noch, das für mich zu tun?«

»Natürlich weigere ich mich. Ich will absolut nichts damit zu tun haben. Es ist mir gleich, welche Schande über dich kommt. Du verdienst sie voll und ganz. Es täte mir nicht leid, dich entehrt zu sehen, öffentlich entehrt. Wie kannst du es wagen, mich, ausgerechnet mich, zu bitten, mich in diese Schauergeschichte hineinziehen zu lassen? Ich hätte gedacht, du wüßtest besser über den menschlichen Charakter Bescheid. Dein Freund Lord Henry Wotton kann dir nicht viel über Psychologie beigebracht haben, was immer er dir sonst beigebracht haben mag. Nichts wird mich dazu bewegen, auch nur einen Schritt zu tun, um dir zu helfen. Du hast dich an den Falschen gewandt. Geh doch zu einem deiner Freunde. Komm nicht zu mir.«

»Alan, es war Mord. Ich habe ihn umgebracht. Du weißt nicht, was er mir angetan hat. Wie mein Leben auch sein mag, er hat weitaus mehr zu meinem Glück oder meinem Verderben beigetragen als der arme Harry. Er hat es vielleicht nicht gewollt, aber das Resultat war das gleiche.«

»Mord! Großer Gott, Dorian, so weit ist es mit dir gekommen? Ich werde dich nicht anzeigen. Das ist nicht meine Sache. Außerdem wirst du mit Sicherheit verhaftet, auch wenn ich in der Angelegenheit nichts unternehme. Niemand verübt ein Verbrechen, ohne dabei irgendeine Dummheit zu begehen. Aber ich will nichts damit zu tun haben.«

»Du wirst damit zu tun haben müssen. Warte, warte einen Augenblick; hör mir zu. Hör mir nur zu, Alan. Alles, worum ich dich bitte, ist, daß du ein bestimmtes wissenschaftliches Experiment durchführst. Du gehst in Hospitäler und Leichenschauhäuser, und die grauenvollen Dinge, die du dort tust, berühren dich nicht. Fändest du diesen Mann in irgendeinem gräßlichen Sezierraum oder stinkenden Laboratorium auf einem bleiernen Tisch mit roten Einschnitten, durch die das Blut abfließt, würdest du ihn schlicht als treffliches Studienobjekt betrachten. Du würdest nicht mit der Wimper zucken. Du wärst nicht der Ansicht, irgend etwas Unrechtes zu tun. Im Gegenteil. Wahrscheinlich wärst du überzeugt, der Menschheit einen Dienst zu erweisen oder die Summe des Wissens in der Welt zu vergrößern oder die intellektuelle Neugier zu befriedigen oder etwas Ähnliches. Ich verlange von dir lediglich, etwas zu tun, was du schon oft getan hast. Ja, eine Leiche zu beseitigen muß doch weitaus weniger grauenvoll sein als das, woran du für gewöhnlich arbeitest. Und bedenke, sie ist der einzige Beweis gegen mich. Wird sie entdeckt, bin ich verloren; und sie wird bestimmt entdeckt werden, wenn du mir nicht hilfst.«

»Ich habe keinerlei Verlangen, dir zu helfen. Das vergißt du. Mir ist das Ganze schlicht gleichgültig. Ich habe damit nichts zu schaffen.«

»Alan, ich flehe dich an. Bedenke die Lage, in der ich mich befinde. Eben bevor du kamst, wäre ich vor Angst beinahe ohnmächtig geworden. Eines Tages wirst du vielleicht die Angst am eigenen Leib kennenlernen. Nein! Denke nicht daran. Betrachte die Angelegenheit vom rein wissenschaftlichen Standpunkt aus. Du fragst nicht, woher die Toten kommen, an denen du deine Experimente durchführst. Frage auch jetzt nicht danach.

Ich habe dir ohnehin schon zu viel erzählt. Aber ich bitte dich inständig, es zu tun. Wir waren einmal Freunde, Alan.«

»Sprich nicht von jenen Zeiten, Dorian; sie sind längst vergangen.«

»Vergangenes hält sich zuweilen beharrlich. Auch der Tote da oben wird nicht fortgehen. Er sitzt mit gebeugtem Kopf und ausgestreckten Armen am Tisch. Alan! Alan! Wenn du mir nicht hilfst, bin ich am Ende. Man wird mich hängen, Alan! Begreifst du denn nicht? Man wird mich hängen für das, was ich getan habe.«

»Es hat keinen Sinn, diese Szene weiter zu verlängern. Ich weigere mich entschieden, in dieser Angelegenheit irgend etwas zu tun. Es ist verrückt von dir, mich darum zu bitten.«

»Du weigerst dich?«

»Ja.«

»Ich flehe dich an, Alan.«

»Es ist zwecklos.«

Der gleiche mitleidige Blick trat wieder in Dorian Grays Augen. Dann streckte er die Hand aus, nahm ein Stück Papier und schrieb etwas darauf. Er las es zweimal durch, faltete es sorgfältig zusammen und schob es über den Tisch. Dann stand er auf und ging zum Fenster hinüber.

Campbell sah ihn überrascht an, nahm das Papier auf und faltete es auseinander. Während er es las, wurde sein Gesicht gespenstisch bleich, und er sank in seinen Sessel zurück. Ein grauenvolles Gefühl der Übelkeit überkam ihn. Ihm war, als schlüge sich sein Herz in einer leeren Höhle zu Tode.

Nach zwei, drei Minuten entsetzlichen Schweigens wandte sich Dorian um, ging zu ihm hinüber, stellte sich hinter ihn und legte ihm die Hand auf die Schulter.

»Es tut mir sehr leid für dich, Alan«, sagte er leise, »aber du läßt mir keine andere Wahl. Ich habe bereits einen Brief geschrieben. Hier ist er. Du siehst die Anschrift. Wenn du mir nicht hilfst, muß ich ihn abschikken. Wenn du mir nicht hilfst, werde ich ihn abschicken. Du weißt, welche Folgen das haben wird. Doch du wirst mir helfen. Jetzt kannst du dich nicht mehr weigern. Ich habe versucht, dich zu schonen. Das wirst du billigerweise einräumen müssen. Du warst unnachgiebig, schroff und beleidigend. Du hast mich behandelt, wie kein Mensch mich je zu behandeln gewagt hat – kein noch lebender Mensch jedenfalls. Ich habe alles ertragen. Jetzt ist es an mir, die Bedingungen zu diktieren.«

Campbell verbarg das Gesicht in den Händen, und ein Schauer durchlief ihn.

»Ja, jetzt ist die Reihe an mir, die Bedingungen zu diktieren, Alan. Du kennst sie. Die Sache ist ganz einfach. Komm, steigere dich nicht in eine solche Erregung hinein. Die Sache muß getan werden. Sieh ihr ins Auge und tu es.«

Ein Stöhnen entfuhr Campbells Lippen, und er zitterte am ganzen Leib. Das Ticken der Uhr auf dem Kaminsims schien ihm die Zeit in einzelne Atome der Qual zu spalten, von denen jedes zu entsetzlich war, um es zu ertragen. Ihm war, als würde um seine Stirn langsam ein Eisenring zusammengezogen, als sei die Schande, die ihm drohte, schon über ihn gekommen. Die Hand auf seiner Schulter wog schwer wie eine Hand aus Blei. Sie war nicht zu ertragen. Sie schien ihn zu zermalmen.

»Komm schon, Alan, du mußt dich sofort entscheiden.«

»Ich kann es nicht tun«, sagte er mechanisch, als könnten Worte die Dinge ändern.

»Du mußt. Du hast keine Wahl. Versuche nicht, Zeit zu gewinnen.«

Er zögerte einen Augenblick. »Gibt es in dem Raum oben ein Feuer?«

»Ja, einen Gasofen mit Asbest.«

»Ich werde nach Hause gehen und einige Dinge aus dem Laboratorium holen müssen.«

»Nein, Alan, du darfst das Haus nicht verlassen. Schreib auf ein Blatt Papier, was du brauchst, und mein Diener wird eine Droschke nehmen und dir die Sachen bringen.«

Campbell kritzelte ein paar Zeilen hin, löschte sie ab und adressierte einen Umschlag an seinen Gehilfen. Dorian nahm die Notiz und las sie aufmerksam. Dann läutete er und übergab sie seinem Diener mit der Aufforderung, so schnell wie möglich zurückzukommen und die Sachen mitzubringen.

Als die Haustür ins Schloß fiel, fuhr Campbell nervös zusammen, stand auf und ging zum Kaminsims hinüber. Er zitterte wie in einem Anfall von Schüttelfrost. Nahezu zwanzig Minuten lang sprach keiner der beiden Männer. Eine Fliege schwirrte geräuschvoll im Zimmer umher, und das Ticken der Uhr klang wie Hammerschläge.

Als die Uhr eins schlug, wandte sich Campbell um, blickte Dorian Gray an und sah, daß in dessen Augen Tränen standen. In der Reinheit und Schönheit dieses betrübten Gesichts lag etwas, das ihn offenbar aufbrachte. »Du bist niederträchtig, absolut niederträchtig!« stieß er leise hervor.

»Pst, Alan. Du rettest immerhin mein Leben«, sagte Dorian.

»Dein Leben? Gütiger Himmel! Was für ein Leben ist das denn! Du bist moralisch immer tiefer gesunken, und nun bist du auch noch zum Verbrecher geworden. Wenn ich das tue, was ich tun werde – was du mich zu tun zwingst –, dann denke ich dabei nicht an dein Leben.«

»Ach, Alan«, stieß Dorian mit einem Seufzer leise hervor, »ich wünschte, du empfändest nur ein Tausendstel des Mitleids für mich, das ich für dich empfinde.« Er wandte sich beim Sprechen ab und schaute in den Garten hinaus. Campbell erwiderte nichts.

Etwa zehn Minuten später klopfte es an die Tür, und der Diener betrat den Raum mit einem großen Mahagonikasten voller Chemikalien, einer großen Rolle Stahl- und Platindraht und zwei recht eigenartig geformten Eisenzwingen.

»Soll ich die Sachen hierlassen, Sir?« fragte er Campbell.

»Ja«, sagte Dorian. »Und es tut mir leid, Francis, aber ich habe noch einen Auftrag für Sie. Wie heißt der Mann in Richmond, der die Orchideen für Selby liefert?«

»Harden, Sir.«

»Richtig – Harden. Sie müssen unverzüglich nach Richmond hinunter, mit Harden persönlich sprechen und ihm ausrichten, er soll doppelt so viele Orchideen schicken, wie ich bestellt habe, und zwar möglichst wenig weiße. Eigentlich will ich überhaupt keine weißen. Es ist ein schöner Tag, Francis, und Richmond ist ein sehr hübscher Ort, andernfalls würde ich Sie damit nicht behelligen.«

»Keine Mühe, Sir. Um wieviel Uhr soll ich zurück sein?«

Dorian blickte zu Campbell. »Wie lange wird dein Experiment dauern, Alan?« fragte er mit ruhiger, gleichmütiger Stimme. Die Gegenwart eines Dritten schien ihm außerordentlich Mut zu machen.

Campbell runzelte die Stirn und biß sich auf die Lippen. »Ich werde etwa fünf Stunden brauchen«, antwortete er.

»Dann genügt es, wenn Sie um halb acht zurück sind, Francis. Oder warten Sie: Legen Sie einfach meine Sachen zum Umziehen heraus. Sie können den Abend frei haben. Ich werde nicht zu Hause essen und Sie folglich nicht brauchen.«

»Danke, Sir«, sagte der Mann und verließ den Raum.

»Nun gilt es keinen Augenblick mehr zu verlieren, Alan. Wie schwer dieser Kasten ist! Ich werde ihn für dich tragen. Bring du die anderen Sachen.« Er sprach schnell und in gebieterischem Ton. Campbell fühlte sich von ihm beherrscht. Zusammen verließen sie die Bibliothek.

Als sie den obersten Treppenabsatz erreichten, zog Dorian den Schlüssel heraus und schloß die Tür auf. Dann hielt er inne, und ein ängstlicher Blick trat in seine Augen. Er schauderte. »Ich glaube, ich kann nicht hineingehen, Alan«, murmelte er.

»Das ist mir gleichgültig. Ich brauche dich nicht«, sagte Campbell kühl.

Dorian öffnete die Tür halb. Dabei sah er das Gesicht seines Porträts höhnisch im Sonnenlicht grinsen. Auf dem Boden davor lag der zerrissene Vorhang. Ihm fiel ein, daß er in der Nacht zuvor vergessen hatte, zum erstenmal in seinem Leben vergessen hatte, das verhängnisvolle Bild zu verbergen, und er war schon im Begriff, ins Zimmer zu stürzen, als er mit Schaudern zurückwich.

Was war das für ein widerlicher roter Tau, der feucht und glänzend auf der einen Hand schimmerte, so, als hätte die Leinwand Blut geschwitzt? Wie grauenvoll es war! Grauenvoller, so schien es ihm in diesem Augenblick, als das stumme Wesen, das, wie er wußte, über den Tisch hingestreckt lag, das Wesen, dessen grotesk entstellter Schatten auf dem fleckigen Teppich ihm zeigte, daß es sich nicht bewegt hatte, sondern noch immer genauso dalag, wie er es verlassen hatte.

Er atmete tief durch, öffnete die Tür ein kleines Stück weiter und ging mit halbgeschlossenen Augen und abgewandtem Gesicht schnell hinein, entschlossen, nicht einen einzigen Blick auf den Toten zu werfen. Dann bückte er sich, hob den gold- und purpurfarbenen Vorhang auf und warf ihn über das Bild.

Aus Angst, sich umzudrehen, blieb er davor stehen, und sein Blick heftete sich auf das verschlungene Stoffmuster vor ihm. Er hörte, wie Campbell den schweren Kasten, die Eisen und die anderen Dinge hereinbrachte, die er für sein schreckliches Werk benötigte. Er begann zu überlegen, ob Campbell und Basil Hallward sich jemals kennengelernt, und falls ja, was sie voneinander gehalten hatten.

»Laß mich jetzt allein«, sagte eine strenge Stimme hinter ihm.

Er wandte sich um und eilte hinaus, wobei er gerade noch mitbekam, daß der Tote auf den Stuhl zurückgestoßen worden war und Campbell in ein glänzendes gelbes Gesicht starrte. Während er die Treppe hinunterging, hörte er, wie der Schlüssel im Schloß umgedreht wurde.

Es war lang nach sieben, als Campbell wieder in die Bibliothek kam. Er war blaß, aber vollkommen ruhig. »Ich habe getan, was du von mir verlangt hast«, murmelte er. »Und nun adieu. Wir wollen uns nie mehr wiedersehen.«

»Du hast mich vor dem Untergang gerettet, Alan. Das kann ich nicht vergessen«, sagte Dorian schlicht.

Sowie Campbell das Haus verlassen hatte, ging er nach oben. Im Zimmer stank es grauenvoll nach Salpetersäure. Aber das Ding, das am Tisch gesessen hatte, war verschwunden.

Kapitel 15

An jenem Abend um halb neun wurde Dorian Gray, besonders elegant gekleidet und im Knopfloch ein großes Sträußchen Parmaveilchen, von sich verbeugenden Dienstboten in Lady Narboroughs Salon geführt. Seine Stirn durchzuckten bis zum Wahnsinn überreizte Nerven, und er verspürte eine unbändige Erregung in sich, doch als er sich über die Hand seiner Gastgeberin beugte, war sein Auftreten unbefangen und anmutig wie immer. Vielleicht wirkt man nie so unbefangen, wie wenn man eine Rolle zu spielen hat. Zweifellos hätte niemand, der Dorian Gray an jenem Abend sah, glauben können, daß er eine Tragödie durchgemacht hatte, die in ihrer Furchtbarkeit keiner Tragödie unserer Zeit nachstand. Diese schöngeformten Finger konnten niemals ein Messer zu sündigem Tun umklammert, noch diese lächelnden Lippen sich gegen Gott und Güte erhoben haben. Er selbst mußte sich über die Gelassenheit seines Verhaltens wundern, und einen Augenblick lang empfand er lebhaft das entsetzliche Vergnügen eines Doppellebens.

Es war eine kleine Gesellschaft, recht überstürzt arrangiert von Lady Narborough, einer sehr klugen Frau, die – wie Lord Henry zu sagen pflegte – die Überreste wirklich bemerkenswerter Häßlichkeit besaß. Sie hatte sich einem unserer langweiligsten Gesandten als ausgezeichnete Ehefrau erwiesen, und nachdem sie ihren Gatten in einem von ihr selbst entworfenen Marmormausoleum angemessen bestattet und ihre Töchter mit reichen, schon etwas älteren Männern verheiratet hatte, widmete sie sich nun den Freuden französischer Literatur, französischer Küche und französischen Esprits, wenn er zu bekommen war.

Dorian war einer ihrer erklärten Lieblinge, und sie versicherte ihm stets aufs neue, wie außerordentlich froh sie sei, daß sie ihn nicht in ihrer Jugend kennengelernt habe. »Ich weiß, mein Lieber, ich hätte mich wahnsinnig in Sie verliebt«, pflegte sie zu sagen, »und Ihretwegen hätte ich meine Haube bedenkenlos über die Mühlen geworfen,[1] wie es so schön heißt. Es ist ein überaus glücklicher Umstand, daß damals von Ihnen noch gar keine Rede war. Ohnehin waren unsere Hüte so unkleidsam und die Mühlen so damit beschäftigt, Wind zu machen, daß ich niemals auch nur einen Flirt mit irgend jemandem hatte. Doch das war allein Narboroughs Schuld. Er war schrecklich kurzsichtig, und es macht keinen Spaß, einen Ehemann zu betrügen, der nie etwas sieht.«

Ihre Gäste an diesem Abend waren recht langweilig. Die Sache sei die, erklärte sie Dorian hinter einem sehr abgenutzten Fächer, daß eine ihrer verheirateten Töchter ganz unerwartet zu Besuch gekommen sei, und, um die Dinge noch schlimmer zu machen, doch tatsächlich ihren Mann mitgebracht habe. »Ich halte das für sehr rücksichtslos von ihr, mein Lieber«, flüsterte sie. »Natürlich besuche ich sie jeden Sommer, wenn ich aus Homburg zurückkomme, aber schließlich braucht eine alte Frau wie ich zuweilen frische Luft, und außerdem wecke ich sie nur auf. Sie können sich ja gar nicht vorstellen, was für ein Leben die Leute da unten führen. Es ist das reine, unverfälschte Landleben. Man steht früh auf, weil es so viel zu tun gibt, und geht früh zu Bett, weil es so wenig zum Nachdenken gibt. Seit der Zeit Königin Elisabeths[2] hat es in der Gegend keinen Skandal mehr gegeben, und folglich schlafen nach dem Abendessen alle gleich ein. Sie sollen neben keinem von beiden sitzen. Sie sollen an meiner Seite sitzen und mich unterhalten.«

Dorian murmelte ein charmantes Kompliment und

blickte sich im Raum um. Ja, es war zweifellos eine langweilige Gesellschaft. Zwei der Anwesenden hatte er noch nie gesehen, die anderen waren Ernest Harrowden, einer jener in den Londoner Klubs so häufig anzutreffenden unbedeutenden Menschen in mittleren Jahren, die zwar keine Feinde haben, bei ihren Freunden aber alles andere als beliebt sind; Lady Ruxton, eine übertrieben elegant gekleidete Frau von siebenundvierzig Jahren mit Hakennase, die stets darauf aus war, sich zu kompromittieren, indes so ungewöhnlich reizlos war, daß zu ihrer großen Enttäuschung nie jemand etwas Nachteiliges von ihr glauben wollte; Mrs. Erlynne, ein aufdringlicher Niemand mit einem entzückenden Lispeln und venezianischrotem Haar; Lady Alice Chapman, die Tochter seiner Gastgeberin, ein schlechtgekleidetes, schwerfälliges Mädchen mit einem jener typisch britischen Gesichter, an die man sich nie mehr erinnert, wenn man sie einmal gesehen hat, und ihr Gatte, ein rotwangiger, weißbärtiger Mensch, der, wie so viele seines Standes, der Meinung war, übermäßiger Frohsinn könne völlige Einfallslosigkeit wettmachen.

Es tat ihm recht leid, daß er gekommen war, bis Lady Narborough nach einem Blick auf die große vergoldete Uhr, die sich in protzigen Rundungen auf dem mit mauvefarbenem Tuch verkleideten Kaminsims ausbreitete, rief: »Wie abscheulich von Henry Wotton, sich so zu verspäten! Ich habe ihm heute morgen auf gut Glück eine Einladung geschickt, und er hat mir hoch und heilig versprochen, mich nicht zu enttäuschen.«

Es war ein gewisser Trost, daß Henry kommen sollte, und als die Tür aufging und er hörte, wie dessen schleppende, wohlklingende Stimme irgendeiner unaufrichtigen Entschuldigung Charme verlieh, verspürte er keine Langeweile mehr.

Doch während des Essens brachte er keinen Bissen hinunter. Ein Teller nach dem anderen ging unberührt zurück. Lady Narborough tadelte ihn immer wieder, weil dies, wie sie sagte, »eine Beleidigung für den armen Adolphe ist, der das Menü eigens für Sie komponiert hat«, und dann und wann sah Lord Henry zu ihm herüber, der sich über seine Schweigsamkeit und Geistesabwesenheit wunderte. Von Zeit zu Zeit füllte der Butler sein Glas mit Champagner. Er trank gierig, und sein Durst schien immer größer zu werden.

»Dorian«, sagte Lord Henry schließlich, als das *chaud-froid*[3] serviert wurde, »was ist heute abend mit dir los? Mit dir stimmt doch etwas nicht.«

»Ich glaube, er ist verliebt«, rief Lady Narborough, »und er hat Angst, es mir zu beichten, weil er fürchtet, ich könnte eifersüchtig sein. Er hat völlig recht. Ich wäre eifersüchtig.«

»Liebe Lady Narborough«, entgegnete Dorian lächelnd, »ich bin schon seit einer vollen Woche nicht mehr verliebt gewesen – und in der Tat nicht mehr, seit Madame de Ferrol die Stadt verlassen hat.«

»Wie könnt ihr Männer euch in diese Frau verlieben!« rief die alte Dame. »Das kann ich wirklich nicht begreifen.«

»Einfach deshalb, weil sie sich an Sie erinnern kann, als Sie ein kleines Mädchen waren, Lady Narborough«, sagte Lord Henry. »Sie ist das Verbindungsglied zwischen uns und Ihren kurzen Röcken.«

»Sie kann sich an meine kurzen Röcke nicht erinnern, Lord Henry. Aber ich erinnere mich noch sehr gut an sie in Wien vor dreißig Jahren und daran, wie *décolletée*[4] sie damals war.«

»Sie ist noch immer *décolletée*«, antwortete er, während er eine Olive in seine langen Finger nahm; »und wenn sie ein sehr elegantes Kleid trägt, sieht sie aus wie eine *édition de luxe*[5] eines schlechten französischen Romans. Sie ist wirklich wunderbar und voller Überraschungen. Ihre Familienanhänglichkeit ist auch außergewöhnlich. Als ihr dritter Gatte starb, wurde ihr Haar vor Kummer ganz golden.«

»Wie kannst du, Harry!« rief Dorian.

»Es ist eine äußerst romantische Erklärung«, lachte die Gastgeberin. »Aber ihr dritter Gatte, Lord Henry! Sie wollen doch nicht sagen, Ferrol sei der vierte?«

»Gewiß, Lady Narborough.«

»Ich glaube Ihnen kein Wort.«

»Nun, dann fragen Sie Mr. Gray. Er ist einer ihrer engsten Freunde.«

»Ist es wahr, Mr. Gray?«

»Sie versichert es, Lady Narborough«, sagte Dorian. »Ich fragte sie, ob sie, wie Margarete von Navarra[6], ihre Herzen einbalsamiert hat und an ihrem Gürtel trägt. Sie erklärte mir, das hätte sie nicht getan, weil keiner von ihnen ein Herz gehabt hätte.«

»Vier Ehemänner! Auf mein Wort, das ist *trop de zèle*[7].«

»*Trop d'audace*[8], sage ich zu ihr«, erklärte Dorian.

»Oh, sie ist verwegen genug für alles und jedes, mein Lieber. Und was für ein Mensch ist Ferrol? Ich kenne ihn nicht.«

»Die Ehemänner sehr schöner Frauen gehören zu den kriminellen Elementen«, sagte Lord Henry und nippte an seinem Wein.

Lady Narborough versetzte ihm einen leichten Schlag mit ihrem Fächer. »Lord Henry, es überrascht mich nicht im geringsten, daß die Welt sagt, sie seien ein außerordentlich böser Mensch.«

»Aber welche Welt sagt das?« fragte Lord Henry mit

hochgezogenen Augenbrauen. »Es kann nur die nächste Welt sein. Diese Welt und ich stehen nämlich auf ausgesprochen gutem Fuß miteinander.«

»Alle, die ich kenne, sagen, Sie seien sehr böse«, rief die alte Dame kopfschüttelnd.

Lord Henry machte ein paar Augenblicke lang ein ernstes Gesicht. »Es ist wirklich ungeheuerlich«, sagte er schließlich, »wie die Leute heutzutage herumgehen und hinterrücks Dinge über einen verbreiten, die voll und ganz der Wahrheit entsprechen.«

»Ist er nicht unverbesserlich?« rief Dorian und beugte sich dabei auf seinem Stuhl vor.

»Hoffentlich«, antwortete die Gastgeberin lachend. »Aber wenn Sie alle Madame de Ferrol wirklich auf diese lächerliche Art und Weise anbeten, werde ich wieder heiraten müssen, um mit der Mode zu gehen.«

»Sie werden nie mehr heiraten, Lady Narborough«, wandte Lord Henry ein. »Sie waren viel zu glücklich. Wenn eine Frau sich wieder verheiratet, so deshalb, weil sie ihren ersten Gatten verabscheute. Heiratet ein Mann wieder, dann deshalb, weil er seine erste Frau angebetet hat. Frauen versuchen ihr Glück; Männer setzen das ihre aufs Spiel.«

»Narborough war nicht vollkommen«, rief die alte Dame.

»Wäre er es gewesen, hätten Sie ihn nicht geliebt, meine teure Dame«, lautete die Erwiderung. »Frauen lieben uns um unserer Fehler willen. Haben wir genug davon, vergeben sie uns alles, selbst unseren Verstand. Ich fürchte, nach dieser Bemerkung werden Sie mich nie wieder zum Essen einladen, Lady Narborough; aber es ist wirklich wahr.«

»Natürlich ist es wahr, Lord Henry. Liebten wir Frauen euch nicht um eurer Fehler willen, wo wärt ihr denn dann alle? Nicht einer von euch würde je heiraten. Ihr wärt eine Horde unglücklicher Junggesellen. Nicht, daß das einen großen Unterschied machte. Heutzutage leben alle verheirateten Männer wie Junggesellen und alle Junggesellen wie verheiratete Männer.«

»*Fin de siècle*«,[9] murmelte Lord Henry.

»*Fin du globe*«,[10] antwortete seine Gastgeberin.

»Ich wünschte, es wäre *fin du globe*«, sagte Dorian mit einem Seufzer. »Das Leben ist eine große Enttäuschung.«

»Ach, mein Lieber«, rief Lady Narborough, während sie ihre Handschuhe anzog, »erzählen Sie mir nicht, Sie hätten das Leben schon erschöpft. Wenn ein Mann das sagt, weiß man, daß das Leben ihn erschöpft hat. Lord Henry ist sehr böse, und manchmal wünschte ich, ich wäre es auch gewesen; aber Sie sind dazu geschaffen, gut zu sein – Sie sehen so gut aus. Ich muß eine nette Frau für Sie finden. Lord Henry, sind Sie nicht auch der Meinung, daß Mr. Gray heiraten sollte?«

»Das sage ich ihm immer, Lady Narborough«, erklärte Lord Henry mit einer Verbeugung.

»Nun, wir müssen uns nach einer angemessenen Partie für ihn umsehen. Ich werde gleich heute nacht den Debrett[11] aufmerksam durchgehen und eine Liste aller in Frage kommenden jungen Damen aufstellen.«

»Mit Altersangabe, Lady Narborough?« fragte Dorian.

»Natürlich mit Altersangabe, leicht bearbeitet. Aber wir dürfen nichts übereilen. Es soll das werden, was die *Morning Post* als standesgemäße Verbindung bezeichnet, und ich möchte, daß Sie beide glücklich sind.«

»Welchen Unsinn die Leute doch über glückliche Ehen erzählen!« rief Lord Henry. »Ein Mann kann mit jeder Frau glücklich sein, solange er sie nicht liebt.«

»Ah, was für ein Zyniker Sie doch sind!« rief die alte Dame, die ihren Stuhl zurückschob und Lady Ruxton zunickte. »Sie müssen bald wieder zu mir zum Abendessen kommen. Sie sind wirklich ein wunderbares Anregungsmittel und viel besser als alle Arzneien, die Sir Andrew mir verschreibt. Sie müssen mir aber sagen, welche Leute Sie gern treffen möchten. Es soll eine erfreuliche Zusammenkunft werden.«

»Ich mag Männer, die eine Zukunft, und Frauen, die eine Vergangenheit haben«, antwortete er. »Oder glauben Sie, es würde dann eine reine Frauengesellschaft?«

»Das fürchte ich«, erwiderte sie lachend, während sie sich erhob. »Ich bitte tausendmal um Vergebung, meine liebe Lady Ruxton«, fügte sie hinzu. »Ich habe nicht gesehen, daß Sie Ihre Zigarette noch nicht zu Ende geraucht hatten.«

»Das macht nichts, Lady Narborough. Ich rauche ohnehin viel zuviel. In Zukunft werde ich mir selbst eine Grenze setzen.«

»Tun Sie das bitte nicht, Lady Ruxton«, sagte Lord Henry. »Mäßigung ist etwas Verhängnisvolles. Genug ist so schlecht wie eine Mahlzeit. Mehr als genug ist so gut wie ein Festmahl.«

Lady Ruxton sah ihn neugierig an. »Sie müssen mich gelegentlich an einem Nachmittag besuchen kommen und mir das erklären, Lord Henry. Es hört sich nach einer faszinierenden Theorie an«, murmelte sie, als sie aus dem Zimmer rauschte.

»Sehen Sie zu, daß Sie nicht zu lange über Ihrer Politik und Ihren Skandalgeschichten verweilen«, rief Lady Narborough von der Tür her. »Tun Sie es, werden wir uns sicher oben in die Haare geraten.«

Die Herren lachten, und Mr. Chapman erhob sich feierlich am unteren Ende der Tafel und kam zum Kopfende. Dorian Gray wechselte den Platz und setzte sich neben Lord Henry. Mr. Chapman begann mit lauter Stimme über die Zustände im Unterhaus zu sprechen. Er lachte schallend über seine Gegner. Das Wort *doctrinaire*[12] – ein schreckliches Wort für den britischen Geist – tauchte von Zeit zu Zeit in seinen lautstarken Ausführungen auf. Eine alliterierende Vorsilbe diente als oratorisches Beiwerk. Er hißte den Union Jack[13] auf den höchsten Gipfeln des Denkens. Die angeborene Dummheit der Rasse – gesunden englischen Menschenverstand nannte er sie wohlwollend – wurde als das eigentliche Bollwerk der Gesellschaft dargestellt.

Ein Lächeln verzog Lord Henrys Lippen, und er wandte sich um und sah Dorian an.

»Geht es dir besser, mein Lieber?« fragte er. »Während des Essens schienst du dich nicht ganz wohl zu fühlen.«

»Es geht mir gut, Harry. Ich bin müde. Das ist alles.«

»Du warst gestern abend bezaubernd. Die kleine Herzogin betet dich geradezu an. Sie sagte mir, sie wolle nach Selby hinunterfahren.«

»Sie hat versprochen, am Zwanzigsten zu kommen.«

»Wird Monmouth auch da sein?«

»O ja, Harry.«

»Er langweilt mich schrecklich, beinahe ebensosehr, wie er sie langweilt. Sie ist sehr klug, zu klug für eine Frau. Ihr fehlt der undefinierbare Reiz der Schwäche. Es sind die tönernen Füße, die das Gold des Standbildes erst kostbar machen.[14] Ihre Füße sind sehr hübsch, aber sie sind nicht aus Ton. Weiße Porzellanfüße, wenn du so willst. Sie sind durchs Feuer gegangen, und was Feuer nicht zerstört, härtet es. Sie hat Erfahrungen gesammelt.«

»Wie lange ist sie schon verheiratet?« fragte Dorian.

»Seit einer Ewigkeit, sagt sie. Geht man nach dem Adelskalender, so sind es wohl zehn Jahre, aber zehn Jahre mit Monmouth müssen ihr wie eine Ewigkeit und noch länger vorgekommen sein. Wer kommt sonst noch?«

»Oh, die Willoughbys, Lord Rugby und seine Frau, unsere Gastgeberin, Geoffrey Clouston, die übliche Clique. Ich habe Lord Grotrian eingeladen.«

»Ich mag ihn«, sagte Lord Henry. »Eine ganze Menge Leute mögen ihn nicht, aber ich finde ihn bezaubernd. Daß er gelegentlich etwas übertrieben elegant gekleidet ist, macht er dadurch wett, daß er stets absolut übertrieben gebildet ist. Er ist ein sehr moderner Mensch.«

»Ich weiß nicht, ob er kommen kann, Harry. Möglicherweise muß er seinen Vater nach Monte Carlo begleiten.«

»Ach! Was für eine Plage Angehörige doch sind. Sieh doch zu, daß er kommt. Übrigens, Dorian, du bist gestern abend sehr früh davongelaufen. Es war noch vor elf. Was hast du danach gemacht? Bist du sofort nach Hause gegangen?«

Dorian warf ihm einen raschen Blick zu und runzelte die Stirn. »Nein, Harry«, sagte er schließlich, »ich bin erst gegen drei nach Hause gekommen.«

»Warst du noch im Klub?«

»Ja«, antwortete er. Dann biß er sich auf die Lippen. »Das heißt nein. Ich bin nicht in den Klub gegangen. Ich bin in der Stadt umhergelaufen. Ich habe vergessen, was ich gemacht habe ... Wie neugierig du bist, Harry! Immer willst du wissen, was man gemacht hat. Ich möchte immer vergessen, was ich gemacht habe. Um halb drei bin ich nach Hause gekommen, wenn du die genaue Uhrzeit wissen willst. Ich hatte meine Schlüssel zu Hause liegenlassen, und mein Diener mußte mir öffnen. Wenn du eine beweiskräftige Bestätigung meiner Angaben brauchst, kannst du ihn ja fragen.«

Lord Henry zuckte mit den Schultern. »Mein lieber Freund, als ob mich das interessierte! Laß uns in den Salon hinaufgehen. Keinen Sherry, danke, Mr. Chapman. Irgend etwas ist los mit dir, Dorian. Sag mir, was es ist. Du bist heute abend nicht du selbst.«

»Mach dir meinetwegen keine Gedanken, Harry. Ich bin gereizt und schlecht gelaunt. Ich werde morgen oder übermorgen bei dir vorbeischauen. Entschuldige mich bei Lady Narborough. Ich werde nicht mehr nach oben gehen. Ich werde nach Hause gehen. Ich muß nach Hause gehen.«

»Schon gut, Dorian. Ich werde dich doch sicher morgen beim Tee sehen. Die Herzogin kommt auch.«

»Ich will versuchen zu kommen, Harry«, sagte er im Hinausgehen. Auf der Fahrt nach Hause wurde ihm bewußt, daß sich das unbändige Angstgefühl, das er erstickt zu haben glaubte, erneut seiner bemächtigt hatte. Lord Henrys beiläufige Fragen hatten ihn einen Augenblick lang die Nerven verlieren lassen, und er brauchte seine Nerven noch. Dinge, die ihm gefährlich werden konnten, mußten vernichtet werden. Er zuckte zusammen. Schon die Vorstellung, sie zu berühren, war ihm zuwider.

Dennoch mußte es getan werden. Das war ihm klar, und sowie er die Tür seiner Bibliothek abgeschlossen hatte, öffnete er den Geheimschrank, in den er Basil Hallwards Mantel und Tasche geworfen hatte. Im Kamin loderte ein riesiges Feuer. Er legte noch ein Holzscheit darauf. Der Gestank der versengenden Kleidung und des brennenden Leders war grauenvoll. Es dauerte eine Dreiviertelstunde, bis er alles verbrannt hatte. Danach fühlte er sich schwach und krank, und nachdem er in einer durchlöcherten Kupferpfanne einige algerische Räucherkerzchen angezündet hatte, badete er Hände und Stirn in kühlem, nach Moschus duftendem Essig.

Plötzlich fuhr er auf. Seine Augen begannen seltsam zu glänzen, er nagte nervös an der Unterlippe. Zwischen zweien der Fenster stand ein großer florentinischer Schrank aus Ebenholz mit einer Einlegearbeit aus Elfenbein und blauem Lapislazuli. Er betrachtete ihn, als wäre er etwas, das faszinieren und Angst machen konnte, als enthielte er etwas, wonach er sich sehnte und das er doch fast verabscheute. Sein Atem ging zusehends schneller. Ein unwiderstehliches Verlangen überkam ihn. Er zündete sich eine Zigarette an und warf sie dann fort. Seine Lider senkten sich, bis die langen Wimpern beinahe seine Wangen berührten. Doch noch immer betrachtete er den Schrank. Schließlich erhob er sich vom Sofa, auf dem er gelegen hatte, ging zu ihm hinüber, schloß ihn auf und berührte eine versteckte Feder. Ein dreieckiges Schubfach glitt langsam heraus. Seine Finger bewegten sich instinktiv darauf zu, griffen hinein und schlossen sich um etwas. Es war eine kunstvoll gearbeitete kleine chinesische Dose, eine schwarze Lackarbeit mit Streugolddekor; die Seiten waren mit Wellenlinien verziert, und an den Seidenschnüren hingen runde Kristalle und Quasten aus geflochtenen Metallfäden. Er öffnete sie. Darin befand sich eine grüne Masse, die wachsartig schimmerte und einen seltsam intensiven und nachhaltigen Duft ausströmte.

Er zögerte einige Augenblicke, ein eigenartig unbewegtes Lächeln auf dem Gesicht. Dann begann er zu zittern, obwohl es im Zimmer schrecklich heiß war, richtete sich schließlich auf und blickte zur Uhr. Es war zwanzig vor zwölf. Er legte die Dose zurück, schloß die Schranktüren und ging in sein Schlafzimmer.

Als die Mitternacht mit bronzenen Schlägen die düstere Luft erbeben ließ, schlich sich Dorian Gray, ganz gewöhnlich gekleidet und mit einem dicken Schal um den Hals, vorsichtig aus dem Haus. In der Bond Street entdeckte er eine Mietdroschke mit einem guten Pferd. Er hielt sie an und nannte dem Kutscher mit leiser Stimme eine Adresse.

Der Mann schüttelte den Kopf. »Das ist zu weit für mich«, murmelte er.

»Hier ist ein Sovereign[15] für Sie«, sagte Dorian. »Wenn Sie schnell fahren, bekommen Sie noch einen.«

»Sehr wohl, Sir«, antwortete der Mann, »in einer Stunde werden Sie dort sein«, und sobald sein Fahrgast eingestiegen war, wendete er und fuhr rasch in Richtung Fluß davon.

Kapitel 16

Ein kalter Regen setzte ein, und die schemenhaften Straßenlaternen wirkten gespenstisch im triefenden Nebel. Die Kneipen schlossen gerade, und finstere Männer- und Frauengestalten standen in verstreuten Gruppen vor den Türen beisammen. Aus einigen der Schenken ertönte grauenvolles Gelächter. In anderen lärmten und grölten Betrunkene.

In der Droschke zurückgelehnt, den Hut tief in die Stirn gezogen, beobachtete Dorian Gray mit teilnahmslosem Blick die schmutzige Schmach der großen Stadt, und dann und wann murmelte er leise die Worte vor sich hin, die Lord Henry am ersten Tag ihrer Bekanntschaft zu ihm gesagt hatte: »Die Seele mit Hilfe der Sinne und die Sinne mit Hilfe der Seele heilen.« Ja, das war das Geheimnis. Er hatte es oft ausprobiert und würde es auch jetzt wieder ausprobieren. Es gab Opiumhöhlen, in denen man das Vergessen kaufen, Höhlen des Grauens, in denen man die Erinnerung an alte Sünden durch den Irrsinn von Sünden, die neu waren, auslöschen konnte.

Der Mond hing tief am Himmel wie ein gelber Schädel. Von Zeit zu Zeit streckte eine riesige unförmige Wolke einen langen Arm aus und verbarg ihn. Die Gaslaternen wurden spärlicher und die Straßen enger und düsterer. Einmal schlug der Mann die falsche Richtung ein und mußte eine halbe Meile zurückfahren. Dampf stieg vom Pferd auf, wenn es die Pfützen aufspritzen ließ. Die Seitenfenster des Hansom waren von einem flanellgrauen Dunstschleier getrübt.

»Die Seele mit Hilfe der Sinne und die Sinne mit Hilfe der Seele heilen!« Wie die Worte in seinen Ohren hallten! Seine Seele war zweifellos todkrank. Stimmte es, daß die

Sinne sie heilen konnten? Unschuldiges Blut war vergossen worden. Wie konnte das gesühnt werden? Ach, dafür gab es keine Sühne; aber wenn auch Vergebung unmöglich war, so war doch immerhin Vergessen möglich, und er war entschlossen zu vergessen, die Sache auszumerzen, sie zu zermalmen, wie man die Natter zermalmen würde, die einen gebissen hat. Und dann, welches Recht hatte Basil gehabt, so mit ihm zu sprechen, wie er es getan hatte? Wer hatte ihn zum Richter über andere bestellt? Er hatte Dinge gesagt, die furchtbar, grauenvoll, unerträglich waren.

Immer weiter rollte der Hansom dahin, doch mit jedem Schritt schien er langsamer zu werden. Dorian stieß die Klappe auf und rief dem Kutscher zu, er solle schneller fahren. Der gräßliche Hunger nach Opium begann in ihm zu nagen. Seine Kehle brannte, seine feingliedrigen Hände zuckten nervös. Wie besessen schlug er mit seinem Stock nach dem Pferd. Der Kutscher lachte und trieb das Tier mit der Peitsche an. Dorian lachte ebenfalls, und der Mann verstummte.

Der Weg schien endlos, und die Straßen kamen ihm vor wie das schwarze Netz einer unermüdlich webenden Spinne. Die Eintönigkeit wurde unerträglich, und als der Nebel immer dichter wurde, bekam er Angst.

Dann kamen sie an abgelegenen Ziegeleien vorbei. Hier war der Nebel dünner, und er konnte die seltsamen flaschenförmigen Brennöfen mit ihren orangefarbenen fächerähnlichen Feuerzungen erkennen. Ein Hund bellte, als sie vorüberfuhren, und weit weg in der Dunkelheit schrie eine einsame Möwe. Das Pferd strauchelte in einer Wagenspur, brach zur Seite aus und fiel in Galopp.

Nach einer Weile verließen sie den Lehmweg und ratterten wieder über grobgepflasterte Straßen. Die meisten Fenster waren dunkel, aber hie und da zeichneten sich bizarre Schatten auf einem vom Lampenlicht erleuchteten Rouleau ab. Er beobachtete sie neugierig. Sie bewegten sich wie riesige Marionetten und gestikulierten wie Lebewesen. Er haßte sie. Eine dumpfe Wut war in seinem Herzen. Als sie um eine Ecke bogen, rief eine Frau ihnen von einer geöffneten Tür aus etwas nach, und zwei Männer liefen dem Wagen an die hundert Meter hinterher. Der Kutscher schlug mit seiner Peitsche auf sie ein.

Es heißt, die Leidenschaft lasse einen im Kreis denken. Sicher ist, daß die zerbissenen Lippen Dorian Grays in gräßlicher Wiederholung immer wieder jene berückenden, von Seele und Sinnen handelnden Worte formten, bis er in ihnen gleichsam den vollen Ausdruck seiner Stimmung gefunden und durch intellektuelle Billigung Leidenschaften gerechtfertigt hatte, die auch ohne eine solche Rechtfertigung sein Wesen beherrscht hätten. Von Gehirnzelle zu Gehirnzelle kroch dieser eine Gedanke; und die wilde Lebensgier, diese schrecklichste aller menschlichen Begierden, weckte in jedem zitternden Nerv und jeder bebenden Faser neue Kräfte. Häßlichkeit, die ihm einst verhaßt gewesen war, weil sie den Dingen Wirklichkeit verlieh, wurde ihm nun aus eben diesem Grund teuer. Die Häßlichkeit war die einzige Wirklichkeit. Das derbe Lärmen, die widerwärtige Spelunke, die rohe Gewalt eines lasterhaften Lebens, die Niedertracht und Verworfenheit von Dieben und Ausgestoßenen waren in ihrer unmittelbaren Eindringlichkeit lebendiger als alle anmutigen Gestalten der Kunst, alle träumerischen Schatten der Poesie. Sie brauchte er, um zu vergessen. In drei Tagen würde er frei sein.

Plötzlich brachte der Kutscher den Wagen mit einem Ruck an der Einmündung zu einer dunklen Gasse zum Stehen. Hinter den niedrigen Dächern und gezackten Schornsteinreihen der Häuser ragten schwarze Schiffsmasten empor. Weiße Nebelschwaden hingen wie gespenstische Segel an den Rahen.

»Hier irgendwo muß es sein, Sir, nicht?« fragte der Mann mit rauher Stimme durch die Klappe.

Dorian fuhr zusammen und blickte sich um. »Das genügt«, antwortete er, und nachdem er hastig ausgestiegen war und dem Kutscher das versprochene zusätzliche Fahrgeld gegeben hatte, ging er schnellen Schritts in Richtung Kai davon. Hier und da schimmerte eine Laterne am Heck eines riesigen Handelsschiffes. Das Licht zitterte und brach sich in den Pfützen. Ein roter Lichtschein kam von einem auslaufbereiten Überseedampfer, der Kohlen einnahm. Das glitschige Pflaster sah aus wie ein nasser Regenmantel.

Er eilte nach links weiter, wobei er zuweilen einen Blick zurückwarf, um zu sehen, ob er verfolgt wurde. Nach etwa sieben oder acht Minuten erreichte er ein kleines schäbiges Haus, das zwischen zwei finsteren Fabrikgebäuden eingekeilt war. In einem der oberen Fenster stand eine Lampe. Er blieb stehen und gab ein bestimmtes Klopfzeichen.

Wenig später vernahm er Schritte im Gang und hörte, wie die Kette entfernt wurde. Die Tür öffnete sich leise; er trat ein, ohne ein Wort zu der vierschrötigen Mißgestalt zu sagen, die sich bei seinem Eintreten in den Schatten drückte. Am Ende des Flurs hing ein zerschlissener grüner Vorhang, der in dem böigen Wind, welcher ihm von der Straße hereingefolgt war, wehte und flatterte. Er zog ihn zur Seite und betrat einen langen, niedrigen Raum, der aussah, als sei er einmal ein drittklassiger Ballsaal gewesen. Grelle, flackernde Gaslampen, die sich gedämpft und verzerrt in den von Fliegenschmutz getrübten Spiegeln gegenüber abbildeten, hingen ringsum an den Wänden. Dahinter waren schmierige Reflektoren aus geripptem Weißblech angebracht, die zitternde Lichtscheiben erzeugten. Der Fußboden war mit ockerfarbenem Sägemehl bedeckt, das hier und da zu einem schmutzigen Brei zertreten war und dunkle Flecken von verschüttetem Branntwein aufwies. Ein paar Malaien kauerten um einen kleinen Holzkohleofen, spielten mit Spielmarken aus Bein und zeigten beim Sprechen ihre weißen Zähne. In einer Ecke lag ein Matrose, den Kopf zwischen den Armen verborgen, ausgestreckt über einem Tisch, und an der geschmacklos angemalten Theke, die sich über eine ganze Seite des Saales erstreckte, standen zwei abgehärmte Frauenzimmer und machten sich über einen alten Mann lustig, der mit einem Ausdruck des Abscheus seine Rockärmel abbürstete. »Er glaubt, er hat überall rote Ameisen«, lachte eine von ihnen, als Dorian vorbeiging. Der Mann sah sie entsetzt an und begann zu wimmern.

Am Ende des Raumes befand sich eine kleine Treppe, die zu einer abgedunkelten Kammer führte. Als Dorian die drei wackeligen Stufen hinaufeilte, schlug ihm der schwere Duft von Opium entgegen. Er atmete tief ein, und seine Nasenflügel bebten vor Wonne. Als er eintrat, blickte ein junger Mann mit glattem gelbem Haar, der sich gerade über eine Lampe beugte und eine lange dünne Pfeife anzündete, zu ihm auf und nickte ihm zögernd zu.

»Du hier, Adrian?« stieß Dorian leise hervor.

»Wo sonst sollte ich sein?« erwiderte er teilnahmslos. »Keiner von den Burschen will mehr mit mir reden.«

»Ich dachte, du hättest England verlassen.«

»Darlington wird nichts unternehmen. Mein Bruder hat den Wechsel schließlich bezahlt. George spricht auch nicht mehr mit mir ... Es ist mir gleichgültig«, fügte er mit einem Seufzer hinzu. »Solange man dieses Zeug da hat, braucht man keine Freunde. Ich glaube, ich hatte zu viele Freunde.«

Dorian zuckte zusammen und blickte auf die grotesken Gestalten, die in so bizarren Stellungen auf den zerlumpten Matratzen lagen. Die verdrehten Gliedmaßen, die offenen Münder, die vor sich hin starrenden glanzlosen Augen faszinierten ihn. Er wußte, in welch seltsamen Himmeln sie litten und welch triste Höllen sie die Geheimnisse neuer Wonnen lehrten. Ihnen erging es besser als ihm. Er war ein Gefangener des Denkens. Einer grauenvollen Krankheit gleich, fraß die Erinnerung an seiner Seele. Hin und wieder glaubte er, Basil Hallwards Augen auf sich gerichtet zu sehen. Dennoch spürte er, daß er nicht bleiben konnte. Adrian Singletons Gegenwart störte ihn. Er wollte irgendwo sein, wo niemand wußte, wer er war. Er wollte vor sich selbst fliehen.

»Ich gehe in die andere Schenke«, sagte er nach einer Weile.

»Auf der Werft?«

»Ja.«

»Das verrückte Weib ist bestimmt auch dort. Sie lassen sie hier nicht mehr herein.«

Dorian zuckte mit den Schultern. »Ich habe genug von Frauen, die mich lieben. Frauen, die einen hassen, sind viel interessanter. Außerdem ist der Stoff dort besser.«

»Kaum ein Unterschied.«

»Ich mag ihn lieber. Komm, laß uns etwas trinken. Ich muß etwas trinken.«

»Ich möchte nichts«, murmelte der junge Mann.

»Komm trotzdem.«

Adrian Singleton erhob sich mühselig und folgte Dorian an den Schanktisch. Ein Mischling in einem zerrissenen Turban und einem abgetragenen Ulster begrüßte sie mit einem widerlichen Grinsen, während er eine Flasche Brandy und zwei Gläser vor sie hinstellte. Die Frauen rückten zu ihnen auf und begannen zu schwatzen. Dorian drehte ihnen den Rücken zu und sagte mit leiser Stimme etwas zu Adrian Singleton.

Ein schiefes Lächeln, das an einen malaiischen Dolch erinnerte, verzerrte das Gesicht einer der Frauen. »Heute abend sind wir aber sehr stolz«, bemerkte sie höhnisch.

»Sprich mich um Himmels willen nicht an«, rief Dorian und stampfte mit dem Fuß auf den Boden. »Was willst du? Geld? Da hast du welches. Sprich mich nie wieder an.«

Zwei rote Funken leuchteten einen Moment lang in den verquollenen Augen der Frau auf, dann erloschen sie flackernd, und ihr Blick wurde wieder teilnahmslos und glasig. Sie warf den Kopf zurück und strich mit gierigen Fingern die Münzen auf der Theke ein. Ihre Gefährtin beobachtete sie neidisch.

»Es ist sinnlos«, seufzte Adrian Singleton. »Mir liegt nichts daran, zurückzukehren. Was macht es schon? Ich bin hier ganz glücklich.«

»Du wirst mir schreiben, wenn du etwas brauchst, nicht wahr?« sagte Dorian nach einer Weile.

»Vielleicht.«

»Dann gute Nacht.«

»Gute Nacht«, antwortete der junge Mann, der schon wieder die Stufen hinaufging und sich dabei mit einem Taschentuch über den ausgetrockneten Mund wischte.

Mit einem schmerzlichen Ausdruck im Gesicht ging Dorian zur Tür. Als er den Vorhang zur Seite zog, kam von den geschminkten Lippen der Frau, die sein Geld genommen hatte, ein gräßliches Lachen. »Da geht der Satansbraten!« stieß sie mit heiserer Stimme abgehackt hervor.

»Zur Hölle mit dir!« erwiderte er. »Nenn mich nicht so.«

Sie schnippte mit den Fingern. »Märchenprinz hörst du lieber, stimmt's?« rief sie ihm gellend nach.

Bei diesen Worten sprang der schlaftrunkene Matrose auf und blickte verstört um sich. Das Geräusch der ins Schloß fallenden Eingangstür drang an sein Ohr. Er stürzte hinaus, als sei der Teufel hinter ihm her.

Dorian Gray eilte durch den Nieselregen am Kai entlang. Sein Zusammentreffen mit Adrian Singleton hatte ihn seltsam berührt, und er fragte sich, ob die Schuld an der Zerstörung dieses jungen Lebens wirklich ihm anzulasten war, wie Basil Hallward mit so beleidigender Infamie behauptet hatte. Er biß sich auf die Lippen, und einige Sekunden lang wurden seine Augen traurig. Doch was ging es ihn letztendlich an? Das Leben war zu kurz, um sich die Fehler eines anderen aufzubürden. Jeder Mensch lebte sein eigenes Leben und zahlte seinen eigenen Preis dafür, daß er es lebte. Ein Jammer war nur, daß man so oft für einen einzigen Fehler zahlen mußte. Ja, man mußte wieder und immer wieder dafür bezahlen. In seiner Abrechnung mit dem Menschen schloß das Schicksal seine Bücher nie.

Es gibt Momente, so behaupten Psychologen, in denen die Leidenschaft für die Sünde oder für das, was die Welt Sünde nennt, ein Wesen so beherrscht, daß jede Faser des Körpers wie auch jede Zelle des Gehirns von furchtbaren Trieben durchdrungen zu sein scheinen. In solchen Augenblicken verlieren Männer und Frauen ihre Willensfreiheit. Wie Automaten bewegen sie sich auf ihr schreckliches Ende zu. Sie haben keine Wahl mehr, und ihr Gewissen ist entweder abgetötet oder lebt, wenn es denn lebt, nur noch, um dem Aufbegehren seine Faszination und dem Ungehorsam seinen Reiz zu verleihen. Denn alle Sünden sind, wie Theologen uns zu erinnern nie müde werden, Sünden des Ungehorsams. Als jener erhabene Geist, jener Morgenstern des Bösen, vom Himmel stürzte, stürzte er als Aufrührer.

Abgestumpft, den Sinn ganz auf Böses gerichtet, mit beflecktem Geist und einer nach Empörung hungernden Seele hastete Dorian Gray weiter und beschleunigte seine Schritte noch, doch als er pfeilschnell in einen düsteren Torweg einbog, der ihm schon oft als Abkürzung zu der berüchtigten Spelunke gedient hatte, zu der er auch jetzt unterwegs war, fühlte er sich plötzlich von hinten gepackt, und ehe er Zeit hatte, sich zu verteidigen, wurde er gegen die Mauer geschleudert, und eine brutale Hand umklammerte seine Kehle.

Er kämpfte wie wahnsinnig um sein Leben, und mit einer fürchterlichen Anstrengung entwand er sich den sich immer enger um seinen Hals schließenden Fingern. Eine Sekunde später hörte er das Klicken eines Revolvers. Er sah den polierten Lauf schimmern, der genau auf seinen Kopf gerichtet war, und die dunkle Gestalt eines kleingewachsenen, untersetzten Mannes, der vor ihm stand.

»Was wollen Sie?« keuchte er.

»Bleiben Sie ruhig«, sagte der Mann. »Wenn Sie sich rühren, erschieße ich Sie.«

»Sie sind verrückt. Was habe ich Ihnen getan?«

»Sie haben das Leben von Sibyl Vane zerstört«, war die Antwort, »und Sibyl Vane war meine Schwester. Sie hat sich umgebracht. Ich weiß es. Und Sie sind schuld an ihrem Tod. Ich habe geschworen, Sie dafür zu töten. Seit Jahren suche ich Sie. Ich hatte keinen Hinweis, keine Spur. Die beiden Menschen, die Sie hätten beschreiben können, waren tot. Ich wußte nichts von Ihnen als den Kosenamen, den sie Ihnen gab. Heute nacht habe ich ihn zufällig gehört. Machen Sie Ihren Frieden mit Gott, denn heute nacht werden Sie sterben.«

Dorian Gray wurde vor Angst übel. »Ich kannte sie überhaupt nicht«, stammelte er. »Ich habe nie von ihr gehört. Sie sind verrückt.«

»Sie täten besser daran, Ihre Sünde zu bekennen, denn so gewiß ich James Vane bin, so gewiß werden Sie sterben.« Es war ein grauenvoller Augenblick. Dorian wußte nicht, was er sagen oder tun sollte. »Auf die Knie!« knurrte der Mann. »Ich gebe Ihnen eine Minute, Ihren Frieden zu machen – nicht mehr. Mein Schiff läuft heute nacht nach Indien aus, und bevor ich an Bord gehe, muß ich diese Sache erledigen. Eine Minute. Nicht länger.«

Dorians Arme sanken herab. Vor Entsetzen gelähmt, wußte er nicht, was er tun sollte. Plötzlich durchzuckte eine verwegene Hoffnung sein Gehirn. »Halt«, rief er. »Wie lange ist es her, daß Ihre Schwester starb? Schnell, sagen Sie es mir!«

»Achtzehn Jahre«, antwortete der Mann. »Warum fragen Sie? Was spielen Jahre für eine Rolle?«

»Achtzehn Jahre«, lachte Dorian Gray mit einem Anflug von Triumph in der Stimme. »Achtzehn Jahre! Stellen Sie mich unter die Laterne und sehen Sie sich mein Gesicht an!«

James Vane zögerte einen Augenblick, da er nicht wußte, was der andere damit bezweckte. Dann packte er Dorian Gray und zerrte ihn aus dem Torweg.

So trübe und flackernd der Lichtschein auch war, den die dem Wind ausgesetzte Laterne gab, reichte er doch aus, ihm den gräßlichen Irrtum vor Augen zu führen, dem er anscheinend erlegen war, denn das Gesicht des Mannes, den er hatte töten wollen, besaß die ganze Blüte der Knabenjahre, die unbefleckte Reinheit der Jugend. Er mochte etwas über zwanzig Lenze zählen und sah kaum, wenn überhaupt, älter aus, als seine Schwester gewesen war, als sie damals auseinandergegangen waren.

Es war offenkundig, daß dies nicht der Mann war, der ihr Leben zerstört hatte.

Er lockerte seinen Griff und taumelte zurück. »Mein Gott! Mein Gott!« rief er. »Und ich wollte Sie umbringen!«

Dorian Gray atmete tief durch. »Sie waren im Begriff, ein entsetzliches Verbrechen zu begehen, guter Mann«, sagte er mit ernstem Blick. »Lassen Sie sich das eine Warnung davor sein, die Rache in die eigenen Hände zu nehmen.«

»Vergeben Sie mir, Sir«, stieß James Vane leise hervor. »Ich habe mich täuschen lassen. Ein Wort, das ich vorhin in dieser verfluchten Spelunke zufällig gehört habe, hat mich auf die falsche Spur gebracht.«

»Sie sollten lieber nach Hause gehen und diesen Revolver weglegen, sonst geraten Sie womöglich noch in Schwierigkeiten«, sagte Dorian, drehte sich auf dem Absatz um und ging langsam die Straße hinunter.

James Vane stand noch immer von Entsetzen erfüllt auf dem Pflaster. Er zitterte am ganzen Körper. Nach einer Weile glitt ein schwarzer Schatten, der an der tropfnassen Mauer entlanggeschlichen war, in den Lichtkegel heraus und näherte sich ihm mit leisen Schritten. Er fühlte eine Hand auf seinem Arm und blickte sich erschrokken um. Es war eine der Frauen, die am Schanktisch getrunken hatten.

»Warum hast du ihn nicht umgebracht?« zischte sie und kam mit ihrem abgehärmten Gesicht ganz dicht an das seine heran. »Ich wußte, daß du ihm nach wolltest, als du aus Dalys Kneipe hinausgestürzt bist. Du Narr! Du hättest ihn umbringen sollen. Er hat eine Menge Geld, und er ist schlechter als schlecht.«

»Er ist nicht der Mann, den ich suche«, antwortete er, »und ich bin hinter niemandes Geld her. Ich will das Leben eines Mannes. Der Mann, dessen Leben ich will, muß heute an die vierzig sein. Der da ist ja noch fast ein Kind. Ich danke Gott, daß ich sein Blut nicht an den Händen habe.«

Die Frau lachte bitter. »Fast ein Kind!« stieß sie höhnisch hervor. »Mann, es ist beinah achtzehn Jahre her, seit der Märchenprinz mich zu dem gemacht hat, was ich heute bin.«

»Du lügst!« schrie James Vane.

Sie erhob die Hand zum Himmel. »Bei Gott, ich sage die Wahrheit«, rief sie.

»Bei Gott?«

»Ich soll stumm werden, wenn's nicht stimmt. Er ist der schlimmste von allen, die hierher kommen. Es heißt, er soll dem Teufel seine Seele für ein hübsches Gesicht verkauft haben. Es ist jetzt beinah achtzehn Jahre her, daß ich ihn kennengelernt habe. Er hat sich seit damals kaum verändert. Ich allerdings schon«, fügte sie mit einem matten, höhnischen Lächeln hinzu.

»Schwörst du das?«

»Ich schwöre es«, ertönte ein heiseres Echo aus ihrem dünnen Mund. »Aber verrat mich nicht«, winselte sie, »ich habe Angst vor ihm. Gib mir ein bißchen Geld für ein Nachtquartier.«

Er ließ sie mit einem Fluch stehen und rannte an die Straßenecke, doch Dorian Gray war verschwunden. Als er zurückblickte, war auch die Frau nicht mehr da.

Kapitel 17

Eine Woche später saß Dorian Gray im Wintergarten von Selby Royal und unterhielt sich mit der hübschen Herzogin von Monmouth, die mit ihrem Gatten, einem ausgelaugt wirkenden Sechziger, zu seinen Gästen zählte. Es war zur Teestunde, und das warme Licht der großen, spitzenverhängten Lampe, die auf dem Tisch stand, beleuchtete das feine Porzellan und getriebene Silber des Teeservices. Die Herzogin hatte die Rolle der Hausfrau übernommen. Ihre weißen Hände bewegten sich anmutig zwischen den Tassen, und ihre vollen roten Lippen lächelten über etwas, das Dorian ihr zugeflüstert hatte. Lord Henry lehnte sich in die Seidenkissen seines Korbsessels zurück und beobachtete die beiden. Auf einem pfirsichfarbenen Diwan saß Lady Narborough und tat so, als lausche sie der Beschreibung des Herzogs von dem letzten brasilianischen Käfer, den er seiner Sammlung einverleibt hatte. Drei junge Männer in gutsitzenden Smokings reichten einigen der Damen Teegebäck. Die Gesellschaft bestand aus zwölf Personen, und für den nächsten Tag wurde die Ankunft weiterer Gäste erwartet.

»Worüber unterhaltet ihr beiden euch?« fragte Lord Henry, der zum Tisch hinüberschlenderte und seine Tasse abstellte. »Ich hoffe, Gladys, Dorian hat dir von meinem Plan erzählt, alles umzutaufen. Das ist doch eine köstliche Idee.«

»Ich möchte aber nicht umgetauft werden, Harry«, entgegnete die Herzogin und blickte dabei mit ihren wundervollen Augen zu ihm auf. »Ich bin mit meinem eigenen Namen ganz zufrieden, und Mr. Gray ist es mit dem seinen doch sicherlich auch.«

»Meine liebe Gladys, nicht um alles in der Welt würde ich einen dieser beiden Namen ändern. Sie sind beide vollkommen. Ich dachte hauptsächlich an Blumen. Gestern schnitt ich mir eine Orchidee fürs Knopfloch ab. Es war ein wunderschönes, gesprenkeltes Ding, effektvoll wie die sieben Todsünden. In einem unüberlegten Augenblick fragte ich einen der Gärtner nach ihrem Namen. Er erklärte mir, es handle sich um ein schönes Exemplar der Robinsoniana oder etwas ähnlich Fürchterliches. Es ist eine traurige Wahrheit, aber wir haben die Fähigkeit verloren, Dingen hübsche Namen zu geben. Namen sind alles. An Taten setze ich nie etwas aus. Nur mit Wörtern bin ich nicht einverstanden. Das ist auch der Grund, weshalb ich den vulgären Realismus in der Literatur verabscheue. Der Mann, der imstande war, einen Spaten einen Spaten zu nennen, sollte gezwungen werden, einen zu benutzen. Das ist das einzige, wozu er taugt.«

»Wie sollen wir dich denn nennen, Harry?« fragte sie.

»Sein Name ist Prinz Paradox«, sagte Dorian.

»Darin erkenne ich ihn sofort wieder«, rief die Herzogin.

»Ich will davon nichts hören«, lachte Lord Henry, während er sich in einen Sessel sinken ließ. »Hat man erst einmal ein Etikett, gibt es kein Entrinnen mehr! Ich lehne den Titel ab.«

»Königliche Hoheiten dürfen nicht abdanken«, kam der warnende Hinweis von den hübschen Lippen.

»Ich soll meinen Thron also verteidigen?«

»Ja.«

»Ich verkünde die Wahrheiten von morgen.«

»Ich ziehe die Irrtümer von heute vor«, erwiderte sie.

»Du entwaffnest mich, Gladys«, rief er, auf ihre eigenwillige Laune eingehend.

»Ich beraube dich nur deines Schildes, Harry, nicht deiner Lanze.«

»Ich erhebe sie nie gegen Schönheit«, erklärte er mit einer galanten Handbewegung.

»Das ist dein Fehler, Harry, glaub es mir. Du bewertest Schönheit viel zu hoch.«

»Wie kannst du das sagen? Ich gebe zu, daß ich es für besser halte, schön zu sein als gut. Andererseits anerkennt niemand bereitwilliger als ich, daß es besser ist, gut zu sein als häßlich.«

»Häßlichkeit ist also eine der sieben Todsünden?« rief die Herzogin. »Was ist mit deinem Gleichnis von der Orchidee?«

»Häßlichkeit ist eine der sieben Todtugenden, Gladys. Du, als gute Tory, darfst sie nicht unterschätzen. Bier, die Bibel und die sieben Todtugenden haben unser England zu dem gemacht, was es ist.«

»Du liebst dein Vaterland nicht?« fragte sie.

»Ich lebe in ihm.«

»Damit du es um so besser kritisieren kannst.«

»Möchtest du, daß ich mich dem Urteil Europas über unser Land anschließe?« fragte er.

»Was sagt man über uns?«

»Daß Tartüff[1] nach England ausgewandert sei und einen Laden aufgemacht habe.«

»Ist das von dir, Harry?«

»Ich schenke es dir.«

»Ich könnte es nicht verwenden. Es ist zu wahr.«

»Du brauchst keine Angst zu haben. Unsere Landsleute erkennen sich nie, wenn man ihnen einen Spiegel vorhält.«

»Sie sind praktisch veranlagt.«

»Wohl eher gerissen als praktisch. Wenn sie ihre Buchführung machen, rechnen sie Dummheit gegen Reichtum und Laster gegen Heuchelei auf.«

»Dennoch haben wir Großes geleistet.«

»Großes ist uns auferlegt worden, Gladys.«

»Wir haben die Last getragen.«

»Nur bis zur Börse.«

Sie schüttelte den Kopf. »Ich glaube an diesen Menschenschlag«, rief sie.

»Er verkörpert das Überleben des Strebertums.«

»Er ist entwicklungsfähig.«

»Verfall fasziniert mich mehr.«

»Was ist mit der Kunst?« fragte sie.

»Sie ist eine Krankheit.«

»Die Liebe?«

»Eine Sinnestäuschung.«

»Die Religion?«

»Der modische Ersatz für den Glauben.«

»Du bist ein Skeptiker.«

»Niemals! Skeptizismus ist der Anfang des Glaubens.«

»Was bist du?«

»Definieren bedeutet eingrenzen.«

»Gib mir einen Anhaltspunkt.«

»Fäden reißen. Du würdest dich im Labyrinth verirren.«

»Du verwirrst mich. Laß uns über jemand anderen sprechen.«

»Unser Gastgeber ist ein ergötzliches Thema. Vor Jahren wurde er Märchenprinz getauft.«

»Ach, erinnere mich nicht daran«, rief Dorian Gray.

»Unser Gastgeber ist heute abend recht abscheulich«, bemerkte die Herzogin errötend. »Er scheint zu glauben, Monmouth habe mich aus rein wissenschaftlichen Erwägungen geheiratet, als das beste Exemplar, das er von einem modernen Schmetterling auftreiben konnte.«

»Nun, ich hoffe, er wird Sie nicht mit Nadeln aufspießen, Herzogin«, lachte Dorian.

»Oh! Das tut schon meine Kammerzofe, Mr. Gray, wenn sie sich über mich ärgert.«

»Und warum ärgert sie sich über Sie, Herzogin?«

»Wegen der belanglosesten Dinge, Mr. Gray, das versichere ich Ihnen. Gewöhnlich deshalb, weil ich um zehn Minuten vor neun komme und ihr sage, daß ich um halb neun fertig angekleidet sein muß.«

»Wie unvernünftig von ihr! Sie sollten ihr kündigen.«

»Das wage ich nicht, Mr. Gray. Sie entwirft nämlich Hüte für mich. Erinnern Sie sich an den Hut, den ich auf Lady Hilstones Gartenfest getragen habe? Natürlich nicht, aber es ist reizend von Ihnen, so zu tun, als täten Sie es. Nun, sie hat ihn aus nichts gezaubert. Alle guten Hüte sind aus nichts gezaubert.«

»Genauso wie der gute Ruf eines Menschen, Gladys«, warf Lord Henry ein. »Jeder Erfolg, den man hat, bringt einem einen Feind ein. Um beliebt zu sein, darf man nur Mittelmaß sein.«

»Nicht bei den Frauen«, sagte die Herzogin mit einem Kopfschütteln, »und die Frauen regieren die Welt. Ich versichere dir, wir können Mittelmaß nicht ausstehen. Wir Frauen lieben, wie jemand sagt, mit den Ohren, so wie Ihr Männer mit den Augen liebt, wenn Ihr überhaupt einmal liebt.«

»Mir scheint, daß wir nie etwas anderes tun«, murmelte Dorian.

»Ach! Dann lieben Sie nie wirklich, Mr. Gray«, antwortete die Herzogin mit gespielter Bekümmertheit.

»Meine liebe Gladys!« rief Lord Henry. »Wie kannst du so etwas sagen. Die Liebe lebt von der Wiederholung, und Wiederholung verwandelt Begierde in eine Kunst. Außerdem ist es jedes Mal, wenn man liebt, das einzige Mal, daß man je geliebt hat. Die Verschiedenheit des Objekts ändert nichts an der Einmaligkeit der Leidenschaft. Es verstärkt sie nur noch. Uns ist im Leben bestenfalls eine großartige Erfahrung vergönnt, und das Geheimnis des Lebens ist es, diese Erfahrung sooft wie möglich zu reproduzieren.«

»Selbst wenn sie schmerzlich war, Harry?« fragte die Herzogin nach eine Pause.

»Gerade wenn sie schmerzlich war«, antwortete Lord Henry.

Die Herzogin wandte sich um und sah Dorian Gray mit einem seltsamen Ausdruck in den Augen an. »Was sagen Sie dazu, Mr. Gray?« wollte sie wissen.

Dorian zögerte einen Augenblick. Dann warf er den Kopf in den Nacken und lachte. »Ich stimme immer mit Harry überein, Herzogin.«

»Auch wenn er unrecht hat?«

»Harry hat nie unrecht, Herzogin.«

»Und macht seine Philosophie Sie glücklich?«

»Ich habe nie das Glück gesucht. Wer braucht schon Glück? Ich habe den Genuß gesucht.«

»Und ihn gefunden, Mr. Gray?«

»Oft. Zu oft.«

Die Herzogin seufzte. »Ich suche Frieden«, sagte sie, »und wenn ich jetzt nicht gehe und mich umziehe, werde ich heute abend keinen finden.«

»Lassen Sie mich Ihnen ein paar Orchideen holen, Herzogin«, rief Dorian. Er sprang auf und ging den Wintergarten hinunter.

»Du flirtest schamlos mit ihm«, sagte Lord Henry zu seiner Kusine. »Du solltest auf der Hut sein. Er ist ungemein faszinierend.«

»Wäre er es nicht, gäbe es keinen Kampf.«

»Grieche trifft also Griechin?«

»Ich stehe auf Seiten der Trojaner. Sie kämpften für eine Frau.«[2]

»Sie wurden besiegt.«

»Es gibt Schlimmeres als Gefangenschaft.«

»Du galoppierst mit lockerem Zügel.«

»Tempo verleiht Leben«, war die *riposte*[3].

»Ich werde es heute nacht in mein Tagebuch schreiben.«

»Was?«

»Daß ein gebranntes Kind das Feuer liebt.«

»Ich bin noch nicht einmal angesengt. Meine Flügel sind unversehrt.«

»Du benutzt sie zu allem, nur nicht zur Flucht.«

»Der Mut ist von den Männern auf die Frauen übergegangen. Es ist eine neue Erfahrung für uns.«

»Du hast eine Rivalin.«

»Wen?«

Er lachte. »Lady Narborough«, flüsterte er. »Sie betet ihn geradezu an.«

»Du machst mir angst. Die Berufung auf das Altertum ist für uns, die wir Romantiker sind, verhängnisvoll.«

»Romantiker? Dir stehen alle Methoden der Wissenschaft zu Gebot.«

»Die Männer haben uns erzogen.«

»Aber euch nicht erklärt.«

»Charakterisiere uns als Geschlecht«, lautete ihre Herausforderung.

»Sphinxe ohne Rätsel.«[4]

Sie sah ihn lächelnd an. »Wie lange Mr. Gray fortbleibt!« sagte sie. »Wir wollen zu ihm gehen und ihm helfen. Ich habe ihm noch nicht gesagt, welche Farbe mein Kleid hat.«

»Ah! Du mußt dein Kleid auf seine Blumen abstimmen, Gladys.«

»Das wäre eine vorzeitige Kapitulation.«

»Die romantische Kunst beginnt mit ihrem Höhepunkt.«

»Ich muß mir eine Möglichkeit zum Rückzug offenhalten.«

»Nach Art der Parther[5]?«

»Die fanden in der Wüste Sicherheit. Das wäre nichts für mich.«

»Frauen steht die Wahl nicht immer frei«, antwortete er, doch er hatte den Satz kaum beendet, als vom anderen Ende des Wintergartens ein unterdrücktes Stöhnen zu hören war, gefolgt vom dumpfen Schlag eines zu Boden fallenden Körpers. Alle fuhren auf. Die Herzogin stand vor Schreck wie versteinert da. Und mit besorgtem Blick stürzte Lord Henry zwischen den hin und her schwingenden Palmzweigen hindurch und fand Dorian Gray mit dem Gesicht nach unten in einer todesähnlichen Ohnmacht auf dem gefliesten Fußboden liegen.

Er wurde unverzüglich in den blauen Salon getragen und auf eines der Sofas gelegt. Nach kurzer Zeit kam er zu sich und blickte sich benommen um.

»Was ist geschehen?« fragte er. »Ach! Ich erinnere mich. Bin ich hier sicher, Harry?« Er begann zu zittern.

»Mein lieber Dorian«, antwortete Lord Henry, »du bist lediglich ohnmächtig geworden. Das war alles. Du mußt übermüdet sein. Es ist wohl besser, wenn du nicht zum Abendessen herunterkommst. Ich werde dich vertreten.«

»Nein, ich werde herunterkommen«, sagte Dorian, während er sich mühsam erhob. »Ich möchte lieber herunterkommen. Ich darf nicht allein sein.«

Er ging in sein Zimmer und zog sich um. Sein Verhalten bei Tisch vermittelte den Eindruck von unbekümmerter, ausgelassener Fröhlichkeit, doch zuweilen durchrieselte ihn ein Angstschauer, wenn er sich daran erinnerte, daß er, wie ein weißes Taschentuch gegen das Fenster des Wintergartens gepreßt, James Vanes Gesicht gesehen hatte, das ihn beobachtete.

Kapitel 18

Am nächsten Tag verließ er das Haus nicht, ja verbrachte die meiste Zeit in seinem eigenen Zimmer, krank vor unbändiger Todesangst und doch dem Leben selbst gegenüber gleichgültig. Das Bewußtsein, gejagt, in die Falle getrieben, aufgespürt zu sein, hatte begonnen, ihn zu beherrschen. Bewegte sich der Wandteppich nur ein wenig im Wind, zitterte er. Die abgestorbenen Blätter, die gegen die bleigefaßten Scheiben geweht wurden, erschienen ihm wie seine uneingelösten Vorsätze und heftigen Selbstvorwürfe. Sobald er die Augen schloß, sah er wieder das Gesicht des Matrosen durch die dunstbeschlagenen Scheiben spähen, und erneut schien sich das Grauen schwer auf sein Herz zu legen.

Aber vielleicht war es ja nur seine Einbildung gewesen, die die Vergeltung aus der Nacht heraufbeschworen und ihm die gräßlichen Formen der Bestrafung vor Augen geführt hatte. Das wirkliche Leben war ein Chaos, doch die Phantasie hatte etwas schrecklich Logisches. Es war die Phantasie, die der Sünde die Reue auf dem Fuße folgen ließ. Es war die Phantasie, die dafür sorgte, daß jedes Verbrechen seine mißgestaltete Brut gebar. In der alltäglichen Welt der Tatsachen wurden weder die Bösen bestraft, noch die Guten belohnt. Erfolg wurde den Starken zuteil, Mißerfolg den Schwachen aufgebürdet. Das war alles. Außerdem, wäre irgendein Fremder ums Haus geschlichen, hätten ihn die Dienstboten oder Förster bemerkt. Wären irgendwelche Fußabdrücke in den Blumenbeeten gefunden worden, hätten die Gärtner es gemeldet. Ja, es war reine Einbildung gewesen. Sibyl Vanes Bruder war nicht zurückgekommen, um ihn zu töten. Er war mit seinem Schiff ausgelaufen und irgendwo in winterlicher See ertrunken. Jedenfalls war er vor ihm sicher. Schließlich wußte der Mann nicht, wer er war, konnte nicht wissen, wer er war. Die Maske der Jugend hatte ihn gerettet.

Doch selbst wenn es sich nur um eine Sinnestäuschung gehandelt hatte, wie entsetzlich war dann der Gedanke, daß das Gewissen solch fürchterliche Phantome erstehen lassen, ihnen sichtbare Gestalt verleihen und sie vor seinen Augen in Bewegung setzen konnte! Welch ein Leben wäre ihm beschieden, wenn ihn Tag und Nacht Schatten seines Verbrechens aus stillen Ecken heraus anstarrten, ihn von verborgenen Winkeln aus verhöhnten, ihm an der festlichen Tafel ins Ohr flüsterten, ihn mit eiskalten Fingern aus dem Schlaf rissen! Als ihm dieser Gedanke durchs Gehirn kroch, wurde er vor Entsetzen bleich, und ihm war, als sei die Luft plötzlich kälter geworden. Oh, in welch rasendem Anfall von Wahnsinn hatte er seinen Freund getötet! Wie schauerlich war die bloße Erinnerung an die Szene! Er sah alles wieder vor sich. Jede gräßliche Einzelheit kehrte, grauenvoller denn je, in sein Gedächtnis zurück. Der schwarzen Höhle der Zeit entstieg, schrecklich und in Scharlachrot gehüllt, das Abbild seiner Sünde. Als Lord Henry um sechs Uhr hereinkam, fand er ihn in Tränen. Er weinte wie jemand, dessen Herz brechen will.

Erst am dritten Tag wagte er sich wieder aus dem Haus. In der klaren, von Kieferndurft erfüllten Luft jenes Wintermorgens lag etwas, das ihm seine Fröhlichkeit und Lebensgier wiederzugeben schien. Doch es waren nicht nur die äußeren Umstände, die die Veränderung herbeigeführt hatten. Seine eigene Natur hatte gegen das Übermaß an Angst aufbegehrt, das die Vollkommenheit ihrer Ruhe zu beeinträchtigen oder ganz zunichte zu machen suchte. Bei feinsinnigen und empfindsamen Naturellen ist es immer so. Ihre starken Leidenschaften müssen entweder zerstören, oder sie werden zerstört. Entweder töten sie den Menschen, oder sie sterben selbst. Oberflächlicher Kummer und oberflächliche Liebe leben weiter. Sind Liebe und Kummer indes groß, vernichten sie sich durch ihren Überschwang selbst. Zudem war er zu der Überzeugung gelangt, daß er das Opfer einer von Panik ergriffenen Phantasie geworden war, und blickte nun etwas mitleidig und mit nicht geringer Verachtung auf seine Ängste zurück.

Nach dem Frühstück ging er mit der Herzogin eine Stunde lang im Garten spazieren und fuhr dann durch den Park, um sich der Jagdgesellschaft anzuschließen. Der Rauhreif lag wie Salz auf dem Gras. Der Himmel glich einer umgestülpten Schale aus blauem Metall. Eine dünne Eisschicht säumte den seichten, schilfbewachsenen See.

Am Rand des Kiefernwaldes entdeckte er Sir Geoffrey Clouston, den Bruder der Herzogin, der gerade zwei leere Patronenhülsen aus seinem Gewehr stieß. Er sprang vom Wagen, und nachdem er den Stallknecht angewiesen hatte, mit der Stute nach Hause zurückzufahren, schlug er sich durch das verwelkte Farnkraut und das unwegsame Unterholz zu seinem Gast durch.

»War die Jagd erfolgreich, Geoffrey?« erkundigte er sich.

»Nicht besonders, Dorian. Ich glaube, die meisten Vögel sind ins freie Feld hinaus. Vermutlich wird es nach dem Mittagessen besser, wenn wir in neues Gelände kommen.«

Dorian schlenderte neben ihm dahin. Die schneidende, würzige Luft, die im Wald schimmernden braunen und roten Lichter, die von Zeit zu Zeit erschallenden heiseren Rufe der Treiber und das gleich darauf folgende laute Knallen der Gewehre faszinierten ihn und erfüllten ihn mit einem Gefühl köstlicher Freiheit. Er wurde von der Sorglosigkeit des Glücks, dem erhabenen Gleichmut der Freude beherrscht.

Plötzlich schoß, etwa zwanzig Meter vor ihnen, aus einem großen, verdorrten Grasbüschel ein Hase heraus, die Löffel mit den schwarzen Spitzen aufgestellt und auf langen Hinterläufen vorwärtsschnellend. Er lief auf ein Erlenwäldchen zu. Sir Geoffrey legte das Gewehr an, doch in den anmutigen Bewegungen des Tieres lag etwas, das Dorian Gray seltsam bezauberte, und er rief unverzüglich: »Schieß nicht, Geoffrey. Laß ihn leben.«

»Was für ein Unsinn, Dorian!« lachte sein Gefährte, und als der Hase ins Dickicht sprang, drückte er ab. Zwei Schreie waren zu hören, der Schrei eines getroffenen Hasen, der schrecklich ist, und der Schrei eines Menschen in Todespein, der noch schrecklicher ist.

»Um Himmels willen! Ich habe einen Treiber getroffen!« rief Sir Geoffrey. »Wie konnte der Mann nur so dumm sein, vor die Gewehre zu laufen! Hört auf zu schießen!« brüllte er, so laut er konnte. »Ein Mann ist verwundet.«

Der Oberförster kam mit einem Stock in der Hand angelaufen.

»Wo, Sir? Wo ist er?« rief er. Gleichzeitig wurde das Feuer auf der ganzen Linie eingestellt.

»Hier«, antwortete Sir Geoffrey verärgert, während er schon auf das Wäldchen zueilte. »Warum um alles in der Welt halten Sie Ihre Männer nicht zurück? Hat mir die ganze Jagd für heute verdorben.«

Dorian beobachtete sie, als sie in das Erlendickicht eindrangen und dabei die biegsamen, hin und her schwingenden Zweige beiseite schoben. Wenige Augenblicke später traten sie, einen Körper hinter sich herschleifend, wieder ins Sonnenlicht. Entsetzt wandte er sich ab. Ihm war, als folge ihm das Unheil überallhin. Er hörte Sir Geoffrey fragen, ob der Mann wirklich tot sei, und die bejahende Antwort des Försters. Im Wald schien es auf einmal von Gesichtern zu wimmeln. Das Trampeln unzähliger Füße, das leise Summen von Stimmen war zu vernehmen. Ein großer Fasan mit kupferfarbener Brust flog, laut mit den Flügeln schlagend, über ihren Köpfen durch die Äste.

Nach ein paar Augenblicken, die ihm in seinem verstörten Zustand wie endlose Stunden der Qual vorkamen, fühlte er, wie sich ihm eine Hand auf die Schulter legte. Er zuckte zusammen und wandte sich um.

»Dorian«, sagte Lord Henry, »es ist wohl besser, ich sage den Leuten, daß die Jagd für heute abgebrochen wird. Es machte keinen guten Eindruck, wenn man sie fortsetzte.«

»Ich wünschte, sie würde für immer abgebrochen, Harry«, antwortete er bitter. »Die ganze Sache ist gräßlich und grausam. Ist der Mann … ?«

Er vermochte den Satz nicht zu beenden.

»Ich fürchte, ja«, antwortete Lord Henry. »Er hat die ganze Ladung in die Brust bekommen. Er muß fast auf der Stelle tot gewesen sein. Komm, laß uns nach Hause gehen.«

Seite an Seite gingen sie an die fünfzig Meter auf die Allee zu, ohne ein Wort zu sprechen. Dann sah Dorian Lord Henry an und sagte mit einem tiefen Seufzer: »Es ist ein böses Omen, Harry, ein sehr böses Omen.«

»Was?« fragte Lord Henry. »Ach, vermutlich dieser Unfall. Mein lieber Freund, daran läßt sich nichts mehr ändern. Der Mann war selbst schuld. Warum ist er vor die Gewehre gelaufen? Außerdem betrifft es uns ja nicht. Für Geoffrey ist es natürlich recht unangenehm. Es geht nicht an, Treiber mit einer Ladung Schrot zu pfeffern.

Das veranlaßt die Leute zu glauben, man schieße einfach blind drauflos. Doch das trifft auf Geoffrey nicht zu; er ist ein ausgezeichneter Schütze. Aber es hat keinen Sinn, über die Sache zu reden.«

Dorian schüttelte den Kopf. »Es ist ein böses Omen, Harry. Ich habe das Gefühl, als würde irgendeinem von uns etwas Grauenvolles zustoßen. Vielleicht sogar mir selbst«, fügte er hinzu und fuhr sich mit einer gequälten Gebärde mit der Hand über die Augen.

Der Ältere lachte. »Das einzig Grauenvolle auf der Welt ist *ennui*, Dorian. Das ist die einzige Sünde, für die es keine Vergebung gibt. Aber wir werden sicher nicht darunter leiden, es sei denn, diese Burschen schwatzen beim Abendessen die ganze Zeit über diese Geschichte. Ich muß ihnen sagen, daß dieses Thema tabu zu sein hat. Und was Omen angeht, so gibt es so etwas wie Omen nicht. Das Schicksal sendet uns keine Vorboten. Dazu ist es zu weise oder zu grausam. Außerdem, was um alles in der Welt könnte dir denn zustoßen, Dorian? Du hast alles auf Erden, was sich ein Mensch nur wünschen kann. Es gibt niemanden, der nicht entzückt wäre, mit dir zu tauschen.«

»Es gibt niemanden, mit dem ich nicht tauschen würde, Harry. Lach nicht so. Ich sage die Wahrheit. Der arme Teufel von Bauer, der gerade gestorben ist, ist besser dran als ich. Ich habe keine Angst vor dem Tod. Das Nahen des Todes ist es, was mir Angst macht. Seine riesigen Schwingen scheinen mich in der bleiernen Luft zu umkreisen. Gütiger Himmel! Siehst du nicht einen Mann dort hinter den Bäumen, der mich beobachtet, auf mich wartet?«

Lord Henry blickte in die Richtung, in die die zitternde behandschuhte Hand zeigte. »Ja«, sagte er lächelnd, »ich sehe den Gärtner auf dich warten. Vermutlich will er dich fragen, welche Blumen du heute abend auf dem Tisch haben willst. Wie lächerlich nervös du bist, mein Lieber! Du mußt meinen Arzt aufsuchen, wenn wir wieder in London sind.«

Dorian stieß einen Seufzer der Erleichterung aus, als er den Gärtner näher kommen sah. Der Mann legte zum Gruß die Hand an den Hutrand, blickte einen Augenblick lang unschlüssig auf Lord Henry und zog dann einen Brief heraus, den er seinem Herrn aushändigte. »Ihre Gnaden hat mir aufgetragen, auf Antwort zu warten«, murmelte er.

Dorian steckte den Brief in die Tasche. »Bestellen Sie Ihrer Gnaden, ich käme hinein«, sagte er kühl. Der Mann wandte sich um und entfernte sich rasch in Richtung des Hauses.

»Wie gern Frauen doch gefährliche Dinge tun!« lachte Lord Henry. »Es ist eine der Eigenschaften, die ich an ihnen am meisten bewundere. Eine Frau wird mit jedem Mann auf der Welt flirten, solange andere Leute zuschauen.«

»Wie gern du gefährliche Dinge sagst, Harry! In diesem Fall irrst du dich jedoch gewaltig. Ich mag die Herzogin sehr, aber ich liebe sie nicht.«

»Und die Herzogin liebt dich sehr, mag dich aber weniger, also paßt Ihr hervorragend zusammen.«

»Du erzählst Klatschgeschichten, Harry, und Klatsch hat nie eine fundierte Grundlage!«

»Die Grundlage jeden Klatsches ist eine unmoralische Gewißheit«, sagte Lord Henry und zündete sich eine Zigarette an.

»Für eine Pointe würdest du jeden opfern, Harry.«

»Die Welt geht freiwillig zum Altar«, war die Antwort.

»Ich wünschte, ich könnte lieben«, rief Dorian Gray mit inbrünstigem Pathos in der Stimme. »Aber ich scheine die Leidenschaft verloren und das Verlangen vergessen zu haben. Ich bin zu sehr mit mir selbst beschäftigt. Mein eigenes Wesen ist mir zur Last geworden. Ich möchte fliehen, weglaufen, vergessen. Es war töricht von mir, überhaupt hierherzukommen. Ich glaube, ich werde Harvey telegraphieren, er soll die Jacht klarmachen lassen. Auf einer Jacht ist man sicher.«

»Sicher wovor, Dorian? Du bist in irgendwelchen Schwierigkeiten. Warum sagst du mir nicht, was los ist? Du weißt, ich würde dir helfen.«

»Ich kann es dir nicht sagen, Harry«, erwiderte er bedrückt. »Und wahrscheinlich bilde ich mir das Ganze auch nur ein. Dieser unglückselige Unfall hat mich ganz aus der Fassung gebracht. Ich habe eine grauenvolle Vorahnung, daß mir etwas Ähnliches zustoßen könnte.«

»Was für ein Unsinn!«

»Hoffentlich, aber ich komme nicht dagegen an. Ah! Hier ist die Herzogin, sie sieht aus wie Artemis[1] in einem maßgeschneiderten Kleid. Sie sehen, wir sind zurückgekommen, Herzogin.«

»Ich habe schon alles gehört, Mr. Gray«, antwortete sie. »Der arme Geoffrey ist schrecklich durcheinander. Und anscheinend hatten Sie ihn auch noch gebeten, den Hasen nicht zu schießen. Wie seltsam!«

»Ja, es war sehr seltsam. Ich weiß nicht, was mich dazu bewogen hat. Irgendeine Laune vermutlich. Es war ein so niedliches kleines Kerlchen. Aber es tut mir leid, daß man Ihnen von dem Mann erzählt hat. Es ist eine gräßliche Geschichte.«

»Es ist eine lästige Geschichte«, unterbrach ihn Lord Henry. »Sie ist von keinerlei psychologischem Wert. Ja, hätte Geoffrey vorsätzlich gehandelt, dann wäre er ein äußerst interessanter Fall! Ich würde gern jemanden kennen, der einen richtigen Mord begangen hat.«

»Wie abscheulich von dir, Harry!« rief die Herzogin. »Nicht wahr, Mr. Gray? Harry, Mr. Gray fühlt sich wieder nicht wohl. Er wird gleich ohnmächtig werden.«

Dorian hielt sich mit Mühe aufrecht und lächelte. »Es ist nichts, Herzogin«, murmelte er. »Meine Nerven sind schrecklich angegriffen, das ist alles. Wahrscheinlich bin ich heute vormittag zu lange spazierengegangen. Ich habe nicht gehört, was Harry eben sagte. War es sehr schlimm? Sie müssen es mir irgendwann erzählen. Ich glaube, ich muß Sie jetzt verlassen und mich hinlegen. Sie entschuldigen mich doch, nicht wahr?«

Sie hatten die breite Treppe erreicht, die vom Wintergarten auf die Terrasse hinausführte. Als sich die Glastür hinter Dorian schloß, wandte sich Lord Henry um und betrachtete die Herzogin mit seinen schläfrigen Augen. »Bist du sehr in ihn verliebt?« fragte er.

Sie antwortete nicht sofort, sondern blickte in die Weite der Landschaft. »Ich wünschte, ich wüßte es«, sagte sie schließlich.

Er schüttelte den Kopf. »Das Wissen wäre fatal. Es ist die Ungewißheit, die einen reizt. Ein Nebelschleier macht die Dinge erst wundervoll.«

»Man könnte vom Weg abkommen.«

»Alle Wege enden am gleichen Punkt, meine liebe Gladys.»

»An welchem?«

»Ernüchterung.«

»Sie war mein Debüt im Leben«, seufzte sie.

»Sie kam gekrönt zu dir.«

»Ich bin der Erdbeerblätter überdrüssig.«[2]

»Sie stehen dir gut.«

»Nur in der Öffentlichkeit.«

»Du würdest sie vermissen«, sagte Lord Henry.

»Ich werde nicht auf ein einziges Blatt verzichten.«

»Monmouth hat Ohren.«

»Alter ist schwerhörig.«

»Ist er nie eifersüchtig gewesen?«

»Ich wünschte, er wäre es gewesen.«

Er blickte sich um, als hielte er nach etwas Ausschau. »Was suchst du?« fragte sie.

»Den Spitzenschutz deines Floretts«, antwortete er. »Du hast ihn fallen lassen.«

Sie lachte. »Ich habe noch immer die Maske.«

»Sie macht deine Augen noch hübscher«, war seine Antwort.

Wieder lachte sie. Ihre Zähne glichen weißen Kernen in einer scharlachroten Frucht.

Oben in seinem Zimmer lag Dorian Gray auf einem Sofa, jede Faser seines Körpers bebte vor Entsetzen. Das Leben war ihm mit einemmal zu einer zu gräßlichen Bürde geworden, um sie noch länger zu ertragen. Der schreckliche Tod des unglücklichen Treibers, im Unterholz erschossen wie ein wildes Tier, war ihm wie eine Ankündigung seines eigenen Todes erschienen. Bei der Bemerkung, die Lord Henry in einer zufälligen Anwandlung zynischen Scherzens gemacht hatte, wäre er beinahe ohnmächtig geworden.

Um fünf Uhr läutete er nach seinem Diener und wies ihn an, seine Sachen rechtzeitig zur Abfahrt des Nachtexpresses nach London zu packen und dafür zu sorgen, daß der Brougham um halb neun vor der Tür stehe. Er war entschlossen, keine weitere Nacht in Selby Royal zu schlafen. Der Ort stand unter keinem guten Stern. Der Tod ging hier im hellen Sonnenlicht um. Das Gras des Waldes war mit Blut befleckt.

Dann schrieb er ein paar Zeilen an Lord Henry, in denen er ihm mitteilte, er fahre nach London, um seinen Arzt aufzusuchen, und ihn bat, sich während seiner Abwesenheit um seine Gäste zu kümmern. Als er den Brief in einen Umschlag steckte, klopfte es an die Tür, und sein Kammerdiener meldete ihm, daß der Oberförster ihn zu sprechen wünsche. Er runzelte die Stirn und biß sich auf die Lippen. »Schicken Sie ihn herein«, murmelte er nach kurzem Zögern.

Als der Mann eintrat, zog Dorian sein Scheckbuch aus einer Schublade heraus und legte es geöffnet vor sich hin.

»Ich nehme an, Sie kommen wegen des unseligen Unfalls von heute vormittag, Thornton?« wandte er sich an ihn und nahm eine Feder zur Hand.

»Ja, Sir«, antwortete der Förster.

»War der arme Kerl verheiratet? Hatte er für irgendwelche Angehörigen zu sorgen?« erkundigte sich Dorian mit gelangweilter Miene. »Wenn ja, so möchte ich nicht, daß sie Not leiden, und werde ihnen jeden Betrag zukommen lassen, den Sie für notwendig halten.«

»Wir wissen nicht, wer er ist, Sir. Deshalb habe ich mir die Freiheit genommen, Sie aufzusuchen.«

»Sie wissen nicht, wer er ist?« sagte Dorian teilnahmslos. »Was meinen Sie damit? War er denn keiner von Ihren Leuten?«

»Nein, Sir. Hab ihn vorher noch nie gesehen. Sieht aus wie ein Matrose, Sir.«

Die Feder fiel Dorian Gray aus der Hand, und ihm war, als hätte sein Herz plötzlich aufgehört zu schlagen. »Ein Matrose?« rief er. »Sagten Sie ein Matrose?«

»Ja, Sir. Er sieht aus, als sei er eine Art Matrose gewesen; auf beiden Armen tätowiert und solche Sachen.«

»Wurde irgend etwas bei ihm gefunden?« fragte Dorian. Er hatte sich vorgebeugt und sah den Mann mit bestürztem Blick an. »Etwas, aus dem sein Name hervorgeht?«

»Etwas Geld, Sir – nicht viel, und ein Sechskammer-Revolver. Keinerlei Name. Ein ordentlich aussehender Mann, Sir, aber wohl ein wenig von der rauhen Sorte. Eine Art Matrose, glauben wir.«

Dorian sprang auf. Eine schreckliche Hoffnung stieg in ihm auf. Er klammerte sich daran wie ein Wahnsinniger. »Wo ist die Leiche?« rief er. »Schnell! Ich muß sie augenblicklich sehen.«

»Sie ist in einem leeren Stall auf der Home Farm, Sir. Die Leute haben solche Dinge nicht gern im Haus. Sie sagen, eine Leiche bringt Unglück.«

»Auf der Home Farm! Gehen Sie sofort dorthin und erwarten Sie mich dort. Sagen Sie einem Stallburschen, er soll mein Pferd zum Haupteingang bringen. Nein, nicht nötig. Ich gehe selbst zu den Ställen. Das spart Zeit.«

Eine knappe Viertelstunde später galoppierte Dorian Gray die lange Allee hinunter, so schnell er konnte. Die Bäume schienen in gespenstischer Prozession an ihm vorbeizuhuschen und schauerliche Schatten sich auf den Weg zu werfen. Einmal scheute die Stute an einem weißen Torpfosten und hätte ihn beinahe abgeworfen. Er schlug ihr mit seiner Reitpeitsche auf den Hals. Das Tier durchschnitt die dämmerige Luft wie ein Pfeil. Die Steine flogen unter seinen Hufen.

Endlich erreichte er die Home Farm. Zwei Männer standen auf dem Hof herum. Er sprang aus dem Sattel und warf einem von ihnen die Zügel zu. Im entferntesten Stall schimmerte Licht. Etwas schien ihm zu sagen, daß dort der Leichnam war, und er eilte zur Tür und legte die Hand auf die Klinke.

Er hielt einen Augenblick inne, weil er spürte, daß er vor einer Entdeckung stand, die sein Leben retten oder endgültig zerstören würde. Dann stieß er die Tür auf und trat ein.

Auf einem Haufen Sackleinen in der hintersten Ecke lag die Leiche eines Mannes, der mit einem groben Hemd und einer blauen Hose bekleidet war. Sein Gesicht war mit einem getupften Taschentuch bedeckt. Eine einfache, in eine Flasche gesteckte Kerze flackerte knisternd daneben.

Dorian Gray schauderte. Er fühlte, daß seine Hand das Taschentuch nicht wegziehen konnte, und rief einen der Bauernknechte zu sich.

»Nehmen Sie das Ding da vom Gesicht. Ich möchte es mir ansehen«, sagte er, während er am Türpfosten Halt suchte.

Sowie der Knecht seiner Aufforderung nachgekommen war, trat er näher heran. Ein Freudenschrei entfuhr seinen Lippen. Der Mann, der im Dickicht erschossen worden war, war James Vane.

Ein paar Minuten lang stand er da und betrachtete den Toten. Als er nach Hause ritt, standen ihm Tränen in den Augen, denn nun wußte er, daß er sicher war.

Kapitel 19

»Es hat keinen Sinn, mir zu erzählen, daß du ein guter Mensch werden willst«, erklärte Lord Henry, während er seine weißen Finger in eine mit Rosenwasser gefüllte rote Kupferschale tauchte. »Du bist geradezu vollkommen. Bitte ändere dich nicht.«

Dorian Gray schüttelte den Kopf. »Nein, Harry, ich habe in meinem Leben zu viele schreckliche Dinge getan. Ich werde keine mehr tun. Gestern habe ich mit meinen guten Taten begonnen.«

»Wo warst du gestern?«

»Auf dem Land, Harry. Ich war ganz allein in einem kleinen Gasthof.«

»Mein lieber Junge«, sagte Lord Henry lächelnd, »auf dem Land kann jeder gut sein. Dort gibt es keine Versuchungen. Das ist der Grund, weshalb Leute, die nicht in der Stadt leben, so völlig unkultiviert sind. Kultiviertheit ist nämlich keineswegs leicht zu erwerben. Es gibt nur zwei Wege, sie zu erlangen. Der eine besteht darin, daß man gebildet, der andere darin, daß man verderbt ist. Die Leute auf dem Land haben weder zum einen noch zum anderen Gelegenheit, folglich bleiben sie in ihrer Entwicklung stehen.«

»Kultiviertheit und Verderbtheit«, wiederholte Dorian. »Ich habe beides kennengelernt. Heute erscheint es mir entsetzlich, daß sie jemals zusammen auftreten könnten. Denn ich habe ein neues Ideal, Harry. Ich will mich ändern. Ich glaube, ich habe mich schon geändert.«

»Du hast mir noch nicht erzählt, worin deine gute Tat bestand. Oder sagtest du, du hättest mehr als eine vollbracht?« fragte sein Gefährte, während er auf seinem

Teller eine kleine rote Pyramide aufwendig zubereiteter Erdbeeren aufhäufte und aus einem mit winzigen Löchern versehenen muschelförmigen Löffel weißen Zucker auf sie herabschneien ließ.

»Dir kann ich es sagen, Harry. Jemand anderem könnte ich die Geschichte nicht erzählen. Ich habe eine Frau verschont. Das klingt eitel, aber du verstehst, was ich meine. Sie war sehr schön und glich auf wunderbare Weise Sibyl Vane. Das war es wohl auch, was mich zuerst zu ihr hinzog. Du erinnerst dich doch an Sibyl, nicht wahr? Wie lang das her zu sein scheint! Nun, Hetty stammte natürlich nicht aus unseren Kreisen. Sie war nur ein Dorfmädchen. Aber ich habe sie wirklich geliebt. Ich bin mir ganz sicher, daß ich sie geliebt habe. Den ganzen herrlichen Mai hindurch, den wir dieses Jahr hatten, bin ich zwei-, dreimal in der Woche hingefahren, um sie zu sehen. Gestern traf ich mich mit ihr in einem kleinen Obstgarten. Die Apfelblüten fielen in einem fort auf ihr Haar, und sie lachte. Wir hatten vorgehabt, heute früh bei Tagesanbruch zusammen fortzugehen. Plötzlich entschloß ich mich, sie so blumengleich zu verlassen, wie ich sie vorgefunden hatte.«

»Vermutlich hat dich die Neuartigkeit dieser Empfindung geradezu wie ein Wonneschauer durchrieselt, Dorian«, unterbrach ihn Lord Henry. »Aber ich kann deine idyllische Geschichte für dich zu Ende führen. Du gabst ihr gute Ratschläge und brachst ihr das Herz. Das war der Anfang deiner Besserung.«

»Harry, du bist abscheulich! Du darfst nicht so furchtbare Dinge sagen. Hettys Herz ist nicht gebrochen. Natürlich hat sie geweint und all das. Aber sie ist nicht entehrt. Sie kann wie Perdita[1] in ihrem Garten voller Minze und Ringelblumen weiterleben.«

»Und über einen treulosen Florizel[2] weinen«, ergänzte

Lord Henry lachend, während er sich in seinem Sessel zurücklehnte. »Mein lieber Dorian, du hast wirklich merkwürdig naive Vorstellungen. Glaubst du denn, dieses Mädchen wird nun mit einem Mann ihres Standes jemals wirklich zufrieden sein? Wahrscheinlich wird sie irgendwann einen ungehobelten Fuhrmann oder grinsenden Bauernlümmel heiraten. Nun, die Tatsache, daß sie dich kennengelernt und geliebt hat, wird sie lehren, ihren Mann zu verachten, und sie wird unglücklich sein. Ich kann nicht behaupten, daß ich, vom moralischen Standpunkt aus betrachtet, viel von deinem großartigen Verzicht halte. Selbst als Anfang ist er recht kläglich. Und woher willst du wissen, daß Hetty in diesem Augenblick nicht, umgeben von lieblichen Wasserlilien, in einem sternenbeschienenen Mühlteich treibt wie Ophelia?«

»Ich ertrage das nicht, Harry! Erst spottest du über alles, und dann deutest du die schlimmsten Tragödien an. Jetzt tut es mir leid, daß ich es dir erzählt habe. Es ist mir gleichgültig, was du sagst. Ich weiß, daß ich richtig gehandelt habe. Arme Hetty! Als ich heute morgen an dem Bauernhof vorüberritt, sah ich ihr weißes Gesicht am Fenster wie einen Jasminzweig. Laß uns nicht mehr davon sprechen, und versuch mir nicht einzureden, die erste gute Tat, die ich seit Jahren begangen, das erste bißchen Selbstaufopferung, das ich je gekannt habe, sei in Wirklichkeit eine Art Sünde. Ich möchte ein besserer Mensch sein. Ich werde ein besserer Mensch sein. Erzähl mir etwas von dir. Was gibt es Neues in der Stadt? Ich war seit Tagen nicht mehr im Klub.«

»Die Leute reden noch immer über das Verschwinden des armen Basil.«

»Ich hätte gedacht, sie wären es inzwischen leid«, sagte Dorian, goß sich einen Schluck Wein ein und runzelte leicht die Stirn.

»Mein lieber Junge, sie reden erst seit sechs Wochen darüber, und die britische Öffentlichkeit ist der geistigen Anstrengung nun einmal nicht gewachsen, sich innerhalb von drei Monaten mit mehr als einem Thema zu befassen. In der letzten Zeit hatte sie allerdings sehr großes Glück. Da hatten sie meine eigene Scheidung und Alan Campbells Selbstmord. Und nun das mysteriöse Verschwinden eines Künstlers. Scotland Yard behauptet noch immer, der Mann in dem grauen Ulster, der am neunten November mit dem Mitternachtszug nach Paris abreiste, sei der arme Basil gewesen, und die französische Polizei erklärt, Basil sei nie in Paris angekommen. Vermutlich wird man uns in vierzehn Tagen erzählen, er sei in San Franzisco gesehen worden. Es ist eine komische Sache, aber jeder Mensch, der verschwindet, ist angeblich in San Franzisco gesehen worden. Das muß eine entzückende Stadt sein, und sie muß offenbar alle Reize der nächsten Welt besitzen.«

»Was glaubst du, was mit Basil geschehen ist?« fragte Dorian, wobei er seinen Burgunder gegen das Licht hielt und sich wunderte, daß er so ruhig über die Sache sprechen konnte.

»Ich habe nicht die leiseste Ahnung. Wenn Basil sich versteckt halten will, so ist das nicht meine Sache. Und wenn er tot ist, will ich nicht an ihn denken. Der Tod ist das einzige, das mir jemals Angst macht. Ich hasse ihn.«

»Warum?« fragte der Jüngere müde.

»Weil«, sagte Lord Henry, während er das vergoldete Gitter einer geöffneten Riechdose unter seiner Nase vorbeiführte, »man heutzutage alles überleben kann bis auf ihn. Tod und Vulgarität sind die beiden einzigen Fakten im neunzehnten Jahrhundert, die man nicht wegerklären kann. Laß uns den Kaffee im Musikzimmer nehmen, Dorian. Du mußt mir etwas von Chopin vorspielen. Der

Mann, mit dem meine Frau auf und davon ist, spielte hervorragend Chopin. Arme Victoria! Ich hatte sie sehr gern. Das Haus ist recht einsam ohne sie. Natürlich ist das Eheleben nur eine Gewohnheit, eine schlechte Gewohnheit. Aber schließlich bedauert man den Verlust selbst seiner schlimmsten Gewohnheiten. Vielleicht tut es einem gerade um diese am meisten leid. Sie bilden einen so wesentlichen Bestandteil unserer Persönlichkeit.«

Dorian sagte nichts, sondern stand vom Tisch auf, ging ins Nebenzimmer hinüber, setzte sich ans Klavier und ließ seine Finger über die weißen und schwarzen Elfenbeintasten gleiten. Als der Kaffee gebracht worden war, hielt er inne, blickte zu Lord Henry hinüber und fragte: »Harry, ist dir je der Gedanke gekommen, Basil könnte ermordet worden sein?«

Lord Henry gähnte. »Basil war sehr beliebt und trug stets eine Waterbury-Uhr[3]. Warum also sollte er ermordet worden sein? Er war nicht klug genug, um Feinde zu haben. Natürlich war er als Maler einfach genial. Aber ein Mann kann wie Velázquez[4] malen und dennoch denkbar langweilig sein. Basil war wirklich recht langweilig. Nur ein einziges Mal hat er mein Interesse geweckt, und das war, als er mir vor Jahren einmal erzählte, daß er eine unbändige Bewunderung für dich empfinde und du das beherrschende Motiv seiner Kunst seist.«

»Ich hatte Basil sehr gern«, sagte Dorian mit einem traurigen Unterton in der Stimme. »Aber heißt es nicht, er sei ermordet worden?«

»Ach, ein paar Zeitungen behaupten das. Ich halte es für ganz und gar unwahrscheinlich. Ich weiß, daß es in Paris einige grauenvolle Gegenden gibt, doch Basil war nicht der Typ, der dorthin gegangen wäre. Er war nicht neugierig. Das war sein Hauptfehler.«

»Was würdest du sagen, Harry, wenn ich dir erzählte, ich hätte Basil ermordet?« fragte der Jüngere. Er beobachtete den anderen aufmerksam, als er zu Ende gesprochen hatte.

»Ich würde sagen, mein Lieber, daß du in einer Rolle auftrittst, für die du dich nicht eignest. Jedes Verbrechen ist vulgär, so wie jede Vulgarität ein Verbrechen ist. Es ist dir nicht gegeben, einen Mord zu begehen, Dorian. Es tut mir leid, wenn ich damit deine Eitelkeit verletze, aber ich versichere dir, es ist die Wahrheit. Verbrechen ist ausschließlich Sache der unteren Gesellschaftsschichten. Ich mache ihnen nicht den geringsten Vorwurf deswegen. Ich könnte mir vorstellen, das Verbrechen ist für sie das, was die Kunst für uns ist, nämlich schlicht eine Methode, außergewöhnliche Empfindungen hervorzurufen.«

»Eine Methode, Empfindungen hervorzurufen? Glaubst du denn, ein Mann, der einmal einen Mord begangen hat, könnte das gleiche Verbrechen möglicherweise wieder begehen? Erzähl mir das doch nicht.«

»Oh, alles wird zum Vergnügen, wenn man es zu oft tut«, erklärte Lord Henry lachend. »Das ist eines der wichtigsten Geheimnisse des Lebens. Ich möchte allerdings meinen, daß Mord immer ein Fehler ist. Man sollte nie etwas tun, worüber man nach dem Abendessen nicht plaudern kann. Aber lassen wir den armen Basil. Ich wünschte, ich könnte glauben, daß er ein so wahrhaft romantisches Ende gefunden hat, wie du nahelegst; aber das kann ich nicht. Vermutlich ist er aus einem Omnibus heraus in die Seine gefallen, und der Schaffner hat den Skandal vertuscht. Ja, ich könnte mir vorstellen, daß das sein Ende war. Ich sehe ihn auf dem Rücken im dunkelgrünen Wasser liegen, und die schweren Lastkähne gleiten über ihn hinweg, und lange Wasserpflanzen verfangen sich in seinem Haar. Weißt du, ich glaube nicht, daß er noch viel Gutes zustande gebracht hätte. In den letzten zehn Jahren hat seine Malerei stark nachgelassen.«

Dorian stieß einen Seufzer aus, und Lord Henry schlenderte durch den Raum und begann, einem seltsamen Java-Papagei den Kopf zu kraulen – einem großen graugefiederten Vogel mit hellrosa Schopf und Schwanz, der auf einer Bambusstange balancierte. Als seine spitzen Finger das Tier berührten, schloß es die weißen Schuppen der runzeligen Lider über glasähnlichen schwarzen Augen und fing an, sich hin und her zu wiegen.

»Ja«, fuhr er fort, wandte sich dabei um und zog sein Taschentuch heraus, »seine Malerei hat stark nachgelassen. Sie schien mir etwas verloren zu haben. Sie hatte ein Ideal verloren. Als eure enge Freundschaft aufhörte, hörte er auf, ein großer Maler zu sein. Was hat euch auseinandergebracht? Ich nehme an, er hat dich gelangweilt. Wenn das der Fall war, hat er dir das nie verziehen. Das haben langweilige Menschen so an sich. Was ist übrigens aus dem wunderbaren Porträt geworden, das er von dir gemalt hat? Ich glaube, ich habe es nicht mehr gesehen, seitdem er es vollendet hat. Ach, da fällt mir ein, daß du mir vor Jahren einmal erzähltest, du habest es nach Selby hinuntergeschickt und es sei unterwegs verlorengegangen oder gestohlen worden. Du hast es nie zurückbekommen? Welch ein Jammer! Es war wirklich ein Meisterwerk. Ich erinnere mich, daß ich es kaufen wollte. Jetzt wünschte ich, ich hätte es getan. Es stammte aus Basils bester Schaffensperiode. Danach stellte seine Arbeit jene eigenartige Mischung aus schlechter Malerei und guten Absichten dar, die einen Mann stets dazu berechtigt, als repräsentativer britischer Künstler bezeichnet zu werden. Hast du versucht, es über Zeitungsanzeigen wiederzufinden? Das hättest du tun sollen.«

»Ich weiß es nicht mehr«, sagte Dorian. »Vermutlich

schon. Aber ich habe es nie wirklich gemocht. Es tut mir leid, daß ich dafür Modell gesessen habe. Die Erinnerung an das Ding ist mir zuwider. Weshalb sprichst du davon? Es ließ mich immer an jene merkwürdigen Zeilen aus irgendeinem Theaterstück denken – aus *Hamlet*, glaube ich. Wie lauteten sie doch?

›... gleich dem Gram im Bilde,
Ein Antlitz ohne Herz.‹[5]

Ja: so war es.«

Lord Henry lachte. »Wenn ein Mann das Leben künstlerisch betrachtet, ist sein Hirn sein Herz«, entgegnete er und ließ sich in einen Lehnstuhl fallen.

Dorian Gray schüttelte den Kopf und schlug ein paar leise Akkorde auf dem Klavier an. »Gleich dem Gram im Bilde«, wiederholte er, »ein Antlitz ohne Herz.«

Der Ältere lehnte sich zurück und sah ihn mit halbgeschlossenen Augen an. »Übrigens, Dorian«, sagte er nach einer Pause, »›was hülfe es dem Menschen, wenn er die ganze Welt gewönne und nähme doch‹ – wie heißt es noch? – ›Schaden an seiner Seele?‹[6]«

Die Musik brach mit einem Mißklang ab, und Dorian Gray fuhr auf und starrte seinen Freund an. »Warum fragst du mich das, Harry?«

»Mein lieber Freund«, antwortete Lord Henry, die Augenbrauen überrascht hochziehend, »ich habe dich gefragt, weil ich dachte, du könntest mir vielleicht eine Antwort geben. Das ist alles. Letzten Sonntag ging ich durch den Park, und in der Nähe von Marble Arch stand eine kleine Ansammlung ärmlich aussehender Leute, die irgendeinem vulgären Straßenprediger lauschten. Im Vorbeigehen hörte ich, wie der Mann diese Frage seinem Publikum entgegenschrie. Es kam mir recht dramatisch vor. London ist ungemein reich an kuriosen Erscheinungen dieser Art. Ein regnerischer Sonntag, ein ungeschlachter Christ in einem Regenmantel, ein Kreis ungesund weißer Gesichter unter einem undichten Dach triefender Regenschirme und ein wunderbarer Satz, von schrillen, hysterischen Lippen in die Luft hinausgeschleudert – es war auf seine Weise wirklich sehr gut, eine richtige Eingebung. Ich dachte daran, den Propheten darauf hinzuweisen, daß wohl die Kunst eine Seele habe, der Mensch aber nicht. Ich fürchte allerdings, er hätte mich nicht verstanden.«

»Nicht, Harry. Die Seele ist eine schreckliche Wirklichkeit. Man kann sie kaufen und verkaufen und um ihren Preis feilschen. Man kann sie vergiften oder vervollkommnen. In jedem von uns ist eine Seele. Ich weiß es.«

»Bist du dir dessen ganz sicher, Dorian?«

»Ganz sicher.«

»Ah, dann muß es sich um eine Täuschung handeln. Die Dinge, deren man sich absolut sicher ist, sind nie wahr. Das ist das Verhängnis des Glaubens und die Lehre der Liebe. Wie ernst du bist! Sei nicht so feierlich. Was haben du oder ich mit den abergläubischen Vorstellungen unserer Zeit zu tun? Nein: wir haben unseren Glauben an die Seele aufgegeben. Spiel mir etwas vor. Spiel ein Nocturne, Dorian, und während du spielst, erzähl mir leise, wie du dir deine Jugend bewahrt hast. Du mußt irgendein Geheimnis haben. Ich bin nur zehn Jahre älter als du, und ich habe lauter Falten, bin verwelkt und gelb. Du bist wirklich bewunderungswürdig, Dorian. Du hast nie bezaubernder ausgesehen als heute abend. Du erinnerst mich an den Tag, an dem ich dich zum erstenmal sah. Du warst recht keck, sehr schüchtern und ganz und gar außergewöhnlich. Natürlich hast du dich verändert, aber nicht in deinem Aussehen. Ich wünschte, du verrietest mir dein Geheimnis. Um meine Jugend zurückzuerhalten, würde ich alles auf der Welt tun – außer Freiübungen machen, früh aufstehen oder ehrbar werden. Jugend! Es gibt nichts, das ihr gleichkäme. Es ist lächerlich, von der Unwissenheit der Jugend zu reden. Die einzigen Leute, deren Ansichten ich mir heute mit einigem Respekt anhöre, sind Leute, die viel jünger sind als ich. Sie scheinen mir voraus zu sein. Das Leben hat ihnen sein jüngstes Wunder enthüllt. Was die Alten angeht, so widerspreche ich ihnen stets, und zwar aus Prinzip. Fragt man sie um ihre Meinung zu etwas, das gestern geschehen ist, dann geben sie Ansichten zum besten, die 1820 aktuell waren, als die Leute steife Halsbinden trugen, alles glaubten und absolut nichts wußten. Wie hübsch das ist, was du da spielst! Ob Chopin es auf Mallorca geschrieben hat, während das Meer rings um die Villa weinte und die salzige Gischt gegen die Fensterscheiben spritzte? Es ist wunderbar romantisch. Welch ein Segen, daß uns wenigstens eine Kunst erhalten geblieben ist, die nicht nur nachahmt. Hör nicht auf. Ich möchte heute abend Musik hören. Mir ist, als wärst du der junge Apoll und ich Marsyas,[7] der dir lauscht. Ich habe Kummer, Dorian, Kummer, von dem selbst du nichts weißt. Die Tragödie des Alters ist nicht, daß man alt ist, sondern daß man jung ist. Zuweilen bin ich über meine eigene Aufrichtigkeit überrascht. Ach, Dorian, wie glücklich du bist! Was für ein köstliches Leben hast du gehabt! Du hast von allem reichlich gekostet! Du hast die Trauben an deinem Gaumen zerdrückt. Nichts ist dir verborgen geblieben. Und all das war für dich nicht mehr als der Klang von Musik. Es hat dich nicht verdorben. Du bist noch immer derselbe.«

»Ich bin nicht mehr derselbe, Harry.«

»Doch, du bist noch derselbe. Ich frage mich, wie der Rest deines Lebens verlaufen wird. Verdirb es nicht durch Entsagung. Gegenwärtig bist du die Verkörperung eines vollkommenen Menschen. Mach dich nicht selbst unvollkommen. Du bist völlig makellos. Du brauchst den Kopf nicht zu schütteln: Du weißt, daß du es bist. Außerdem, Dorian, mach dir nichts vor. Das Leben wird nicht von Wille oder Absicht bestimmt. Das Leben ist eine Frage der Nerven und Fasern und langsam aufgebauten Zellen, in denen das Denken sich versteckt und die Leidenschaft ihre Träume träumt. Du magst dich sicher wähnen und dich für stark halten. Doch ein zufälliger Farbton in einem Zimmer oder am Morgenhimmel, ein bestimmter Duft, den du einmal geliebt hast und der zärtliche Erinnerungen zurückbringt, eine Zeile aus einem vergessenen Gedicht, auf das du unverhofft gestoßen bist, eine Kadenz aus einem Musikstück, das du lange nicht mehr gespielt hast – ich sage dir, Dorian, von Dingen wie diesen hängt unser Leben ab. Browning[8] schreibt irgendwo darüber; aber unsere eigenen Sinne beschwören sie herauf. Es gibt Augenblicke, da streicht der Duft von *lilas blanc*[9] plötzlich über mich hinweg, und ich muß den seltsamsten Monat meines Lebens noch einmal durchleben. Ich wollte, ich könnte mit dir tauschen, Dorian. Die Welt hat uns beide laut getadelt, aber dich hat sie immer angebetet. Sie wird dich immer anbeten. Du bist die Verkörperung dessen, was unsere Zeit sucht und was sie gefunden zu haben fürchtet. Ich bin so froh, daß du nie etwas geschaffen hast, nie eine Statue gemeißelt, ein Bild gemalt oder irgend etwas außerhalb deines Selbst hervorgebracht hast! Deine Kunst war das Leben. Du hast dich selbst vertont. Deine Tage sind deine Sonette.«

Dorian stand vom Klavier auf und fuhr sich mit der Hand durchs Haar. »Ja, das Leben war köstlich«, sagte er leise, »aber ich werde es so nicht weiterführen, Harry. Und du darfst mir nicht solche überspannten Dinge sagen. Du weißt nicht alles von mir. Ich glaube, wenn du es wüßtest, würdest selbst du dich von mir abwenden. Du lachst. Lach nicht.«

»Warum hast du aufgehört zu spielen, Dorian? Setz dich wieder ans Klavier und spiel das Nocturne noch einmal für mich. Sieh dir diesen großen honigfarbenen Mond an, der in der dunklen Luft hängt. Er wartet darauf, daß du ihn verzauberst, und wenn du spielst, wird er der Erde näher kommen. Du willst nicht? Dann laß uns in den Klub gehen. Es war ein reizender Abend, und wir müssen ihn reizend beschließen. Im ›Whites‹ ist jemand, der dich unbedingt kennenlernen möchte – der junge Lord Poole, Bournemouth' ältester Sohn. Er kopiert schon deine Krawatten und hat mich gebeten, ihn dir vorzustellen. Er ist wirklich entzückend und erinnert mich ein wenig an dich.«

»Das will ich nicht hoffen«, sagte Dorian mit einem traurigen Ausdruck in den Augen. »Aber ich bin heute abend müde, Harry. Ich werde nicht mehr in den Klub gehen. Es ist schon fast elf, und ich möchte früh zu Bett gehen.«

»Bleib doch noch. Du hast noch nie so gut gespielt wie heute abend. Dein Anschlag hatte etwas Wunderbares. Er war ausdrucksvoller als je zuvor.«

»Das kommt daher, daß ich mir vorgenommen habe, ein guter Mensch zu werden«, antwortete er lächelnd. »Ich bin schon jetzt ein wenig verändert.«

»Für mich kannst du dich nicht ändern, Dorian«, sagte Lord Henry. »Du und ich, wir werden immer Freunde sein.«

»Und doch hast du mich einst mit einem Buch vergiftet. Das sollte ich dir nicht verzeihen. Harry, versprich mir, daß du dieses Buch nie wieder jemandem leihen wirst. Es stiftet Unheil.«

»Mein lieber Junge, jetzt fängst du aber wirklich an zu moralisieren. Bald wirst du umhergehen wie ein Bekehrter und Erweckungsprediger und die Leute vor all den Sünden warnen, deren du überdrüssig geworden bist. Dazu bist du viel zu reizend. Außerdem ist es sinnlos. Du und ich, wir sind, was wir sind, und werden sein, was wir sein werden. Und was das Vergiften durch ein Buch betrifft – so etwas gibt es nicht. Kunst hat keinen Einfluß auf das Handeln. Sie macht das Verlangen zu handeln zunichte. Sie ist herrlich unfruchtbar. Die Bücher, die die Welt unmoralisch nennt, sind Bücher, die der Welt ihre eigene Schande vor Augen halten. Das ist alles. Aber wir wollen nicht über Literatur diskutieren. Komm morgen vormittag zu mir. Ich werde um elf ausreiten. Wir könnten zusammen ausreiten, und hinterher nehme ich dich zum Essen bei Lady Branksome mit. Sie ist eine bezaubernde Frau und möchte dich wegen irgendwelcher Wandteppiche, die sie zu kaufen beabsichtigt, um Rat fragen. Sieh also zu, daß du kommst. Oder sollen wir mit unserer kleinen Herzogin zu Mittag essen? Sie sagt, sie sieht dich gar nicht mehr. Vielleicht hast du schon genug von Gladys? Das dachte ich mir. Ihre kluge Zunge geht einem auf die Nerven. Nun, sei auf jeden Fall um elf hier.«

»Muß ich wirklich kommen, Harry?«

»Unbedingt. Der Park ist zur Zeit recht hübsch. Ich glaube, seit dem Jahr, in dem ich dich kennengelernt habe, hat es dort keinen solchen Flieder mehr gegeben.«

»Also gut, ich werde um elf da sein«, sagte Dorian. »Gute Nacht, Harry.« An der Tür zögerte er einen Augenblick, als hätte er noch etwas zu sagen. Dann seufzte er und ging hinaus.

Kapitel 20

Es war eine herrliche Nacht, so warm, daß er den Rock über den Arm warf und nicht einmal den Seidenschal umlegte. Als er, seine Zigarette rauchend, nach Hause schlenderte, kamen zwei junge Männer im Abendanzug an ihm vorüber. Er hörte, wie der eine dem andern zuflüsterte: »Das ist Dorian Gray.« Er erinnerte sich, wie erfreut er einst gewesen war, wenn man auf ihn aufmerksam machte oder ihn anstarrte oder über ihn sprach. Jetzt war er es leid, seinen eigenen Namen zu hören. Der halbe Reiz des kleinen Dorfes, in dem er sich in der letzten Zeit so häufig aufgehalten hatte, bestand darin, daß dort niemand wußte, wer er war. Er hatte dem Mädchen, das er in sich verliebt gemacht hatte, oft erzählt, er sei arm, und sie hatte ihm geglaubt. Einmal hatte er ihr auch gesagt, er sei ein böser Mensch, und sie hatte ihn ausgelacht und entgegnet, böse Menschen seien immer sehr alt und sehr häßlich. Und was für ein Lachen sie hatte! Wie der Gesang einer Drossel klang es. Und wie hübsch sie gewesen war in ihren Baumwollkleidern und ihren großen Hüten! Sie wußte nichts, doch sie besaß alles, was er verloren hatte.

Als er nach Hause kam, stellte er fest, daß sein Diener aufgeblieben war und auf ihn gewartet hatte. Er schickte ihn zu Bett, ließ sich auf das Sofa in der Bibliothek fallen und begann über einige der Dinge nachzudenken, die Lord Henry zu ihm gesagt hatte.

War es wirklich wahr, daß man sich niemals ändern konnte? Er spürte eine unbändige Sehnsucht nach der unbefleckten Reinheit seiner Knabenjahre – seiner rosenrot-weißen Knabenjahre, wie Lord Henry es einmal formuliert hatte. Er wußte, daß er sich besudelt, seinen

Geist mit Verderbtheit und seine Phantasie mit Grauen erfüllt hatte; daß er auf andere einen schlechten Einfluß ausgeübt und dabei eine schreckliche Freude empfunden hatte; und daß er von den Leben, die das seine gekreuzt hatten, gerade über die schönsten und verheißungsvollsten Schande gebracht hatte. Aber war das alles nicht wiedergutzumachen? Gab es keine Hoffnung mehr für ihn?

Ach, in welch ungeheuerlichem Augenblick des Hochmuts und der Leidenschaft hatte er darum gebetet, daß das Bildnis die Bürde seiner Tage tragen und ihm der ungetrübte Glanz ewiger Jugend erhalten bleiben möge! Sein ganzes Scheitern war darauf zurückzuführen. Es wäre besser für ihn gewesen, wäre jeder Sünde in seinem Leben ihre sichere, schnelle Strafe auf dem Fuße gefolgt. In der Bestrafung lag Läuterung. Nicht »Vergib uns unsere Sünden«, sondern »Züchtige uns für unsere Missetaten«, müßte das Gebet eines Menschen an einen allgerechten Gott lauten.

Der kunstvoll geschnitzte Spiegel, den Lord Henry ihm vor mittlerweile so vielen Jahren geschenkt hatte, stand auf dem Tisch und die weißgliedrigen Liebesgötter, die ihn umrahmten, lachten wie eh und je. Er nahm ihn in die Hand wie damals in jener Schreckensnacht, als er zum erstenmal die Veränderung in dem verhängnisvollen Porträt bemerkt hatte, und mit wildem, tränengetrübtem Blick starrte er in den glänzenden Schild. Einmal hatte ihm jemand, der ihn schrecklich geliebt hatte, einen wahnwitzigen Brief geschrieben, der mit diesen Worten abgöttischer Verehrung endete: »Die Welt hat sich verändert, weil du aus Elfenbein und Gold geschaffen bist. Die geschwungenen Linien deiner Lippen schreiben die Geschichte neu.« Die Sätze fielen ihm ein, und er sprach sie immer wieder vor sich hin. Dann erfaßte ihn Abscheu vor seiner eigenen Schönheit; er warf den Spiegel zu Boden und zermalmte ihn unter dem Absatz in silbrige Splitter. Es war seine Schönheit, die ihn ins Verderben gestürzt hatte, seine Schönheit und die Jugend, um die er gebetet hatte. Ohne diese beiden Dinge wäre sein Leben vielleicht makellos geblieben. Seine Schönheit war ihm nur Maske, seine Jugend nur Blendwerk gewesen. Was war die Jugend denn bestenfalls? Eine unerfahrene, eine unreife Zeit, eine Zeit oberflächlicher Stimmungen und blasser Gedanken. Warum hatte er ihre Livree getragen? Die Jugend hatte ihn verdorben.

Es war besser, nicht an die Vergangenheit zu denken. Sie war durch nichts mehr zu ändern. An sich selbst und an seine eigene Zukunft mußte er denken. James Vane lag unauffindbar in einem namenlosen Grab auf dem Friedhof von Selby. Alan Campbell hatte sich zwar eines Nachts in seinem Laboratorium erschossen, doch das Geheimnis, dessen Mitwisserschaft ihm aufgezwungen worden war, hatte er nicht verraten. Die augenblickliche Aufregung über Basil Hallwards Verschwinden würde sich bald legen. Sie ließ bereits nach. Von dieser Seite drohte ihm keinerlei Gefahr. Und es war auch nicht Basil Hallwards Tod, der am schwersten auf ihm lastete. Es war der lebendige Tod seiner eigenen Seele, der ihn bedrückte. Basil hatte das Porträt gemalt, das sein Leben zerstört hatte. Das konnte er ihm nicht verzeihen. Das Porträt war an allem schuld. Basil hatte Dinge zu ihm gesagt, die unerträglich gewesen waren und die er dennoch geduldig ertragen hatte. Bei dem Mord hatte es sich einfach um die Wahnsinnstat eines Augenblicks gehandelt. Und was Alan Campbell betraf, so war der Selbstmord dessen eigene Entscheidung gewesen. Er hatte ihn aus freien Stücken gewählt. Ihn ging das nichts an.

Ein neues Leben! Das war es, was er brauchte. Darauf wartete er. Zweifellos hatte er es bereits begonnen. Jedenfalls hatte er ein unschuldiges Ding verschont. Nie wieder würde er Unschuld in Versuchung führen. Er würde gut sein.

Als er an Hetty Merton dachte, fragte er sich, ob sich das Porträt in dem verschlossenen Raum verändert hatte. Gewiß war es nicht mehr ganz so grauenvoll, wie es gewesen war? Vielleicht konnte er, wenn sein Leben rein würde, alle Spuren böser Leidenschaft aus dem Gesicht verbannen. Vielleicht waren die Spuren des Bösen überhaupt schon verschwunden. Er würde hinaufgehen und nachsehen.

Er nahm die Lampe vom Tisch und schlich die Treppe hinauf. Als er die Tür aufschloß, huschte ein freudiges Lächeln über sein seltsam jung wirkendes Gesicht und verweilte einen Augenblick um seine Lippen. Ja, er wollte gut sein, und das gräßliche Ding, das er versteckt hielt, würde seinen Schrecken für ihn verlieren. Ihm war, als sei die Last schon jetzt von ihm genommen.

Ruhig ging er hinein, schloß die Tür hinter sich ab, wie es seine Gewohnheit war, und zog den purpurnen Vorhang von dem Bild. Ein Schrei des Schmerzes und der Entrüstung entfuhr ihm. Er vermochte keinerlei Veränderung zu entdecken, außer daß in den Augen ein verschlagener Ausdruck war und um den Mund die Falschheit des Heuchlers ihre tiefen Furchen eingegraben hatte. Das Ding war noch immer widerwärtig – widerwärtiger als zuvor, wenn das überhaupt möglich war –, und der scharlachrote Tau, der die Hand befleckte, sah leuchtender und noch mehr wie frisch vergossenes Blut aus. Dann erbebte er. War es bloße Eitelkeit gewesen, die ihn zu seiner einzigen guten Tat veranlaßt hatte? Oder das Verlangen nach einer neuen Empfindung, wie Lord Henry mit seinem spöttischen Lächeln angedeutet hatte? Oder jene unwiderstehliche Neigung, eine Rolle zu spielen, die uns zuweilen Dinge tun läßt, die edler sind als wir selbst? Oder vielleicht all das zusammen? Und warum war der rote Fleck größer, als er gewesen war? Er schien sich wie eine grauenvolle Krankheit über die runzeligen Finger ausgebreitet zu haben. Blut war auf den gemalten Füßen, als sei das Zeug herabgetropft – Blut auch auf der Hand, die das Messer gar nicht gehalten hatte. Ein Geständnis ablegen? Hieß das, daß er ein Geständnis ablegen sollte? Sich freiwillig stellen und sich aufhängen lassen? Er lachte. Er fühlte, daß dieser Gedanke ungeheuerlich war. Und außerdem, wer würde ihm denn schon glauben, selbst wenn er ein Geständnis ablegte? Es gab ja nirgendwo eine Spur von dem Ermordeten. Alles, was ihm gehört hatte, war beseitigt worden. Er selbst hatte die Sachen verbrannt, die unten geblieben waren. Die Welt würde ihn einfach für verrückt erklären. Man würde ihn einsperren, wenn er auf seiner Geschichte beharrte ... Und doch war es seine Pflicht, ein Geständnis abzulegen, um öffentlicher Schande ausgesetzt zu werden und öffentlich zu sühnen. Es gab einen Gott, der von den Menschen forderte, ihre Sünden vor der Erde und dem Himmel zu bekennen. Nichts, was er tun konnte, würde ihn reinwaschen, ehe er seine Sünde bekannt hatte. Seine Sünde? Er zuckte mit den Schultern. Basil Hallwards Tod bedeutete ihm sehr wenig. Er dachte an Hetty Merton. Denn es war ein ungerechter Spiegel, dieser Spiegel seiner Seele, in den er da blickte. Eitelkeit? Neugier? Heuchelei? War in seinem Verzicht nicht mehr gewesen als das? Es war mehr gewesen. Zumindest war er dieser Meinung. Aber wer konnte das sagen? ... Nein. Es war nicht mehr gewesen. Aus Eitelkeit hatte er sie verschont. Voller Heuchelei hatte er die Maske der Güte getragen. Aus Neugier hatte er sich in Selbstverleugnung versucht. Jetzt erkannte er es.

Aber dieser Mord – sollte er ihn sein ganzes Leben lang verfolgen? Sollte seine Vergangenheit für immer als Bürde auf ihm lasten? Sollte er wirklich ein Geständnis ablegen? Niemals. Es gab nur noch ein einziges Beweisstück gegen ihn. Das Bildnis selbst – es war ein Beweis. Er würde es zerstören. Warum hatte er es so lange behalten? Einst hatte es ihm Genuß bereitet zu beobachten, wie es sich veränderte und älter wurde. In der letzten Zeit hatte er diesen Genuß nicht mehr empfunden. Es hatte ihn nachts nicht schlafen lassen. War er außer Haus gewesen, hatte ihn stets die schreckliche Angst gequält, andere Augen als die seinen könnten es erblicken. Es hatte Schwermut über seine Leidenschaften gebracht. Allein der Gedanke daran hatte ihm viele Augenblicke der Freude verdorben. Es war für ihn wie das Gewissen gewesen. Ja, es war sein Gewissen gewesen. Er würde es zerstören.

Er sah sich um und entdeckte das Messer, das Basil Hallward niedergestochen hatte. Er hatte es immer wieder gereinigt, bis kein Fleckchen mehr darauf zurückgeblieben war. Es war blank und glänzte. So, wie es den Maler getötet hatte, so würde es auch das Werk des Malers töten, und alles, was es bedeutete. Es würde die Vergangenheit töten, und war diese tot, würde er frei sein. Es würde dieses ungeheuerliche Seelenleben töten, und ohne dessen gräßliche Mahnungen würde er in Frieden leben können. Er ergriff das Ding und stach damit auf das Bild ein.

Ein Schrei war zu hören und ein Krachen. Der Schrei war so grauenhaft in seiner Todespein, daß die Dienstboten aus dem Schlaf aufschreckten und aus ihren Zimmern schlichen. Zwei Herren, die gerade unten über den Platz schlenderten, blieben stehen und blickten zu dem großen Haus hinüber. Dann gingen sie weiter, bis sie auf einen Polizisten trafen, und kamen mit ihm zurück. Der Mann läutete mehrere Male, aber niemand öffnete. Bis auf einen Lichtschein in einem der obersten Fenster war das Haus vollkommen dunkel. Nach einer Weile ging der Polizist weg, bezog zwischen den Säulen eines benachbarten Hauseingangs Posten und wartete.

»Wem gehört das Haus, Wachtmeister?« fragte der ältere der beiden Herren.

»Mr. Dorian Gray, Sir«, antwortete der Polizist.

Sie sahen einander an, als sie sich entfernten, und lachten hämisch. Einer der beiden war Sir Henry Ashtons Onkel.

Drinnen, in den Dienstbotenräumen des Hauses, sprachen die halbangekleideten Hausangestellten flüsternd miteinander. Die alte Mrs. Leaf weinte und rang die Hände. Francis war totenbleich.

Nach etwa einer Viertelstunde holte er den Kutscher und einen der Lakaien und schlich nach oben. Sie klopften, erhielten aber keine Antwort. Sie riefen. Alles blieb still. Schließlich kletterten sie, nachdem sie erfolglos versucht hatten, die Zimmertür aufzubrechen, aufs Dach und ließen sich von dort auf den Balkon fallen. Die beiden Flügel der Glastür gaben mühelos nach: ihre Riegel waren alt.

Als sie das Zimmer betraten, sahen sie ein wunderbares Porträt ihres Herrn an der Wand hängen, so wie sie ihn zuletzt gesehen hatten, im vollen Glanz seiner köstlichen Jugend und Schönheit. Auf dem Boden lag ein Toter im Abendanzug mit einem Messer im Herzen. Er hatte ein verlebtes, runzeliges, widerwärtiges Gesicht. Erst als sie die Ringe genauer betrachteten, erkannten sie, wer es war.

Anmerkungen

Kapitel 1

1 Londoner Kunstgalerie, die sich auf Ausstellungen von Werken avantgardistischer Künstler spezialisierte.
2 Siehe u. a. auch Dorians Feststellung: »Ich muß Mohn in meinem Garten säen« in Kap. 8 und seinen Lebenswandel in Kap. 16: Die Einnahme von Opium (Laudanum) war in England bereits zu Beginn des 19. Jh.s (keineswegs nur in Künstlerkreisen) weit verbreitet und stieg, wie sich auch an den Statistiken über die Einfuhr von Opium nach Großbritannien ablesen läßt, bis zum Jahrhundertende stetig an.
3 In der griechischen Sage der von einem Eber getötete Geliebte der Aphrodite; danach: schöner Jüngling.
4 Schöner Jüngling, der in sein Spiegelbild verliebt war, das er im Wasser erblickte, und der nach seinem Tod in eine Narzisse verwandelt wurde.
5 Andere Form für Henry. Vgl. auch in Kap. 5 James und Jim.
6 (frz.) kurze Schilderung, Abriß.
7 Schöner Jüngling aus Bithynien, Liebling des römischen Kaisers Hadrian, ertrank 130 n. Chr. im Nil.
8 Gemeint ist der Kunsthändler Sir William Agnew (1825–1910).
9 Das East End umfaßt die östlichen Stadtbezirke Londons mit überwiegend armer Bevölkerung, während im West End die wohlhabenderen Bevölkerungsschichten leben, so auch Lord Henry Wotton, dessen Stadthaus im eleganten Stadtteil Mayfair liegt (vgl. Kap. 4).

Kapitel 2

1 Stadtbezirk im Osten Londons.
2 Von Aristippos in der Antike begründete und von Epikur weiterentwickelte philosophische Lehre, nach der das Streben nach Lust alles menschliche Handeln und Verhalten entscheidend bestimmt oder bestimmen sollte.
3 Einer der volkstümlichsten griechischen Götter, u. a. Schutzherr des Handels, der Wege und der Diebe; Götterbote und Begleiter der Verstorbenen in die Unterwelt; wurde als anmutiger Jüngling mit Heroldsstab, Flügelschuhen und Reisehut dargestellt.

4 Altrömischer Flur- und Waldgott.
5 Zweirädrige, einsitzige Droschke (mit hohem Kutschersitz hinter dem Wagen).

Kapitel 3

1 Junggesellenapartments in der Nähe des Piccadilly Circus.
2 Isabella II. (1830–1904), ab 1833 Königin von Spanien. Ihre Herrschaft war von Parteikämpfen, Regierungswechseln und Aufständen erfüllt, bis sie schließlich im September 1868 gestürzt wurde. 1870 verzichtete sie zugunsten ihres Sohnes auf den Thron.
Prim, Don Juan, Graf von Reus, Marques de los Castilejos (1814–70). Spanischer General, der 1868 Königin Isabella stürzte.
3 Nach dem Erstgeburtsrecht erbte der älteste Sohn den gesamten (Land-)Besitz.
4 Offizielle Berichte des Parlaments und des Kronrats.
5 Pferdewettrennen mit einem Kirchturm oder sonstigen weithin sichtbaren Gegenstand als Zielpunkt, ungeachtet aller Hindernisse.
6 Waldnymphe in der griechischen Sage.
7 Griechischer Philosoph (427–347 v. Chr.). Seine Philosophie bildete die Grundlage des metaphysischen und ethischen Idealismus, der in der von ihm gegründeten Akademie zu Athen weiterentwickelt wurde.
8 Michelangelo Buonarroti (1475–1564), italienischer Bildhauer, Maler, Baumeister und Schriftsteller. Er verkörpert einen neuen Typ des Künstlers, dem es gelang, sich aus den Bindungen der Überlieferung zu befreien und sich eine Welt zuvor unbekannter Ausdrucksmöglichkeiten zu erschließen.
9 Teilnehmerin an den orgiastischen Feiern des Bacchus, des Gottes des Weines, der Fruchtbarkeit und der Ekstase, dem Weinstock und Efeu heilig waren.
10 Ebenfalls zum Gefolge Bacchus' zählender menschlich gestalteter Naturdämon mit Pferdeohren, -schweif und -beinen.
11 Anspielung auf den persischen Dichter Omar Khajjam (1048 bis 1131), dessen Verse sich zwischen skeptisch-frivoler Freigeisterei mystisch-pantheistischem Tiefsinn bewegen und in der Übersetzung von Edward Fitzgerald damals äußerst populär waren.

Kapitel 4

1 D. i. Claude Michel (1738–1814), berühmter französischer Bildhauer.
2 *Les Cent Nouvelles nouvelles (Die hundert neuen Novellen),* eine Sammlung von französischen Erzählungen, die Phillippe de Vigneulles zwischen 1505 und 1515 verfaßte.
3 Hofbuchbinder Heinrichs III. und IV. von Frankreich, daneben Buchdrucker und Verleger.
4 Gen. La Reine Margot (1553–1615), Tochter Heinrichs II. von Frankreich und der Katharina von Medici, seit 1572 mit dem späteren König Heinrich IV. von Frankreich verheiratet. Die Ehe wurde 1599 annulliert.
5 Es handelt sich um den von Abbé de Prevost verfaßten Roman *Histoire du Chevalier des Grieux et de Manon Lescaut* (1731), die Geschichte eines jungen Mannes, der sein Leben einer Kurtisane wegen ruiniert.
6 Ehemalige englische Goldmünze im Wert von 21 Shilling.
7 Loge, die seitlich unmittelbar an das Proszenium grenzt, den zwischen Vorhang und Rampe gelegenen Teil der Bühne.
8 (frz.) große Leidenschaft.
9 (frz.) die Großväter haben immer unrecht.
10 Rosalinde: Tochter des von seinem Bruder vertriebenen und mit seinen Getreuen im Ardenner Wald Zuflucht suchenden Herzogs in Shakespeares Komödie *Wie es euch gefällt.* Sie verliebt sich in Orlando, den jüngeren Sohn eines Freundes des Herzogs, den die Grausamkeit seines Bruders ebenfalls von zu Hause forttreibt.
Imogen: Tochter aus der ersten Ehe Cymbelines, des Königs von Britannien, in Shakespeares Drama *Cymbeline.*
Gift von den Lippen ihres Geliebten saugend: Anspielung auf Shakespeares *Romeo und Julia.* In der 3. Szene des 5. Aufzugs küßt Julia die Lippen des leblosen Romeo in der Hoffnung, es hänge noch ein wenig Gift daran, das auch ihr den Tod bringe.
als hübscher Jüngling verkleidet: So durchstreift Rosalinde auf der Suche nach ihrem Vater den Ardenner Wald.
Sie war wahnsinnig: Die dem Wahnsinn anheimgefallene Ophelia tritt in der 5. Szene des 4. Aufzugs von Shakespeares *Hamlet* mit Raute und bitteren Kräutern geschmückt vor den König von Dänemark.

die schwarzen Hände der Eifersucht: Anspielung auf Othello, der die unschuldige Desdemona im letzten Aufzug von Shakespeares Tragödie *Othello, der Mohr von Venedig* erwürgt.

11 Mutter Julias in *Romeo und Julia.*

12 Die vornehme (städtische) Gesellschaft pflegte die warme Hauptmahlzeit (das Dinner) erst am Abend einzunehmen. Bis zu diesem Abendessen gab es eine Reihe kleinerer Mahlzeiten, angefangen vom Frühstück und zweiten Frühstück (Gabelfrühstück) über das (kalte) Mittagessen bis zum Nachmittagstee, zu dem meist ein Imbiß gereicht wurde. Den Abschluß bildete das Souper, das Nachtessen, das sehr spät (etwa nach einem Theaterbesuch) eingenommen wurde.

13 Italienischer Philosoph (1548–1600), befaßte sich u. a. mit der Lehre von der Weltseele. Als Verfechter des kopernikanischen Weltbildes wurde er auf dem Scheiterhaufen der Inquisition verbrannt.

Kapitel 5

1 Weißes Wismut wurde als Farbe und Schminke verwendet.

2 (frz.) hier: lebendes Bild.

Kapitel 6

1 Valeria Messalina (um 25–48 n. Chr.), für ihre Intrigen, Ausschweifungen und Habsucht bekannte Gattin des römischen Kaisers Claudius.

2 Nach ihrem Herstellungsort, der griechischen Stadt Tanagra, benannte Terrakottastatuetten, die Mädchenfiguren in anmutiger Haltung darstellen.

3 Nach Lord Brougham benannter vierrädriger (auch zweirädriger) geschlossener Wagen, je nach Ausführung mit einem oder zwei Sitzen und mit niedrigem Schlag und Tritt.

Kapitel 7

1 Miranda und Caliban sind Gestalten aus Shakespeares *Der Sturm.* Miranda ist die Tochter Prosperos, des Herzogs von Mailand, der von seinem Bruder vertrieben wird. Der mißgestaltete

Hexensohn Caliban ist der einzige Bewohner der Insel, auf die Prospero und Miranda verschlagen werden.

2 Die Vorstellung begann offenbar erst mit dem Maskenball in der 5. Szene des 1. Aufzugs.

3 Shakespeare, *Romeo und Julia* I,5 (Übers. von August Wilhelm Schlegel).

4 Ebd., II,2.

5 Ebd., II,2.

6 Rosalinde: s. Anm. 10 zu Kap. 4.
Portia: Reiche Erbin in Shakespeares *Der Kaufmann von Venedig*.
Beatrice: In Shakespeares Komödie *Viel Lärm um nichts* Nichte des Gouverneurs von Messina, die nach einigen Irrungen und Wirrungen Benedikt, einen Edelmann aus Padua, heiratet.
Cordelia: Jüngste Tochter König Lears in Shakespeares gleichnamiger Tragödie, wird von ihrem Vater verstoßen und am Ende zu seiner Retterin.

Kapitel 8

1 Porzellan der 1738 in Vincennes gegründeten, 1756 nach Sèvres verlegten und seit 1759 königlichen Manufaktur.

2 Adelina Patti (1843–1919), eine der bedeutendsten und gefeiertsten Opernsängerinnen des 19. Jh.s.

3 Vgl. Anm. 10 zu Kap. 4.

4 John Webster (1580?–1625?), John Ford (1586?–1655) und Cyril Tourneur (1575?–1626): englische Dramatiker, Zeitgenossen Shakespeares und Ben Jonsons, deren Werke durch ausgelassene Phantasie, unwahrscheinliche Handlung und die Häufung von Morden und Greueltaten geprägt waren.

5 Brabantios Tochter ist Desdemona – vgl. Anm. 10 zu Kap. 4.

6 Vgl. Anm. 4 zu Kap. 1.

Kapitel 9

1 (frz.) Langeweile.

2 Théophile Gautier (1811–72). Der französische Dichter, Romanschriftsteller und Kunstkritiker zählt zu den Begründern der L'art-pour-l'art-Bewegung. 1852 erschien sein vielbeachteter Gedichtband *Emaux et Camées* (*Emaillen und Kameen*).

3 (frz.) Trost durch die Kunst.
4 In der griechischen Sage Sohn des Priamos und der Hekabe, der im Streit zwischen Hera, Athene und Aphrodite um den Preis der Schönheit als Schiedsrichter auserkoren wurde. Künstlerische Darstellungen des »Paris-Urteils« gibt es bereits in der Antike.
5 Vgl. Anm. 3 zu Kap. 1.
6 Gemeint ist Antinoos – vgl. Anm. 7 zu Kap. 1.
7 Gemeint ist Narziß – vgl. Anm. 4 zu Kap. 1.

Kapitel 10

1 Vgl. Anm. 8 zu Kap. 3.
2 Michel Eyquem Seigneur de Montaigne (1533–92); französischer Schriftsteller und Philosoph. In seinen *Essais* behandelt er moral- und lebensphilosophische Themen. Mit seiner vorurteilsfreien Menschenbeobachtung steht Montaigne am Beginn der Tradition der französischen Moralisten.
3 Johann Joachim Winckelmann (1717–68); Begründer der neueren Archäologie und der modernen vergleichenden Kunstgeschichte. 1755 veröffentlichte er seine *Gedanken über die Nachahmung der griechischen Werke in der Malerei und Bildhauerkunst.* Seine Auffassung vom Wesen der griechischen Kunst als »edle Einfalt und stille Größe« wurde bestimmend für die deutsche Klassik.
4 Wohnsitz von William Beckford (1759–1844). Das Herrenhaus, in dem der reiche, exzentrische Kunstliebhaber und Schriftsteller ab 1796 völlig zurückgezogen lebte, beherbergte eine wertvolle Kunstsammlung. Interessant ist die Anspielung auf Beckford hier deshalb, weil es in seinem 1786 erschienenen Roman *Vathek* ebenfalls um die Möglichkeit des Auslebens menschlicher Begierden geht.
5 (ital.) kunstvoll verzierte Truhe, die in der italienischen Renaissance für die Aussteuer zur Hochzeit geschenkt wurde.
6 In Quellenforschung und Sekundärliteratur wurde und wird das »gelbe Buch« häufig mit dem 1884 veröffentlichten Roman *A rebours* (*Gegen den Strich*) des Flamen Joris-Karl Huysmans gleichgesetzt. Auch wenn dieses Buch – wie im übrigen zahlreiche andere – Wilde als Anregung oder Quelle gedient hat, so dürfte doch gelten, was er 1894 in einem Brief an Ralph

Payne schrieb: »Das Buch, das Dorian vergiftet oder vervollkommnet, gibt es nicht; es ist eine reine Erfindung von mir.«

7 Ausdrücke aus Sondersprachen bestimmter sozialer oder beruflicher Gruppen.

Kapitel 11

1 Diese Formulierung wird von Walter Pater (1839–94) in *Marius the Epicurean* (1885; *Marius, der Epikuräer*) zitiert, stammt aber nicht von Dante.

2 Aus einem Zitat von Gautier im *Goncourt Journal* vom 1. Mai 1857.

3 Titus Petronius Arbiter war (in Tacitus' Worten) ein »Meister in der Kunst des Lebensgenusses«, der als *arbiter elegantiarum*, als »Schiedsrichter des guten Geschmacks« in den engsten Kreis von Neros Vertrauten Aufnahme fand.

4 In der Einsamkeit lebender christlicher Asket.

5 Verneinung der Bindung an das Sittengesetz bei gleichzeitiger Betonung der menschlichen Glaubensfreiheit und der göttlichen Gnade.

6 Einer der Hauptvertreter des deutschen Darwinismus war Ernst Haeckel (1834–1919), der die biogenetische Entwicklungstheorie auch auf den Menschen anwandte.

7 Bernal Diaz del Castillo (1492–1568?) nahm unter Cortez an der Eroberung Mexikos teil und schilderte diese in dem Augenzeugenbericht *Historia verdadera de la Conquista de la Nueva Espana* (*Die wahre Geschichte der Eroberung von Neuspanien*).

8 Hernán Cortez (1485–1547) unternahm 1519 von Kuba aus im Auftrag des spanischen Statthalters Velázquez seinen Eroberungszug gegen Mexiko, der am 13. August 1521 nach erbitterten Kämpfen mit der Unterwerfung des Landes unter die spanische Krone endete.

9 Anne Herzog von Joyeuse (1561–87), ab 1586 Gouverneur der Normandie, kämpfte auf katholischer Seite gegen die Hugenotten und wurde 1587 bei Coutras von diesen getötet.

10 Sehr wertvoller blauer Türkis aus Persien.

11 Petrus Alfonsi, ein um die Mitte des 11. Jh.s geborener Jude mit Namen Moise Sephardi, der sich 1106 taufen ließ. Sein Haupt-

werk, die *Disciplina clericalis* (*Unterweisung für Geistliche*) ist die älteste Novellensammlung des lateinischen Mittelalters.

12 Alter Name des makedonischen Tieflandes.

13 Name mehrerer griechischer Sophisten (»Weisheitslehrer«) des 2. und 3. Jh.s. Vermutlich ist Flavius Philostratus gemeint, dem wohl der größte Teil der überlieferten Schriften zuzuschreiben ist.

14 Griechischer Philosoph (460–370 v. Chr.), gilt als der umfassendste Forscher vor Aristoteles. Begründer der Atomistik und Vorläufer des Materialismus.

15 Sagenhafter König und Priester, der siegreich gegen die Perser und Meder gekämpft hatte.

16 Thomas Lodge (1558?–1625) gab die Juristerei zugunsten der Schriftstellerei auf. Er verfaßte u. a. die Romanze *Rosalynde*, auf der Shakespeares *Wie es euch gefällt* basiert. 1591 nahm er an einer Freibeuter-Expedition nach Südamerika teil. Während der Reise verfaßte er die hier erwähnte Romanze *A Margarite of America*.

17 Marco Polo (1254–1324) war der bedeutendste Asien-Reisende des Mittelalters. Er bereiste China und die Mongolei und kam bis zu den Sunda-Inseln. Sein Reisebericht (*Von Venedig nach China*) ist die bedeutendste westliche Quelle über die Verhältnisse im damaligen Ostasien.

18 Das zuerst von Marco Polo genannte große Inselreich im westlichen Pazifik, dessen Goldreichtum er schilderte. Entspricht dem heutigen Japan.

19 Prokopios von Kaisareia (um 500 – nach 562), byzantinischer Geschichtsschreiber.
Anastasios: byzantinischer Kaiser (491–518).

20 Küstenstreifen in Südwestindien.

21 Cesare Borgia (1475–1507), Sohn Papst Alexanders VI., Erzbischof von Valencia und Kardinal, erhielt 1498 das Herzogtum Valence. Er war einer der rücksichtslosesten Gewaltmenschen der italienischen Renaissance und verkörpert das Herrscherideal, wie es Machiavelli in *Il Principe* (1513; *Der Fürst*) darstellte.

22 Französischer König von 1462 bis 1515.

23 Pierre de Bourdeille, Seigneur de Brantôme (um 1540–1614). Seine umfangreichen *Memoires* sind eine farbenreiche Darstellung des Zeitalters und seiner Persönlichkeiten.

24 Wilde führt nun eine Reihe von englischen Königen an. Im ein-

zelnen handelt es sich um (in Klammern ihre jeweilige Regierungszeit): Karl I. (1625–49), Richard II. (1377–99), Heinrich VIII. (1509–47), Jakob I. (1603–25), Eduard II. (1307–27), Heinrich II. (1154–89).

25 Edward Hall (1498–1547), Verfasser einer von Königin Maria verbotenen Chronik mit dem Titel *The Union of the Noble and Illustre Families of Lancaster and York* (*Die Vereinigung der edlen und erlauchten Familien der Lancaster und der York*), die eine aufschlußreiche Schilderung der Zeit Heinrichs VIII. gibt.

26 Einer der zahlreichen Günstlinge Eduards II., 1312 hingerichtet.

27 (frz.) übersät.

28 Durch die von Karl dem Kühnen (1433–77) geförderte Ehe seiner Tochter Maria mit Maximilian I. kam ein Teil des burgundischen Besitzes an Habsburg, der Rest fiel an Frankreich zurück.

29 Griechische Göttin, Tochter des Zeus. In Athen barg der »Alte Tempel« ihr Holzbild, das jährlich ein neues Gewand erhielt. In der Kunst wird Athene oft als Bezwingerin der Ungeheuer und Giganten dargestellt.

30 (lat.) Tuch, mit dem Amphitheater zum Schutz vor der Sonne überdacht wurden.

31 Griechisch-römischer Gott der Dichtkunst.

32 Gemeint ist vermutlich Elagabalus oder Heliogabal. Er war Hoherpriester des Sonnengottes Elagabal in Syrien und führte als römischer Kaiser Antonius (218–222) dessen Verehrung in Rom ein.

33 Frankenkönig (539–584).

34 Karl, Herzog von Orléans (1394–1465) einer der bedeutendsten Vertreter der höfischen Literatur.

35 (frz.) Meine Herrin, ich bin frohgemut.

36 Katharina von Medici (1519–89) war seit 1533 mit dem späteren König Heinrich II. von Frankreich verheiratet. Als Regentin für ihren Sohn Karl IX. von 1560 bis 1563 suchte sie die Stellung der Krone zwischen Hugenotten und Katholiken zu behaupten. 1572 veranlaßte sie das Blutbad in der Bartholomäusnacht, dem 5000 bis 10 000 Hugenotten zum Opfer fielen.

37 König von Frankreich; während seiner Herrschaft (1643–1715) erlebten der Absolutismus in Europa sowie die klassische französische Kunst und Literatur ihre Blüte.

38 In der antiken Baukunst eine (Tempel-)Säule in Frauengestalt an Stelle eines Säulenschaftes.

39 Johann III. Sobieski (1629–96), von 1674 bis 1696 polnischer

König, befreite durch den Sieg am Kahlenberg (1683) Wien von der türkischen Belagerung.

40 Fächerförmiges Blattornament, das in der griechischen und römischen Kunst häufig verwendet wurde.

41 (frz.) Lilien, Wappenbild französischer Könige.

42 (frz.) netzartiges Gewebe.

43 Engel der Anbetung mit sechs Flügeln und der Gestalt einer Schlange.

44 Nach der Legende zunächst durch Pfeilschüsse gemartert, dann mit Keulen erschlagen.

45 Weißes Tuch als Unterlage für Hostie und Kelch in der Messe.

46 Berüchtigte Straße in Limehouse, einem Stadtbezirk im östlichen London in der Gegend der Docks.

47 (frz.) Vorspeisen.

48 Johanna II., Königin von Neapel (1414–35), wurde nach dem Tod ihres Gatten bald wegen ihrer zahlreichen Liebhaber berüchtigt.

49 Der Prinz von Wales und spätere König Georg IV. (1820–30) übernahm 1811 die Regentschaft, nachdem sein Vater, König Georg III., 1810 geisteskrank geworden war. Als Lebemann stand der Prinz von Wales im Mittelpunkt zahlreicher Skandale, zu denen auch seine unstandesgemäße Heirat im Jahr 1785 zählte.

50 Lady Emma Hamilton (um 1765–1815) war mit dem britischen Gesandten in Neapel, Sir William Hamilton, verheiratet und seit 1798 Lord Nelsons Geliebte.

51 Lorbeer stand in der Antike in dem Ruf, vor ansteckenden Krankheiten, Feuer und Blitz zu schützen.

52 Römischer Kaiser von 14 bis 37, der – wie in Suetons *Leben der Caesaren* (das Oscar Wilde ebenfalls als Quelle diente) geschildert – auf Capri ein ausschweifendes Leben führte.

53 Name des Verfassers nicht mehr erhaltener Werke erotischen Inhalts.

54 Gaius Caligula, römischer Kaiser von 37 bis 41. Auch diese Episoden sind im *Leben der Caesaren* erwähnt. »Der Partei der ›Grünen‹ war er restlos verschrieben. So speiste er häufig in ihrem Gebäude und blieb dort auch über Nacht« (übers. von André Lambert). Die Fahrer bei den Wagenrennen bildeten Parteien und trugen Hemden in verschiedenen Farben. Caligulas Pferd »Incitatus« (Heißsporn) hatte – laut Sueton – nicht nur eine Krippe aus Elfenbein und ein Geschmeide aus Edelstein, sondern auch einen Stall aus Marmor und einen eigenen Palast.

55 Römischer Kaiser (81–96), der aufgrund einer Prophezeiung Todestag und Todesart vorausahnte und deshalb »die Wände der Säulenhallen, in denen er spazierenzugehen pflegte, mit Spiegelstein verkleiden [ließ], um in ihrem Widerschein sehen zu können, was sich in seinem Rücken abspiele« (*Leben der Caesaren*, übers. von André Lambert).
56 (lat.) Lebensüberdruß.
57 Palast von riesigen Ausmaßen, den sich der römische Kaiser Nero (reg. 54–68) erbauen ließ. In einem Haus der Granatapfelstraße wurde der spätere Kaiser Domitian geboren.
58 Vgl. Anm. 32 zu Kap. 11.
59 Filippo Maria Visconti (1392–1447) hatte seine erste Frau wegen Ehebruchs hinrichten lassen. Als sein Bruder Giovanni Maria 1412 ermordet wurde, übernahm er die Herrschaft über das Herzogtum Mailand.
60 Papst Paul II. (1464–71) rief zum Kreuzzug gegen den hussitisch gesinnten böhmischen König Georg von Poděbrad und Kunštát auf.
61 Bruder von Filippo Maria Visconti (vgl. Anm. 59), wurde 1412 von gegnerischen Aristokraten erschlagen.
62 Im Alter von 17 Jahren wurde Cesare Borgia (vgl. Anm. 21 zu Kap. 11) beschuldigt, seinen Bruder ermordet zu haben.
63 Papst Sixtus IV. (1471–84) enttäuschte die Hoffnung auf eine Kirchenreform. Unter ihm begann das eigentliche Renaissance-Papsttum. Ließ die Sixtinische Kapelle erbauen.
64 In der griechischen Sage vierbeinige Fabelwesen mit menschlichem Oberkörper und Pferdeleib.
65 Ganymed: in der griechischen Sage Mundschenk des Zeus. Hylas: Liebling des Herakles, der auf der Argonautenfahrt in Chios von den Najaden, den Quellnymphen, wegen seiner Schönheit geraubt wurde.
66 Ezzelino da Romano (1194–1259), Ghibellinenführer, herrschte über Verona, Padua, Treviso und Vicenza und war wegen seiner Grausamkeit berüchtigt.
67 Giambattista Cibo (1432–92) förderte von 1484 bis 1492 als Papst Innozenz (lat., ›der Unschuldige‹) die Hexenverfolgung.
68 Sigismondo (1417–68), war der wichtigste Vertreter der Familie Malatesta, die von 1324 bis 1500 Rimini und andere Teile der Romagna beherrschte. Er wurde zum berüchtigsten Söldnerführer seiner Generation, der an fast allen kriegerischen Auseinandersetzungen in Italien zwischen 1433 und 1464 beteiligt war und dabei oft und verräterisch die Seiten wechselte. 1460 wurde

er exkommuniziert und 1462 in einer einzigartigen Zeremonie von der Kirche zur Hölle gesandt und in Rom symbolisch als Puppe verbrannt.

69 König von Frankreich (1380–1422), verfiel 1392 dem Wahnsinn.

70 Entstammte der Familie Baglioni, deren Mitglieder im 14. Jh. als Söldnerfamilie und Führer einer der größten politischen Parteien Perugias zu bedeutendem Einfluß gelangten und im 15. Jh. die Stadt beherrschten.

Kapitel 12

1 Loser, zweireihiger Mantel mit Rückengürtel und breitem Revers aus gerauhtem Stoff.

Kapitel 13

1 Fruchtbarkeitsdämon im Gefolge des Bacchus, als menschliche Gestalt, oft wild tanzend, dargestellt.

2 Hallward zitiert (nicht ganz wörtlich) Jes. 1,18.

Kapitel 14

1 Vgl. Anm. 2 zu Kap. 9.

2 (frz.) von der Hinrichtung noch nicht ordentlich gesäubert. Das Gedicht mit dem Titel »Lacenaire« handelt von einem Pariser Meuchelmörder dieses Namens.

3 (frz.) Faunsfinger.

4 Auf einer chromatischen Tonleiter,
die Brust voller schimmernder Perlen,
erhebt die Venus der Adria
ihren rosenroten und weißen Körper aus dem Meer.

Die Kuppeln, auf dem Azur der Wellen
die Phrase in reinen Linien fortsetzend,
schwellen an wie der Busen,
den ein Liebesseufzer hebt.

Die Gondel legt an und setzt mich ab,
das Haltetau um den Pfeiler werfend,
vor einer rosenroten Fassade,
auf einer marmornen Treppe.

5 (ital.) der kleine Färber; d. i. Iacopo Robusti (1518–94), venezianischer Maler, der durch seine ausdrucksstarken großformatigen religiösen Gemälde berühmt wurde, aber auch als Porträtmaler zu den bedeutendsten Künstlern seiner Zeit zählt.
6 Dorian Gray las Gautiers Gedicht »Ce que disent les hirondelles« (»Was die Schwalben sagen«).
7 Es handelt sich um Gautiers Gedicht »Nostalgies d'Obélisques – L'Obélisque de Paris« (»Heimweh der Obelisken – Der Obelisk von Paris«). 1831 schenkte Mehmed Ali den Franzosen den von Ramses II. in Theben errichteten Obelisken, dessen neue Heimat die Pariser Place de la Concorde wurde.
8 (frz.) bezauberndes Ungeheuer. Gemeint ist das Gedicht »Contralto« (»Altstimme«).
9 Anton Grigorjewitsch Rubinstein (1829–94). Der russische Pianist, Komponist und Musikschriftsteller war ein gefeierter Klaviervirtuose seiner Zeit.

Kapitel 15

1 Eine ursprünglich französische Redewendung mit der Bedeutung: sich über alles hinwegsetzen.
2 Elisabeth I. (1558–1603).
3 (frz.) Geflügelfrikassee oder Wildragout in Gelee.
4 (frz.) ein Kleid mit einem tiefen Ausschnitt tragend.
5 (frz.) Luxusausgabe.
6 Marguerite d'Angoulême (1492–1549), Schwester König Franz' I. von Frankreich, in zweiter Ehe verheiratet mit Henri d'Albret, König von Navarra.
7 (frz.) zuviel Eifer.
8 (frz.) zuviel Kühnheit.
9 (frz.) Ende des Jahrhunderts.
10 (frz.) Ende der Welt.
11 Handbuch des Adels.
12 (frz.) theoretisch starr und einseitig.
13 Volkstümliche Bezeichnung für die britische Nationalflagge.
14 Vgl. Dan. 2,31 f.
15 Englische Goldmünze im Wert von 20 Shilling.

Kapitel 17

1 Inbegriff eines Heuchlers (nach der Hauptperson des Lustspiels *Le Tartuffe ou l'Imposteur* des französischen Dichters Jean-Baptiste Molière, 1622–73, die im Verlauf der Handlung als Heuchler entlarvt wird).
2 Anspielung auf den Trojanischen Krieg, der durch die Entführung Helenas durch Paris (vgl. Anm. 4 zu Kap. 9) ausgelöst wurde.
3 (frz.) beim Fechten: unmittelbarer Gegenangriff, Gegenstoß.
4 Die Sphinx ist in der griechischen Sage die Tochter des Typhon und der Schlange Echidna, die jeden tötete, der ihr Rätsel nicht lösen konnte. Als Ödipus die richtige Antwort fand, stürzte sie sich in die Tiefe.
5 Nordiranisches Volk, das (nach 129 v. Chr.) ganz Mesopotamien beherrschte. Das Partherreich wurde zum gefürchtetsten und stärksten Gegner Roms im Osten. Nachdem sie in den sogen. Partherkriegen Rom zunächst besiegen konnten, wurden sie unter Tiberius und Trajan von den Römern geschlagen.

Kapitel 18

1 Griechische Göttin. Wie ihr Bruder Apoll heilte sie und sandte mit ihren Pfeilen sanften Tod oder jähes Verderben aus. Die klassische Kunst sieht in ihr vor allem die Göttin der Jagd, doch galt sie auch als Herrin der freien Natur, die die wilden Tiere schützt, und wurde als Geburtsgöttin verehrt.
2 Erdbeerblätter zieren den Reif der englischen Herzogskrone.

Kapitel 19

1 Tochter Leontes', des Königs von Sizilien, in Shakespeares *Wintermärchen,* die als Säugling ausgesetzt wird und bei böhmischen Schäfern aufwächst.
2 Sohn Polyxenes', des böhmischen Königs, in Shakespeares *Wintermärchen.* Er verliebt sich in die vermeintliche Schäferin Perdita.
3 Eine damals beliebte Taschenuhr, benannt nach der Stadt Waterbury im US-Bundesstaat Connecticut, die für die Fabrikation billiger Uhren bekannt war.

4 Diego Rodrigo de Silva y Velázquez (get. 1599, gest. 1660), 1623 nach Madrid berufen, wo er Hofmaler des spanischen Königs wurde.
5 Shakespeare, *Hamlet, Prinz von Dänemark* IV,7 (übers. von August Wilhelm Schlegel).
6 Mt. 16,26.
7 Der zum Silen (vgl. Anm. 10 zu Kap. 3) umgebildete Dämon Marsyas hob die Flöten auf, die Athene (vgl. Anm. 29 zu Kap. 11) erfunden, aber weggeworfen hatte, weil sie beim Musizieren ihr Gesicht entstellten; dann forderte er Apoll (vgl. Anm. 31 zu Kap. 11) zum musikalischen Wettkampf. Marsyas wurde besiegt, an einem Baum aufgehängt und enthäutet.
8 Robert Browning (1812–89), englischer Dichter.
9 (frz.) weißer Flieder.

Nachwort

Die erste Fassung des *Bildnis des Dorian Gray* erscheint 1890, ein Jahr vor der erweiterten Buchausgabe, in der Juli-Nummer von *Lippincott's Monthly Magazine.* Sie wird von der Kritik keineswegs verschlafen. Im Gegenteil, man hat den Eindruck, die ganze Profession sei schon lange auf dem Quivive gewesen. »Es gab eine Zeit (in den 70ern), als Oscar Wilde von sich reden machte«, so eröffnet ein gewisser Samuel Henry Jeyes seinen Verriß, »es kam eine Zeit (in den 80ern), als er sich an Gedichten versuchte und wir den noch größeren Wagemut aufbrachten, sie zu lesen.« Jetzt aber gehe die Reise schnurstracks in die Senkgrube der Dekadenz, und der neue Roman stinke im wahrsten Sinne des Wortes zum Himmel.

Daß man ihn deshalb mit Hilfe eines Scheiterhaufens vollends in diese luftigen Regionen befördern solle, war ein Vorschlag, für den sich nicht nur Jeyes erwärmen konnte. Selbst ein so besonnener Beobachter der literarischen Szene wie John Addington Symonds schrieb einem Freund: »Wenn das britische Publikum sich das gefallen läßt, dann ist es durch nichts mehr zu erschüttern.« Seine Vermutung, hier habe jemand den Bogen überspannt und die öffentliche Toleranzschwelle überschritten, sollte sich zwar erst 1895, dafür aber um so nachdrücklicher bestätigen, als ein Rezensent auf den Plan trat, der Oscar Wilde mehr zusetzte als alle zweihundertsechzehn Kritiken zusammen, die bis dahin über seinen Schreibtisch gegangen waren: die englische Rechtspflege.

Im Zuge des Verleumdungsprozesses gegen den Marquess of Queensberry, der Wilde eine Zuchthausstrafe wegen Sodomie, sprich homosexueller Praktiken, einbrachte, geriet mit seinem Verfasser nämlich auch das *Bildnis des Dorian Gray* ins Kreuzverhör. Und das klang so: »Folgendes steht in Ihrer Einleitung zum *Dorian Gray:* ›So etwas wie ein moralisches oder ein unmoralisches Buch gibt es nicht. Bücher sind entweder gut oder schlecht geschrieben.‹ Das ist Ihre Meinung?« – »Meine Meinung über die Kunst, ja.« – »Dann darf ich daraus schließen, daß ein Buch so unmoralisch sein kann, wie es will; solange es nur gut geschrieben ist, bleibt es ein gutes Buch?« – »Ja, wenn es den Schönheitssinn anspricht. Wäre es schlecht geschrieben, würde es Ekel erregen.« – »Dann kann ein gut geschriebenes Buch, das widernatürliche moralische Ansichten verficht, trotzdem ein gutes Buch sein?« – »Kein Kunstwerk verficht Ansichten. Ansichten haben Leute, die keine Künstler sind.« – »Ein perverser Roman kann ein gutes Buch sein?« – »Ich weiß nicht, was Sie mit ›perverser Roman‹ meinen.« – »Dann behaupte ich, daß *Dorian Gray* zu eben dieser Deutung Anlaß gibt.«

Aus dem Klatschen im Gerichtssaal, das den Schauprozeß gegen den ästhetizistischen Bürgerschreck und Künstler-Dandy Oscar Wilde begleitete, ist längst ein ebenso einhelliges Kopfschütteln geworden. Das abschätzige Lächeln Lord Henry Wottons spielt um unsere Lippen, wenn wir die viktorianischen Verklemmtheiten in den Gerichtsprotokollen und Zeitschriftenkolumnen nachlesen; und die zwei Jahre Gefängnis, die Wilde zerbrachen, haben immerhin seine literarische Rehabilitation beschleunigt, seinen modernen Klassikerstatus konsolidiert. Nein, niemand zeigt mehr mit Fingern auf ihn wie die Schaulustigen auf dem Bahnsteig in London, als er in Sträflingskleidung auf den Abtransport nach Reading wartete. Wir wissen, was wir an unseren Märtyrern und Justizopfern haben. Gibt es inzwischen nicht an die zwanzig Übersetzungen des *Dorian Gray* ins Deutsche und stehen sie nicht landauf, landab in den Stadtbüchereien? Das Plädoyer des Verteidigers endete mit den Worten: »Erfüllen Sie die tausendfachen Hoffnungen, die sich an Ihre Entscheidung knüpfen, sprechen Sie einen unserer berühmtesten und fähigsten zeitgenössischen Literaten von diesen schrecklichen Anschuldigungen frei und löschen Sie damit auch den sozialen Schandfleck dieser Anklage aus.« Die

Geschworenen stellten sich taub. Wir sind es nicht. Oscar Wilde hat seinen Prozeß doch noch gewonnen. Hat er?

Wir haben das Corpus delicti, jenes einstige Schmutz- und Schundbuch, das skandalöse *Bildnis des Dorian Gray,* der Obhut der Spezialisten überantwortet, die die Aufgeregtheiten von gestern und vorgestern verwalten und ihre Auslöser von den unflätigen Hinterlassenschaften eines Villon oder Rabelais über die *Blumen des Bösen* bis zu den *Satanischen Versen* in geduldiger Klein- und Feinarbeit deodorieren, kommentieren, edieren. Mit dem Gütesiegel des Bildungsgutes versehen wird das vormalige Brennmaterial dann wieder in Umlauf gesetzt – und siehe da, es hat seine Feuergefährlichkeit so gründlich eingebüßt, daß selbst Strohköpfe jetzt ohne weiteres damit hantieren können.

Dieser ebenso schleichenden wie erbarmungslosen philologischen Transformation ist auch Wildes einziger Roman nicht entgangen. Die Spezialisten wissen längst so viel *über* ihn, daß gar nicht mehr auffällt, wie wenig sie *von* ihm wissen und lernen wollen. Die Korrespondenz Wildes etwa ist zunftgerecht aufgearbeitet und die Inkonsequenz des Autors bei der Verteidigung des *Dorian Gray* gebührend herausgestellt worden. »Ich kann einfach nicht nachvollziehen, wie man ein Kunstwerk von einem moralischen Standpunkt aus beurteilen will«, schreibt er am 25. Juni 1890 an den Herausgeber der *St James's Gazette,* »die Sphären der Kunst und der Moral haben absolut nichts miteinander zu tun.« Keine vierundzwanzig Stunden später bescheidet er denselben Adressaten: »Jawohl, es gibt eine furchtbare Moral im *Dorian Gray.*« Und noch binnen Wochenfrist erfährt der Kollege vom *Daily Chronicle,* die Moral sei »zu offensichtlich« geraten, aber dieser Fehler werde bis zum Erscheinen der Buchversion behoben. Andere Interpreten haben sich mit den französischen Einflüssen von Théophile Gautier bis Joris-Karl Huysmans beschäftigt oder die einheimischen Quellen – Bulwer Lyttons *Pelham,* Disraelis *Vivian Grey,* Maturins *Melmoth* – identifiziert. Der Traditionsstrang des

Schauerromans: genauestens herauspräpariert; das Mentorentum Walter Paters: zweifelsfrei nachgewiesen; Beau Brummel, die Regency-Dandies und spätere Virtuosen inszenierter Existenz: lassen grüßen; die anti-viktorianischen Impulse des ›épater le bourgeois‹: durchschlagend. Alles erforscht, belegt, abrufbar. Nur eines ist dabei offensichtlich unter die Nachweisbarkeitsgrenze abgesunken, die Lebendigkeit und das aktuelle Verunsicherungspotential dieses Werks.

›Ohne Restristiko. Zur Lektüre freigegeben‹, so könnte man das philologische Entsorgungsresultat auf gut neudeutsch zusammenfassen, denn das *Bildnis des Dorian Gray* ist, um im Bilde zu bleiben, längst dort gelandet, wo auch das Bildnis des Dorian Gray nach seiner Fertigstellung deponiert wurde, in einem verstaubten Schul- und Studierzimmer. Beide, der Roman und sein zentraler Gegenstand, haben dadurch das Gesicht verloren, sind im Laufe der Jahre zunehmend entstellt worden. Aber auch das literarische Konterfei wird sein Zwischenlager in strahlender Schönheit wieder verlassen, sobald das analytische Seziermesser der Berufsexegeten endgültig daran abgeglitten ist und die Idolatrie der Fakten, der Eindeutig- und Endgültigkeiten statt seiner in der Rumpelkammer landet.

»Der Weg der Paradoxie ist der Weg der Wahrheit«, erklärt Mr. Erskine im dritten Kapitel. »Um die Wirklichkeit auf die Probe zu stellen, müssen wir sie auf dem Drahtseil erleben. Erst wenn die Wahrheiten zu Akrobaten werden, können wir sie beurteilen.« Mr. Erskine of Treadley wird einige Seiten vorher als »kultivierter älterer Herr von bemerkenswertem Charme« eingeführt, der allerdings der schlechten Angewohnheit des Schweigens verfallen sei, nachdem er bis zum dreißigsten Lebensjahr schon alles habe verlauten lassen, was es für ihn zu sagen gab. Offenbar handelt es sich bei seinem Hinweis auf den Königsweg der Wahrheitsfindung um die Summe dieser jugendlichen Einsichten, denn nach ein paar weiteren geist- und humorvollen Einsilbigkeiten zieht er sich auf Nimmerwiedersehen aus der Tischgesellschaft und aus dem Roman zurück.

Oder zieht er sich *mit* dem Roman zurück? Erskine, dessen »perfekte Bibliothek« in Treadley Lord Henry so überschwenglich lobt, ist nämlich als Rand- und Nebenfigur zugleich der vollkommene Rezipient, zurückhaltend, aufmerksam, wider besseres Wissen immer auf eindeutige Botschaften erpicht und doch gerade solchen Geschichtenerzählern verfallen, die sie verweigern. Zwischen ihm und dem Causeur Wotton besteht eine prästabilierte Harmonie, ein heimliches Einverständnis, denn sie brauchen sich gegenseitig: der Zuschauer, Zuhörer, Leser den unterhaltsamen Ideenjongleur und der Artist auf dem Hochseil der Paradoxie ein Publikum, das mitgeht.

Wenn der unscheinbare Erskine im *Bildnis des Dorian Gray* also das Vexierbild all derjenigen abgibt, die sich darüberbeugen und es studieren, so wäre Wotton über weite Strecken Reflex seines Urhebers und Autors, Selbstbespiegelung Wildes, der sich in dieser Figur die eigene Kunstfertigkeit vorstellt und seines literarischen Salto mortale ansichtig zu werden versucht:

> Er spielte mit dem Gedanken und wurde dabei immer eigenwilliger; er warf ihn in die Luft und formte ihn um; gestattete ihm zu entkommen und fing ihn wieder ein; ließ ihn phantasievoll in allen Regenbogenfarben schillern und beflügelte ihn mit scheinbar widersinnigen Behauptungen. Das Lob der Torheit erhob sich, während er weitersprach, zur Philosophie, und die Philosophie selbst wurde jung und tanzte [. . .] einer Bacchantin gleich über die Hügel des Lebens [. . .]. Tatsachen flohen vor ihr wie aufgeschreckte Waldbewohner. [. . .] Es war eine außergewöhnliche Improvisation. [. . .] Er war brillant, voller wundersamer Einfälle, verantwortungslos. Er zog sein Publikum in seinen Bann, und lachend tanzte es nach seiner Pfeife. (Kap. 3.)

Sicher, das ist zunächst einmal die Beschreibung eines Solos des ›Prinzen Paradox‹ im Salon seiner Tante, aber zugleich auch eine Kurzcharakterisierung des gesamten Romans, der die Sekundärliteratur nichts vergleichbar Konzises an die Seite zu stellen hat. Ideenspiel, phantastische Transformation, Tanz der Philosopheme, Faktizitätsflucht, Rattenfängerzauber, Entlastung von allen möglichen Verantwortlich- und Zurechenbarkeiten, so lauten in der Tat die entscheidenden Schlüsselworte. Und zwanglos addieren sie sich zum Sesam-öffne-dich jenes großen Spiegelkabinetts des *Dorian Gray*, das auch die Zeitgenossen für ein Freudenhaus hielten, allerdings für eines der ganz und gar disreputierlichen Sorte.

Lost in the Funhouse nannte John Barth seine 1963 erstmals veröffentlichte Kurzgeschichtensammlung, ein Titel, mit dem man auch die Lektüreerfahrungen im *Dorian Gray* beschreiben könnte, sobald man das ›get lost‹, die mutmachende Einladung zum sich Verirren und Verlieren, aber auch zum sich Spiegeln, sich in Zerrbildern Wiederbegegnen, mithört. Oscar Wilde hat diese Abenteuerlust im Vorwort nach Kräften geschürt und sich bemüht, die Skrupel auszuräumen, die uns immer noch dahin bringen, das labyrinthische Etablissement philologisch zu umkreisen, statt es beherzt zu betreten. Wovor fürchtet ihr euch eigentlich? so die implizite Frage. Dieser Roman, für den er im übrigen schon »die Unsterblichkeit, die er verdient«, reklamierte, als die Druckerschwärze noch nicht getrocknet war, ist ein Kunstwerk. Und deshalb bleiben dem Leser in seiner ästhetischen Schutzzone all die unangenehmen Begegnungen erspart, auf die er im Alltag an jeder Straßenecke gefaßt sein muß. Hier läuft er keinem Moralapostel in die Arme, denn die »Moralität der Kunst besteht im vollkommenen Gebrauch eines unvollkommenen Mediums«, und ein Künstler, der »moralische Sympathien« nährt, ist schon keiner mehr. Hier verstummt mit der Frage nach dem sittlichen Mehrwert auch das quengelige ›Und was haben wir davon?‹ der ewigen Anwender, Sinnvermittler und Relevanzhuber, weil »alle Kunst völlig nutzlos ist«. Hier ist man den Besserwissereien der Kritiker entronnen, die sich draußen vor der Tür in den Haaren liegen oder ihre Verbotstafeln spazierenführen. Hier läßt einen selbst der Autor in Ruhe, der sich als Deus absconditus aus einer Schöpfung hinweggestohlen hat, die nur noch sich selbst offenbart. Im Reich der Fiktionen hat alle Bevormundung, alle Gängelei ein Ende. Es herrscht schöne Gedankenfreiheit, vor der nur derjenige Angst haben muß, der sich ohne die Zwangsjacke eherner Gewißheiten nicht mehr in die Augen zu sehen vermag: »Den Zuschauer und nicht das Leben spiegelt die Kunst in Wirklichkeit wider.«

Die Probe aufs Exempel? Mein subjektiver Spielraum im ›Funhouse‹, meine Verirrungen und Spiegelbilder, mein Seiltanz, meine Improvisation? Bitte sehr.

Für mich ist Wildes Roman eine von Stimmengewirr, Bonmots und dekorativer Rhetorik erfüllte Zimmerflucht zwischen zwei, nein, zwischen drei Stilleben. Das erste empfängt und umfängt uns gleich eingangs, ein lichtdurchtränktes impressionistisches Interieur wie von Edouard Manet:

> Das Atelier war von intensivem Rosenduft erfüllt, und wenn der sanfte Sommerwind durch die Bäume des Gartens strich, strömte das schwere Aroma des Flieders oder der zartere Hauch des blühenden Rotdorns zur offenen Tür herein.
>
> Von der Ecke des Diwans aus persischen Satteltaschen, auf dem er es sich bequem gemacht hatte und, seiner Gewohnheit frönend, unzählige Zigaretten rauchte, konnte Lord Henry Wotton gerade noch den Schimmer der honigsüßen und honigfarbenen Blüten eines Goldregens sehen, dessen zitternde Zweige kaum imstande schienen, die Last ihrer flammengleichen Schönheit zu tragen; dann und wann huschten die phantastischen Schatten vorbeifliegender Vögel über die langen Vorhänge aus Tussahsei-

> de, die vor das riesige Fenster gezogen waren, ließen dabei für einen Augenblick eine Art japanischen Effekt entstehen und erinnerten ihn an die blassen, jadegesichtigen Maler Tokios, die mit den Mitteln einer zwangsläufig bewegungslosen Kunst den Eindruck von Schnelligkeit und Bewegung zu erwecken trachten. (Kap. 1.)

Wilde, so mein Eindruck, versucht im *Bildnis des Dorian Gray* das genau gegenteilige Kunststück, nämlich im notwendig flüchtigen, prozessualen, dynamischen Medium der Sprache Bewegung stillzustellen, über das Geflirre der Wörter eine fast mystische Ereignislosigkeit und hintergründige Immobilität zu erzeugen. In einer jener sporadischen Anwandlungen von Selbstkritik, die konsequenterweise immer in schamloser Inkonsequenz gipfeln, bedeutet er zwar, sein *Dorian Gray* sei »im Stil viel zu paradox« und »mit sensationellen Vorfällen überfrachtet«, aber im Grunde teilen wir von der ersten bis zur letzten Seite die prinzipielle Unaufgeregtheit Lord Henrys. Und der könnte sich – jawohl, weiterdichten darf man auch – in einer ungeschriebenen letzten Zeile auf seinem Diwan zurücklehnen und den Rauchwölkchen den Satz hinterherschicken: »Allerdings ist etliches vorgefallen. Aber ist deshalb das Geringste geschehen?«

Basil Hallwards »Und ob!« verhallt ungehört, denn er ist tot. Schon zu Anfang neigt er zu Halluzinationen – »[er] schloß die Augen und preßte die Finger auf die Lider, als wolle er einen wundersamen Traum in seinem Hirn einsperren« –; und es ist deshalb verführerisch, ihn und seinen Einwand am Ende selbst als Einbildung abzutun. Aber dann gäbe es ja keinen Verursacher, keinen Verantwortlichen mehr. Verantwortlich wofür? Für den Ruin des Titelhelden. Aber schuld war doch sein Porträt. Oder vielmehr Lord Henry. Oder das gelbe Buch. Oder der ›neue Hedonismus‹, die Lebensumstände, das Plot, der Autor ... Halt, dulden wir lieber die Hirngespinste des Malers, und schaffen wir uns dafür den moralischen Verfolgungswahn vom Halse! Der ganze interpretatorische Klapparatismus von Schuld und Sühne ist die Tinte nicht wert, die ihn antreibt. Thema des *Dorian Gray* ist keinesfalls Vergeltung und die Wiederherstellung einer funktionstüchtigen sittlichen Ordnung, sondern, wenn wir schon von Restauration reden wollen, die Selbstbehauptungs- und Selbstreinigungskraft eines Kunstwerks, das alle nachträglichen Verzeichnungen, Verunstaltungen und Übermalungen abstößt, so wie der Roman selbst bisher jedem didaktischen Imprägnierungsversuch widerstanden hat.

Aber zurück zu Hallwards Gesichten, die wir in tätiger Reue um das entscheidende erweitern, das ihm nicht zuteil wurde. Um jenes zweite der erwähnten Stilleben, das er schon deshalb nicht malt, weil er es *ist.* Als eigentlichen Schöpfer identifizieren wir den zum Mörder gewordenen Dorian Gray. Und da er nicht mit Leinwand und Pigmenten, sondern in Fleisch und Blut arbeitet, läßt das vollendete Werk an Eindringlichkeit alles hinter sich, was wir bisher in Augenschein genommen haben:

> Das Wesen saß noch immer auf dem Stuhl, mit gebeugtem Kopf, gekrümmtem Rücken und langen, gespenstischen Armen lag es über den Tisch hingestreckt. Wären da nicht der rote, ausgefranste Riß im Hals und die dunkle Blutlache gewesen, die sich langsam auf dem Tisch ausbreitete, hätte man meinen können, der Mann schlafe nur. (Kap. 13.)
>
> Nach und nach schlichen sich die Ereignisse der vergangenen Nacht auf leisen, blutbefleckten Sohlen in sein Hirn und bauten sich dort mit schrecklicher Deutlichkeit erneut vor ihm auf. [...] Und der Tote saß noch immer dort, und jetzt im hellen Sonnenlicht. (Kap. 14.)

Eine zweite, eine andere ›nature morte‹, wie sie wortwörtlicher nicht ausfallen könnte. Hier wie dort sonnendurchflutete Räume, hier wie dort ein Bild im Bild, das Porträt des Dorian Gray, hier wie dort die Einlösung der Ausstellungseröffnungsfloskel: ›Der Künstler ist anwesend.‹ Um diese beiden Ansichten herum, Spiegelbilder, Zerrbilder ihrer selbst, erstreckt sich für mich der Roman, und welche seiner weiteren Lokalitäten und Räumlichkeiten ich auch immer betrete, ich werde das Atelier, in dem zwei Künstler – Basil Hallward und Oscar Wilde – das Leben festhalten, und die Dachkammer, in der ein fleischgewordenes Image einem Menschen nach dem Leben trachtet, nicht mehr los.

Und an diese Buchbilder, die sich in Hirnbilder verwandelt haben, reiht sich ein drittes Stilleben, das der Autor des *Dorian Gray* schon deshalb nicht beschreibend zu Papier bringen konnte, weil er es *ist*. Ich habe es in den Erinnerungen von Pater Cuthbert Dunne entdeckt, der am 29. November 1900 mit wehender Soutane in das Pariser Hôtel d'Alsace, Rue des Beaux-Arts 13, eilte. Dort lag ein irischer Landsmann namens Sebastian Melmoth im Sterben, ein Anglikaner, der angeblich wiederholt den Wunsch geäußert hatte, zu konvertieren. Dieser Mensch war sich über seinen Zustand im klaren. »Ich und die Tapete«, hatte er geschrieben, als er noch korrespondieren konnte, »kämpfen einen Kampf auf Leben und Tod. Einer von uns beiden muß verschwinden.« Als Pater Dunne eintraf, war das Duell entschieden. Sebastian Melmoth alias Oscar Wilde befand sich die meiste Zeit im Koma, was der reibungslosen Aufnahme in den Schoß der alleinseligmachenden katholischen Kirche aber wohl eher zuträglich war. Der sprach- und wehrlose Literat erhält die Nottaufe und Letzte Ölung, und wir erhaschen dafür ein letztes Bild, die Schlußeinstellung, durch die Augen des Gottesmannes:

> Einer der Anwesenden bot ihm eine Zigarette an, die er in der Hand hielt und in Richtung Mund führte, wenngleich es ihm nicht mehr gelang, sie zwischen die Lippen zu schieben. Am Kopf über der Stirn hatte man auf jeder Seite einen Blutegel angesetzt, um den Blutandrang zum Gehirn zu dämpfen.

Lassen wir auch diesmal die Novembersonne scheinen – ganz wie in der Abstellkammer im Haus des Dorian Gray. Das ist das mindeste, was wir noch tun können, beim Abschied in der ›Straße der schönen Künste‹ in Paris. Breiten wir die Abendröte über das zerschlissene Mobiliar eines Gasthofs, der bessere Tage gesehen hat, über die Enge auch dieses Sterbezimmers, über das große helle Rechteck an der rückwärtigen Wand, wo einmal ein imposantes Gemälde gehangen haben muß, und über das wächserne Medusenhaupt dort auf dem schweißnassen Kissen.

Und halten wir das alles so an, trotz des Straßenlärms, trotz eines dumpfen Gepolters, das durch die Decke dringt. Als würde dort oben etwas Schweres abgesetzt und unter die Dachschräge geschleift. Ein Sack vielleicht, und dann mit schärferem Kratzen ein Bottich oder eine Wanne, eine Wanne, in der glucksend Flüssigkeit schwappt.

Ruhe. Jetzt auch unter dem Himmel. Atemlose, einprägsame Stille. Stille wie Firnis oder wie ein Fixativ, das den Augenblick auf Dauer stellt.

Das Bildnis des Oscar Fingal O'Flahertie Wills Wilde.

Was eigentlich löste den Bann, das schreckensstarre Ansichtigwerden? Ja, jetzt weiß ich es wieder, das feine Pulsieren war es, dieses Schaudern, das einen der Blutegel überkam. Er krümmte und schlängelte sich träge, schob noch ein, zwei Gesten lethargischer Entrüstung nach und fiel dann ab. Kaum war er verschwunden, folgte das zweite Tier, löste sich ebenfalls und rollte wie ein abgebrochener Pinselstumpf über den Kissenstoff davon.

Mit dieser Freigabe sind eigentlich alle Voraussetzungen für neuerlichen Blutandrang erfüllt. Natürlich nicht in den Gehirnventrikeln jenes Abgeschiedenen, dem wir das *Bildnis des Dorian Gray* verdanken, wohl aber in dem Januskopf des unsterblichen Oscar Wilde, dem er in seiner Kunsttheorie das Weiterdichten und Weitererzählen auftrug und der im gemeinen Verstande sein *Leser* heißt.

Ulrich Horstmann

Inhalt